変革の時代と『資本論』

マルクスのすすめ

『経済』編集部 編

新日本出版社

はしがき

金子ハルオ

　今年は、『資本論』第１巻（第一部）の刊行から150周年にあたります。マルクス自身により編集された『資本論』第一部の刊行は、経済学の歴史のうえで、「科学としての経済学」が確立したことを意味する、まことに記念すべきことでした。
　資本主義といわれる社会は、生産手段（工場、機械、原料など）を所有する資本家が賃金を支払って労働者を雇い入れ、また農業では地代を支払って地主から土地を借り、生産した生産物を商品として販売して利潤を得ている社会です。このような資本主義社会は、まず18世紀後半から19世紀の初期までに資本主義の最先進国イギリスで成立しました。
　資本主義の経済的運動法則を解明するためには、まず商品の価値（価格の本体）は何によって決まるのかを明らかにしなくてはなりません。そこで、スミスとリカードを代表者とするイギリス古典派経済学は、商品の価値はその生産に必要な労働の量（労働時間）によって決まるという労働価値説をうちたてました。これが、「科学としての経済学」の生誕です。しかし、イギリス古典派経済学は、賃金を「労働の価値」ととらえていたために、利潤と地代がなぜ生ずるのか、その正体を明らかにすることができませんでした。
　マルクスは、イギリス古典派経済学の労働価値説を批判的に継承しながら、資本家に労働者が賃金とひきかえに売っているものは「労働」ではなく「労働力」であることを発見しました。労働力を発見したとき、マルクスは「ここがロドス島だ（ここで決着をつけねばならない）、ここで跳べ！」といっています。この発見をスプリング・ボードとして、労働者の１日の労働は、１日分の「労働力の価値」と等しい価値を生産するだけでなく、それを超える価値＝剰余価値を生産することが明らかにされ、剰余価値こそが利潤と地代の源泉であることが明らかにされたのです。この解明にもとづいて、資本家による剰余価値の無制限な追求を原動力として発展する資本主義社会では、資本家階級の側には

富が蓄積されていき、労働者階級の側には貧困・労働苦・失業などが蓄積されていくという資本主義の経済的運動法則もまた明らかにされたのです。これが、「科学としての経済学」の確立です。

マルクスの死後、資本主義は、20世紀の初期までに、株式会社という姿をとった大資本家と大銀行が支配する独占資本主義の時代に発展。1929年の世界恐慌によって銀行券と金との兌換が停止したことを契機として、国家が財政と金融の力をもって独占資本を助ける国家独占資本主義の時代になりました。さらに、1971年の基軸通貨ドルと金との兌換が停止したことを契機として、アメリカの多国籍企業が先導するグローバル資本主義といわれる時代に入りました。このような資本主義の発展は、『資本論』が明らかにした資本主義の経済的運動法則の作用によって行われたことであり、資本家の厖大な富の源泉が、労働者が生産した剰余価値であることにはなんの変わりもありません。

マルクスは、『資本論』第一部の「フランス語版への序言とあと書き」で、「いつでも結論をあせるフランスの読者層」が「読みつづけるのが嫌になりはしないか」と心配して、あらかじめ次の注意を与えました。

「学問にとって平坦な大道はありません。そして、学問の険しい小道をよじ登る労苦を恐れない人々だけが、その輝く頂上にたどりつく幸運にめぐまれるのです」と。

読者の皆さんが、本書によって「科学としての経済学」を学ぶために必要な頭の準備体操を十分にしたうえで、『資本論』という険しいがすばらしい巨峰への登山を試みられ、その輝く頂上にたどりつくことを、マルクスとともに期待してやみません。

2017年1月

＊目　次＊

はしがき　（金子ハルオ）*3*

【Ⅰ】『資本論』とマルクス経済学のすすめ

1　科学としての経済学＝『資本論』の魅力を語る　（金子ハルオ）*9*
（1）科学としての経済学とは何か、何の役に立つのか　*9*
（2）史的唯物論と労働価値説　*14*
（3）科学としての経済学の最高傑作『資本論』、それが明らかにしたこと　*18*
（4）『資本論』の学習上の注意点　*20*
（5）現代に生きる『資本論』　*24*
（6）二つの経済学（マルクス経済学と近代経済学）とその性格の違い　*27*

2　『資本論』を学ぶ五つの心得　（金子ハルオ）*32*
（1）自らの頭脳を鍛えつつ学ぶ　*32*
（2）『賃労働と資本』、『賃金・価格・利潤』の勧め　*34*
（3）叙述の方法に注意して最初の章を読む　*35*
（4）全体の構成と各篇・章・節の位置をつかむ　*37*
（5）現象形態と本質を区別し、その関連をつかむ　*38*

3　『資本論』を学ぼうとする人に
　　──経済学の二つの類型と『資本論』　（平野喜一郎）*41*
（1）経済学を学ぶにあたって　*41*
（2）なぜいまマルクスなのか　*43*
（3）資本主義の経済法則を解明　*44*
（4）注目したい『資本論』のこの個所　*47*
（5）『資本論』の方法について──学習上のアドバイス　*49*
（6）冒頭の難しさを乗り越えて　*52*
（7）集団で学習することのすすめ　*54*

4　盟友エンゲルスと共に生み出した『資本論』（今宮謙二）56
　（1）『資本論』はマルクスとエンゲルスの共同労作　57
　（2）『資本論』誕生の背景
　　　　　——マルクスとエンゲルスの人間像と友情関係　59
　（3）『資本論』の原点——人間解放と変革への道　63
　（4）『資本論』への道程——働く人びとの経済学確立　68
　（5）資本主義経済の解明と変革の展望を示す『資本論』　72
　（6）利潤第一主義の矛盾解明と未来社会の展望　72
　（7）投機資本主義解明の手がかり　73

5　マルクスによる経済学の変革
　　　——社会変革の客観的条件と主体的条件の探究　（山口富男）78
　（1）『資本論』執筆の歴史とマルクスの経済学の特徴　78
　（2）搾取の秘密と資本主義社会の特質　83
　（3）『資本論』第一部（完成稿）での新たな解明　88
　（4）マルクスの総括的な定式化　93

【Ⅱ】マルクス経済学の基礎を学ぶ

6　『賃金・価格・利潤』を読む　（金子ハルオ）96
　（1）マルクス経済学の最良の入門書
　　　　　——『賃労働と資本』と『賃金・価格・利潤』　96
　（2）経済学の研究と労働・革命運動の指導とを車の両輪
　　　　として駆けぬいたマルクス　98
　（3）第一インタナショナルとマルクス　99
　（4）ウェストンの問題提起と『賃金・価格・利潤』の講演　100
　（5）『賃金・価格・利潤』の刊行と普及　101
　（6）『賃金・価格・利潤』の三つの構成部分　102
　（7）「ウェストンの主張の吟味と批判」を読む　103
　（8）「マルクス経済学の要点の講義」を読む　104
　（9）「賃上げ闘争と労働組合の意義と役割」を読む　106

7 《解説》マルクスの剰余価値論　（関野秀明）　*108*
　（1）『資本論』の対象と研究の方法について　*108*
　（2）商品論1　商品の二要因と労働の二重性　*110*
　（3）商品論2　価値形態または交換価値　*113*
　（4）商品論3　商品の交換過程　*116*
　（5）剰余価値論1　貨幣の資本への転化　*118*
　（6）剰余価値論2　絶対的剰余価値生産　*120*
　（7）剰余価値論3　相対的剰余価値　*123*
　（8）資本蓄積論1　相対的過剰人口または産業予備軍の累進的生産　*125*
　（9）資本蓄積論2　資本の蓄積とそれに照応する貧困の蓄積　*128*
　（10）資本蓄積論3　資本主義的蓄積の歴史的傾向　*129*

8 『資本論』の源流をたどる
　　──スミス、リカードからマルクスへ　（平野喜一郎）　*132*
　（1）アダム・スミス　*134*
　（2）デービッド・リカード　*146*
　（3）カール・マルクス　*155*
　〈付〉マルクス、エンゲルスの革命的生涯と主要著作［略年表］（編集部）　*170*

【Ⅲ】世界を変えるマルクスの目

9 マルクスの目で見て社会を変える　（石川康宏）　*172*
　（1）カール・マルクスという人　*172*
　（2）日本社会内部の客観的な対立　*174*
　（3）疑いようのない事実──階級・階級闘争　*175*
　（4）日本の労働者たちよ、団結せよ　*177*
　（5）政治権力と経済権力のむすびつき　*178*
　（6）現代日本の財界による政治の支配と世論操作　*182*
　（7）資本主義発展の原動力としての根本矛盾　*185*
　（8）階級闘争の前進と生産力の発展、質の転換　*189*

10 世界をつかむ
　　──新古典派やウェーバーと対比して　（上瀧真生）*195*
　（1）今日の世界と私たちの日常　*195*
　（2）自然を認識することと社会を認識すること　*197*
　（3）今日の社会は人間の長い歴史の一コマに過ぎない　*199*
　（4）今日の社会の生きにくさの根源を見つける　*200*
　（5）事実をどのように分析するか　*202*
　（6）経済的基礎から政治や文化をつかまえる　*203*
　（7）開かれた体系　*204*
　（8）仲間とマルクス経済学を学ぶ　*205*

11　変革の時代におけるマルクスの思想　（鰺坂真）*207*
　（1）私たちは今どのような時点に立っているか　*207*
　（2）マルクスの歴史観　*210*
　（3）歴史発展の法則性　*212*
　（4）偶然性の中を必然性が貫いている　*214*
　（5）歴史を動かす原動力──階級闘争の役割　*216*
　（6）資本主義社会の成立過程と現状　*219*
　〈付〉マルクス・エンゲルスらの古典の紹介（編集部）*221*

あとがき（編集部）*222*

【Ⅰ】『資本論』とマルクス経済学のすすめ

1　科学としての経済学＝『資本論』の魅力を語る

金子ハルオ

（聞き手＝『経済』編集部）

（1）　科学としての経済学とは何か、何の役に立つのか

——これから経済学を学ぼうとする人からよくだされる質問は、経済学とは何か、何の役に立つのかというものです。入学ガイダンスで「経済学を学ぶと金儲けができますか」と尋ねた学生もいました。そういった人たちへのアドバイスをお願いします。

◎経済活動は意識と独立した法則によって

　そういう質問をする学生をはじめ、これから経済学を学ぶ人には、学ぶにあたってまず心得ていてほしいことがあります。それは、自然の出来事（自然現象）が個々の人間の意志からは独立な（客観的な）自然法則に規定されておこるのと同様に、人間の経済生活（経済現象）も個々の人間の意志からは独立な経済法則に規定されてなされるということです。

　雷の正体（本質）は電気であり、水の正体は水素と酸素との化合物（H_2O）であり、それらの運動は、自然科学が明らかにした（電流の法則や力学の法則といった）自然法則に規定されてなされているということは、中学・高校までの物理・化学などの理科の授業で学んでいるので、誰でもが知っています。ですから、物理学とは何かという質問をする学生はいません。ところが、自然の出

来事が人間なしでもおこるのにたいして、人間の経済生活などの社会の出来事は、（できるだけ貯金をしようとか、株でひともうけしようとかいった）それぞれに意志をもった人間の行為をとおしておこるので、個々の人間の意志からは独立な（客観的な）経済法則などというものはないように思われ、人間の経済生活が経済法則に規定されてなされていることが見失われがちになるのです。それに、中学・高校までの社会や歴史の授業では、19世紀初期にイギリスで産業革命が進行し、順次に他国へ普及したとか、1929年にアメリカ合衆国で大恐慌が勃発し、たちまち世界を巻き込んだとか、歴史上の出来事を教わりますが、それらの社会の出来事がどのような経済法則にもとづいておこったのかはほとんど教わりません。ですから、そもそも経済学とは何かという質問がでるのです。

◎人間の経済活動の基本は労働

では、経済学が研究の対象としている人間の経済生活とはどんなものでしょうか。人間は、生活するためには、かならず衣・食・住といわれる生活手段を手に入れ、それを家族とともに消費して、自分自身を維持し、また次の世代を担う子どもを生み、育てなくてはなりません。ところが、生活手段を手に入れるためには、人間は、まず労働という活動によって人間の外部にある自然に働きかけ、生活手段を生産しなくてはなりません。人間の経済生活は、人間社会の発展とともに広がりをもっていきますが、その基本をなしているのは、労働によって生活手段を生産し、労働の生産物である生活手段を消費することです。

ここで、これから経済学を学ぶ人は、まず「労働」という人間の活動について、よくつかんでおいてください。蜂が蜂蜜という自分の生活手段を生産する活動は、蜂という生命体の種の本能的な活動であって、労働ではありません。ですから蜂はいつまでも同じ仕方で同じ蜂蜜を作り続け、蜂蜜生産の発展ということはおこりません。これにたいして、人間は、労働するに先立って、魚を獲りたいとか家を建てたいとかという労働の目的を意識していて、その目的を実現するような仕様・仕方で労働するのです。

このように、労働は、「目的意識的活動」といわれる人間にのみ特有な活動です。ですから、人間の労働は、素手ではなく、漁師は釣り竿を使い、大工は

のこぎりやかんなを使うというように、かならず労働の目的を実現するのに適した道具や機械などの労働手段を用いて、労働の目的を実現するのに適した自然（人間の外部に存在する自然またはすでに人間の労働が加えられた自然である原料）である労働対象に働きかけ、それを変化させて、目的であった労働の生産物を生産するのです。経済学では、労働するのに用いられる労働手段と労働が加えられる対象である労働対象とを合わせて生産手段といいます。労働の生産物とは、労働と生産手段とが結び合わさって生産されたものなのです。

　人間は労働という活動、同じことですが労働による生産という活動をするなかで、他の動物（生命体）とはちがって創意工夫をこらして、道具や機械などの労働手段を労働によって作りだし、また改良を加えることなどによって、労働の生産力（労働の生産物を生産する力）を増大させ、また自分自身を発達させていきます。このことが、実は、人間の社会と経済生活が歴史という人間に特有な発展をする原動力なのです。

◎商品経済・市場経済の生産関係

　さて、経済学を学ぶにあたって大切なことは、人間は「労働する動物」であるとともに、アリストテレスがいった「社会的動物」であるということです。すなわち、人間は、生まれながらに（封建制社会とか、資本主義社会とかいった）ある社会に入りこみ、その社会に特有な（生産において人と人とが取り結ぶ関係である）生産関係のもとで、その生産関係（経済関係と言ってもよい）における立場に規定されて、経済生活をしているということです。

　まず、私たちが生まれついた資本主義社会の生産関係の大本にある（一般的な）生産関係は、商品経済または市場経済といわれる生産関係です。すなわち、生産手段の私的所有と社会的分業が行われているために、労働の生産物が商品として生産され（いいかえれば自分が消費するためにではなく他人に消費されるために生産され）、市場である価格をつけられて売買されている生産関係です。この生産関係のもとでは、生産者である売り手の立場に立った者は、商品をなるべく高く売ろうという意志をもって販売を行い、消費者である買い手の立場に立った者は、同じ商品をなるべく安く買おうといった意志をもって購買を行います。確かに売買（商品取引）という人間の経済活動は、それぞれの人間の意志をもった活動として行われますが、それぞれの意志自体が商品経済と

いう生産関係のもとで売り手の立場に立つか、買い手の立場に立つかによって規定されているのです。

ですから、商品の価格は、その社会での商品の需要と供給との関係によって変動します。需要が供給を上回ると売り手の取引力が大きくなり、商品の価格は上がります。ところが、商品の価格が上がっていくと、需要が減り、供給が増えます。そうして供給が需要を上回ると買い手の取引力が大きくなり、商品の価格は下がります。このようにして、商品の価格は変動しながら、長期的にみれば、結局、需要と供給が一致し、売り手と買い手の取引力が対等になった（均衡した）点に定まります。では、そのような商品の長期的にみた価格は、なにによって決まるのでしょうか。科学としての経済学は、それはその商品の（自然的値打ちではなく社会的値打ちという意味での）価値によって決まるということを明らかにし、商品の価値の正体（本質）は、商品経済のもとでの社会的労働であることを明らかにし、商品の価格とその変動は、個々の人間の意志からは独立な価値法則という経済法則に規定されていることを明らかにします。

◎資本家は「利潤」、地主は「地代」、労働者は「賃金」、その本質は？

次に、私たちが生まれついた資本主義社会の基本的な生産関係（経済関係と言ってもよい）、すなわち資本主義の生産関係とは、どういうものでしょうか。資本主義社会には、工場や機械などの社会の主要な生産手段を私的に所有している資本家といわれる人びと（階級）と、土地を私的に所有している地主（近代的地主）といわれる人びと（階級）と、生産手段を所有せず、したがって資本家（現代では資本主義企業という姿をとっています）に雇用されて、資本家のもとで労働し、資本家から賃金という雇用料を受け取るほかに生活する道がない労働者（賃金労働者）といわれる人びと（階級）とが存在します。この資本主義の三大階級は、商品経済が封建制社会のなかに浸透していって封建制社会を解体していくなかで歴史的に形成されました。

資本主義の生産関係とは、商品の生産においてこの三大階級が取り結んでいる経済関係であって、三大階級の人びとは、それぞれ資本主義の生産関係における自分の立場に規定されて、それぞれの経済生活をしています。この生産関係のもとでは、資本家は、自分が所有している資本といわれる貨幣をもって、工場・機械・原料などの生産手段を買い入れ、また賃金を支払って労働者を雇

い入れ、自分のもとで労働者の労働と生産手段を結び合わせて商品を生産します。そうして、資本家は、その商品を売り、売って得た貨幣をもって、生産手段の購入費と支払った賃金を埋め合わせたうえ、なお手元に残った貨幣を自分の利潤として取得します。

さらに、資本家が地主から生産に必要な土地を借りていた場合には、資本家は自分の利潤のなかから地主に地代という借地料を支払います。このようにして、資本家は「利潤」という収入を得、地主は「地代」という収入を得、労働者は「賃金」という収入を得、それぞれの収入をもってそれぞれの経済生活をしています（ここでひとつ補足をしておくと、実際の資本主義社会には、小規模な生産手段を私的に所有し、その生産手段と自分の労働とを結びつけて商品を生産している自営業者という人びとが存在し、自営業収入を得て生活しています）。

さて、以上に述べたことは、資本主義社会で生活している人びとは、経済学など知らなくても、生活上の経験によって知っていることで、いわば「経済常識」です。科学としての経済学は、資本主義の生産関係を研究して、「経済常識」では捉えられないこと、すなわち肉眼では見ることができない「利潤」「地代」「賃金」の正体（本質）を明らかにし、その運動（大きさ）が個々の人間の意志からは独立な資本主義の経済法則に規定されていることを明らかにするのです。ですから、科学としての経済学を学べば、資本主義社会の人びとの経済生活を規定している経済法則を理解でき、貧困、恐慌、経済格差などといった経済生活の出来事を経済法則に規定されておこったものとして捉えることができる、ひらたくいいかえれば科学の目を身につけ、科学の目をもって経済生活の出来事の正体（本質）を見抜くことができるのです。

◎科学の目を身につける

こういう次第で、経済学は何の役に立つのかというと、科学として役立つ、いいかえれば科学の目を身につけるのに役立つのです。先日、ある運送会社のトラック運転手が深夜に及ぶ長時間の運転をしたあげく交通事故をおこしたという新聞記事をみました。こういう記事をみても、経済学を学んでいない人は、事故は運転手の不注意が原因だ、「自己責任」だ、事故をなくすために、会社はもっと職業訓練や道徳教育をやれといった思いしか浮かんできません。これにたいして、経済学を学んで科学の目を身につけた人は、賃金労働者であ

る運転手は、家族ともどもつつましく暮らせる賃金を得るために、「会社」という姿をとった資本家のもとで長時間の辛(つら)い労働をせざるを得なかったのだということを見抜き、かれを長時間労働に追い込んだ経済の仕組みが見えてくるのです。これが科学としての経済学の魅力です。

最後にいっておきたいことは、あることを学んでも、それが科学として役立つということと、技術的に役立つということとは、役立つという意味が違うということです。自動車教習所で運転技術を学べば、それは自動車を運転するのに技術的に役立ち、自動車を上手に運転できるようになります。しかし、経済学を学んだからといって、それが技術的に役立ち、上手に金もうけができるようになるとはかぎりません。もしも、経済学が技術的に役立つならば、経済学者はみな金持ちになってしまうでしょう。しかし、私の友人には、マルクス経済学者、近代経済学者といわれる人がたくさんいますが、金持ちになった人は誰もいません。マルクスは、経済学の研究を貧困のさなかで行いました。著名な近代経済学者ケインズも、商品や為替の投機に手を出して大損をしたことがあります。一時期、時代の寵児(ちょうじ)ともてはやされたホリエモン(堀江貴文・ライブドア元社長)ですが、かれが短期間に大もうけをしたのは、経済学を学んだからではなくて、小泉政府の「構造改革」のなかでだされた「規制緩和」という経済政策にいちはやく便乗して、それまではできなかった詐欺まがいなやり方で大量の株取引をしたからです。まさに小泉「構造改革」の申し子、それがかれの正体です。

(2) 史的唯物論と労働価値説

——そもそも社会主義者・革命家であったマルクスが、経済学を研究し『資本論』を著したのはなぜでしょうか。

◎経済学の研究を「生涯の事業」としたマルクス

社会主義者・革命家として多忙をきわめていた若いマルクスが、大学に勤めたわけでもないのに、経済学の研究を「生涯の事業」とした本当の訳を申しましょう。

マルクス以前の時代の主要な社会思想は、かのフランス大革命を思想的に準

備した啓蒙主義の思想でした。ルソーなどの啓蒙主義者は、人間は他の動物とちがって自然や社会の合理性、物事の善悪を判断することのできる理性をもっている、その理性をもって審判すると、資本主義の社会こそ人間の本性に適った合理的で、永遠の正義が行われる社会である、そういう意味で「理性の国」であると考えました。つまり、資本主義の社会と経済制度を啓発された人間の理性によって発見され、与えられたもの、いちど与えられたら以後永遠に続くものと捉えたのです。ところが、間もなく資本主義のもとで予想もしなかった労働者の貧困と無知が生じたのをみて、サン・シモン、フーリエ、オーエンを代表者とする当時の社会主義者は、どうも話が違うではないか、私たちが考案した未来社会、すなわち社会の主要な生産手段を社会の全員で所有（社会的所有）し、全員が共同して労働する社会、したがって階級もない社会、ひとことでいえば社会主義（共産主義）の社会こそが、「理性の国」「自由の国」であると主張しました。

このように、両者の思想の中身は違いましたが、「理性の国」「自由の国」を発見し、与えようという考え方（思想形式）は同じだったのです。ですから、当時の社会主義者たちは、現実にはいったい誰がどのようにして社会主義を実現するのかという肝心かなめの点を明らかにできませんでした。そこで、かれらの実際の運動は、せいぜい自分が描いた未来社会（社会主義社会）の設計図を当時の権力者や資本家のところにもちこみ、その「理性」に訴えて、採用してもらおうといった、まことにむなしい努力に終わりました。

このようにして、彼らの社会主義思想は、ひとつの空想、いわば「絵に描いた餅」にとどまったのであり、労働者階級の運動と結びつくこともありませんでした。こういうわけで、マルクスとエンゲルスは、かれらの社会主義思想を空想的社会主義と呼んだのです。

◎史的唯物論＝科学的社会観を打ち立てて

若かったマルクスは、盟友エンゲルスと協力して、このような啓蒙主義者と空想的社会主義者の社会観（社会と歴史についての見方）を批判し、乗り越えるなかで、史的唯物論または唯物史観という科学的な社会観を打ち立てました。その社会観の大事な点を、ここでの話に必要なかぎりで申しましょう。

さきほどの話につなげていいますと、人間は「労働する動物」であるととも

に「社会的動物」です。人間はある社会の生産関係に入り込み、そのもとで労働するとともに、その社会全体で労働の生産力（社会的生産力）を増大させていきます。社会的生産力が増大していくと、その社会の生産関係はやがては社会的生産力の性格と発展水準に照応しない、いまや生産力の増大を妨げる古くさいものになってしまい、そこでひとつの社会革命を経て、社会的生産力の性格と発展水準に照応した次のより高度な社会の生産関係に取って替わられます。このように、人間の意志や思想からは独立に存在する社会の生産力と生産関係の矛盾を原動力として、人間社会の歴史的発展過程は、原始共産制社会、奴隷制社会、封建制社会、資本主義社会という社会を順次に経過してきたのです。なお、奴隷制、封建制、資本主義という人びとが階級に分裂している社会（階級社会）では、社会の生産力と生産関係の矛盾は、生産力の発展をになう階級と現存の生産関係の保持につとめる階級とのあいだの階級闘争となって現れ、この階級闘争こそが社会の発展の生きた原動力なのです。

　このような史的唯物論といわれる科学的な社会観からみると、資本主義の社会と経済制度は、人間の理性などによって与えられ、以後永遠に続くものではなく、人間の意志からは独立な人間社会の歴史的発展の法則にもとづいて、必然的に発生し、発展し、やがては没落する、歴史的に過渡的なものであると捉えられます。このように資本主義の社会と経済制度を歴史的に過渡的なものと捉えると、社会主義者は、資本主義の発展過程そのもののなかに、ひとつの社会革命を経て資本主義を社会主義に取り替える社会勢力と物質的条件を見いださなくてはなりません。そこで、社会主義者であり革命家であったマルクスは、史的唯物論を「導きの糸」として経済学の研究にむかい、科学としての経済学・『資本論』を著し、資本主義の発展過程で数を増し、工場制度のなかで訓練され、組織化され、都市生活のなかで啓発されていく労働者階級こそ、社会主義を実現できる力をもった社会勢力であり、したがって、社会主義の実現は、労働者階級が資本の支配から自らを解放し、社会主義社会という新しい階級のない社会の主人公になる運動と一体であることを明らかにしたのです。このように、マルクスは、史的唯物論と経済学によって、社会主義思想を「空想」ではなく「科学的に証明された思想」に発展させたのです。社会主義思想を「空想」から「科学」へと発展させた、ここに『資本論』の魅力のひとつがあります。私たちが、マルクスの思想と学説の全体すなわちマルクス主義を、

科学的社会主義と呼ぶのも、こういう訳です。

◎マルクスによって仕上げられた労働価値説

　さて、いよいよ『資本論』の話に行きましょう。科学としての経済学の理論的基礎をなしているのは、先にお話しした商品の価値に関する諸学説のひとつである労働価値説という経済学説です。労働価値説は、スミス、リカードを代表者としているイギリス古典派経済学によって創始されました。まだよちよち歩きで頼りないところがありましたが、「科学としての経済学の生誕」です。労働価値説は、イギリス古典派経済学を批判的に継承したマルクスによって完全なものに仕上げられました。多くの試練を乗り越えて堂々たる大人になった「科学としての経済学の確立」です。マルクスによって仕上げられた労働価値説とは、次のような学説です。

　労働の生産物である商品は、使用価値と価値という二つの要因から成り立っており、この二つの要因の統一物です。使用価値とは、米は食べれば食欲をみたすというように人間のなんらかの欲望をみたすという意味で有用な物のことです。価値とは、その商品のなかに対象化または結晶した同質の人間労働のことです。使用価値は肉眼で見ることができますが、価値は科学の目でしか見ることができません。商品が使用価値と価値との統一物であるのは、商品を生産する労働が、一面では米を作るとか上衣を作るとかいったそれぞれに異質な労働（具体的な有用労働）であり、他面ではいずれも同じ人間の（労働力の支出としての）同質な労働（抽象的人間労働）であるという二重性（二つの異なった性格）をもっていることに由来します。商品に対象化した抽象的人間労働である価値の大きさは、その商品を生産するのに社会的に必要な労働量（労働時間）によって決まります。社会的に必要な労働時間とは、社会の標準的な生産条件のもとで社会の平均的な労働が商品を生産するのに必要な労働時間のことです。商品交換が発展すると、商品の価値は、金という商品の使用価値で表現されるようになります。その場合の金が、貨幣です。まえにお話しした商品の価格とは、商品の価値を貨幣で表現したものなのです（ここでひとつ補足をしておくと、市場経済が発展すると、労働の生産物ではなく、したがって価値をもたないもの〔土地の所有名義、地位、名誉など〕にも価格がついて、貨幣で買われるようになります）。貨幣は市場経済という人間社会の生産関係が生んだものでした

が、貨幣が出現すると、貨幣は人間に対立し、人間を支配する経済力として現れ、人間社会を「万事お金の世の中」にするのです。

以上のようにして、労働価値説は、商品の価値の正体、貨幣の正体、したがってまた商品の価値を規定する価値法則を科学の目をもって明らかにしたのです。

（3） 科学としての経済学の最高傑作『資本論』、それが明らかにしたこと

——労働価値説を理論的基礎としている『資本論』とはどういう本ですか。

◎『資本論』全体の基礎をなす第一部

完成された労働価値説を理論的基礎とした『資本論』は、まさしく科学としての経済学の最高傑作です。『資本論』は、第一部「資本の生産過程」、第二部「資本の流通過程」、第三部「資本主義的生産の総過程」、の全三部から成り立っています。マルクスの予定では、このほかに「剰余価値学説史」といわれる草稿を第四部に当てるつもりでした。第一部は、マルクス自身によって編集され、その初版は1867年に出版されました。第二部と第三部は、マルクスの死後、エンゲルスにより編集され、出版されました。

この全三部からなる『資本論』の全体の基礎をなしているのは、マルクス自身によって編集され、「一つの独立の著作」といわれる第一部です。マルクスは、『資本論』第一部（初版）の序言で「近代社会の経済的運動法則を暴露することがこの著作の最終目的である」といっていますが、第一部を学べば、「この著作の最終目的」である近代社会すなわち資本主義社会の経済的運動法則を理解することができます。そこで、ここでは、『資本論』第一部の篇別構成とそこで明らかにされたことをもっとも簡潔に示し、『資本論』第一部を学ぶ人のポケットサイズの案内図としましょう。

(1)「商品・貨幣論（第1篇）」。ここでは、いまお話しした労働価値説が述べられ、商品の価値の正体、貨幣の正体、したがってまた商品の価値を規定する価値法則が明らかにされています。

(2)「貨幣の資本への転化論（第2篇）」。ここでは、資本主義のもとでは、人

間の労働力も商品となっており、商品としての労働力の価値は、労働者の家族を含めた生活に必要な一定量の生活手段の価値に帰着することが明らかにされ、賃金の正体は労働力の価値であることが明らかにされています。

(3)「剰余価値論（第3、4、5篇）」。『資本論』の「要石（かなめいし）」といわれる篇です。ここでは、まず資本主義の生産過程は資本による労働者の労働力の使用の過程であること、この過程での労働者の労働は、具体的有用労働としては生産のために消費（生産的消費）された生産手段の価値（c）を生産された商品に移転するとともに、抽象的人間労働としては、労働力の価値に等しい価値（v）とそれを上回る余分の価値すなわち剰余価値（m）を生産することが明らかにされています（ですから、商品〔資本主義商品〕の価値は、$c+v+m$となります）。この剰余価値こそ資本家が手に入れる利潤の正体なのです。つぎに、資本家はより多くの剰余価値＝利潤を生産するためには、剰余価値率（m/v）を高めなくてはならないこと、剰余価値率を高めるためには、資本家は次の二つの方法を取ることが明らかにされています。ひとつは、労働日を延長するという方法で、絶対的剰余価値の生産といわれます。もうひとつは、労働の生産力と強度を増大するという方法で、相対的剰余価値の生産といわれます。

(4)「賃金論（第6篇）」。ここでは、労働者は自分の労働力を時間ぎめで（1日8時間というように労働力の使用時間を限って）売るので、労働力の価値＝価格は、「労働の価値＝価格」すなわち賃金という形態をとること、そこで賃金の単価が安いほど労働者はより長い時間労働せざるを得ないこと、また労働者が長い時間労働するとこんどは賃金の単価が切り下げられること、このように低賃金と長時間労働とが相互規定の関係にあること、が明らかにされています。

(5)「資本蓄積論（第7篇）」。剰余価値を資本に転化することを、資本の蓄積といいます。資本家は、手に入れた剰余価値＝利潤の一部分を自分の生活のために消費（個人的消費）しますが、他の部分を元の資本につけ加える、すなわち蓄積します。その結果、資本の規模は大きくなります。したがって、資本の蓄積過程は、資本の拡大再生産の過程です。

「資本蓄積論」では、まず、資本の正体は、蓄積された剰余価値であることが明らかにされ、また資本の蓄積過程は資本主義の生産関係そのものの拡大再生産過程であることが明らかにされます。つぎに、資本の蓄積過程では、資本

の有機的構成（c／v）が高まるので、労働者階級の一部が相対的過剰人口（失業者・半失業者）になること、そのことをてことして、資本家階級の側には資本としての富が蓄積され、労働者階級の側にはさまざまな形態の貧困が蓄積されていくこと、が明らかにされています。

◎資本主義＝剰余価値を取得する生産関係

以上のような『資本論』第一部で明らかにされた資本主義の経済法則を理解するならば、それによって身につけた科学の目をもって、資本主義とは、資本家が労働者が生産した剰余価値＝利潤を不払いで取得する（搾取する）生産関係であること、労働の社会的生産力が増大し、商品としての富が増大していく（いまはやりの言葉でいえば「経済成長」）なかで、資本家の側には資本としての富が蓄積されていく（「会社」という姿を取った資本がますます大きくなっていく）のに、労働者の側には、長時間労働、低賃金、失業、半失業（不安定就業）などのさまざまな形態の貧困が蓄積されていくのは、けっして人びとの心掛けが悪かったためでも、努力が足りなかったためでもなく、資本主義の経済法則に規定されて必然的におこったことであることを、見抜くことができます。この点に、『資本論』の魅力があるのです。

（4）『資本論』の学習上の注意点

――『資本論』を学ぶうえでの注意点について、アドバイスをお願いします。

◎「一つの芸術的全体」の書

まず、マルクス自身が読者に与えた注意を紹介しましょう。

マルクスは、『資本論』の著述に関して多くの手紙を書いていますが、そのなかで「私の著作の長所は、それが一つの芸術的全体をなしていることだ」（エンゲルスあて）、「〔この著作の目的は〕叙述の仕方そのものによって凡俗を武装解除することだ」、「このように大きな、そして部分的に難解な著作は、読破と消化とのために時間を必要とする」（クーゲルマンあて）と述べています。

このマルクスの指摘からうかがえるように、『資本論』の特徴は、まずそれが「一つの芸術的全体」といわれるように非常に長大な理論的体系をなしてい

1 科学としての経済学＝『資本論』の魅力を語る

て、しかも「叙述の仕方そのものによって凡俗を武装解除する」といわれるように、弁証法的唯物論という自然と社会および人間の思考についての科学的なものの見方を縦横に駆使した、科学的に高度に厳密な叙述の仕方に貫かれていることです。ですから、その有名さにひかれてなにげなく手にしてみたくらいの気構えでは、読み切れないのはむしろ当然なのです。つまり、『資本論』を読破し、理解するには、科学の目を身につけるためにはどんな労苦もいとわないぞという覚悟をもって、「読破と消化のために時間を要する」といわれるように相当の長い時間をかけて読む、理解できるまでは繰り返してでも読むことが必要なのです。

こういうわけで、マルクスは、『資本論』第一部の「フランス語版への序言とあと書き」で、「いつでも結論をあせるフランスの読者層」が読みつづけるのが嫌になりはしないかと心配して、あらかじめ次の注意を与えました。「学問にとって平坦な大道はありません。そして、学問の険しい小道をよじ登る労苦を恐れない人々だけが、その輝く頂上にたどりつく幸運にめぐまれるのです」と。このマルクスの注意は、『資本論』を学ぶにあたっての文字どおりの「座右の銘」として、各人の胸にきざみこんでおくのに値するものです。

◎『資本論』の叙述の方法＝「上向法」

弁証法的唯物論を適用した『資本論』の叙述の方法、いいかえれば経済学の理論の展開方法は、多くの研究者によって「上向法」と呼ばれています。「上向法」とは、理論上、資本主義社会の生産関係を組み立てている経済学の諸概念または諸範疇（商品、貨幣、資本、賃金、利潤、利子、地代、など）のうち、その基礎にあるもっとも抽象的な概念から順次により具体的な概念（より抽象の度合いが低い概念）へと、ちょうど山の麓から頂に向かって一歩一歩上に登っていくように、経済学の理論を展開していく（叙述していく）という方法です。

『資本論』第一部についてみると、資本という概念を明らかにするためには、より抽象的な貨幣という概念を明らかにしなくてはならないし、貨幣という概念を明らかにするためには、より抽象的な商品という概念を明らかにしなくてはなりません。実際に、資本は貨幣の存在を前提にして生まれたものですし、貨幣は商品の存在を前提として生まれたものだからです。この「上向法」によ

って、『資本論』の叙述は、資本主義社会の生産関係という山の基盤をなしている「もっとも抽象的な概念」である商品からはじまって、商品→貨幣（貨幣である商品）→資本（剰余価値を生む貨幣）→資本の蓄積（剰余価値の資本への転化）という順序で進められるのです。『資本論』がこのように「上向法」によって叙述されていることを頭においてもらったうえで、ここでは、そのこととかかわりのある学習上の注意点を二つあげておきましょう。

◎「すべて最初が困難」（マルクス）

　第一の注意点は、マルクスが、「すべて最初が困難である」というドイツの諺は「どの科学にも当てはまる」と言って、『資本論』も、「商品・貨幣論（第1篇）」のところ、とりわけその「商品論（第1章）」のところが、「もっとも困難である」と言っていることです。では、なぜ困難なのでしょう。それは、商品が資本主義社会の「経済的細胞」だからです。人間の身体の構造や運動を科学的に理解するのには、まず身体を形成している細胞（何億という細胞の一つ）の正体を明らかにしなくてはなりません。しかし、人間の身体の運動を観察したり、分析するよりも、直接には見えない、動かない細胞を、顕微鏡や試薬を使って分析することの方が、退屈であり、骨が折れます。それとおなじように、資本主義社会の「経済的細胞」といわれる商品を取りだしてきて、分析し、その商品の価値という肉眼では見えないものを捉えることは、退屈であり、骨が折れます。しかも、商品を分析し、その商品の価値を捉えるのには、顕微鏡や試薬はものの役に立たないので、人間の頭脳の抽象力（研究対象であるものの正体〔本質〕を取りだしてくる頭脳の力）を使わなくてはならないので、大変に骨が折れます。しかし、細胞の正体を理解したときに、人間の身体の構造と運動を根本から解明する糸口がつかめるのとおなじように、商品の正体を理解したときに、資本主義社会の経済的構造と経済的運動を根本から解明する糸口がつかめるのです。

　こういうわけで、『資本論』をはじめて読む人は、商品を分析した第1章を非常に難しく思い、一度読んだくらいでは十分に理解できないかも知れません。しかし、マルクスもこの章は「もっとも困難」といっているわけですから、それはむしろ当然なのです。ですから、さきほどのマルクスの注意を「座右の銘」として、『資本論』という巨峰を登るのには、その登山口のところに

「商品論」という最も険しい岩壁があるのだと覚悟して、「頭脳の抽象力」をよく磨いて使いながら、十分に時間をかけて読むことが大切です。こうして、「商品・貨幣論」という岩壁を登ると、後は坂道の傾斜も緩くなり、足も山道になじんできて、『資本論』という山の景色も一歩一歩と見えてくるのです。

◎各篇、各章、各節のつながりをつかむ

　第二の注意点は、『資本論』の各篇・各章・各節の理論的に抽象的な性格を理解し、『資本論』の全体の構成における各篇・各章・各節の位置と理論的なつながりをはっきりさせながら読めということです。『資本論』は、「上向法」によって、抽象的な概念からより具体的な概念へと順次に理論的な分析を進めて行きます。したがって、各篇・各章・各節は、それぞれ前の箇所より具体的で後の箇所より抽象的であるという理論的に抽象的な性格をもっています。たとえば、「貨幣論」での貨幣は、貨幣となった金という商品であり、それをもとに発行される国家紙幣です。したがって「貨幣論」で、いきなり現代の通貨である不換銀行券を取り上げるというわけにはいきません。しかし、まず「貨幣論」を理解したうえでなければ、不換銀行券である通貨とその通貨の減価＝インフレーションなどについて分析し、その正体を明らかにすることはできません。また、『資本論』では、商品はその価値どおりの価格で流通する（売買される）とされています。したがって、市場における価格の変動による価格差から（安く買って高く売ることから）生ずる投機利潤を取り上げるというわけにはいきません。しかし、『資本論』を理解したうえでなければ、投機と投機利潤（2008年のリーマンショックで世界経済を揺り動かしたサブプライムローン問題はその現代版）について分析し、その正体を明らかにすることはできません。

　また、『資本論』の各篇・各章・各節は、それぞれその前の箇所までが理解できていなければ理解できず、その箇所を理解できなければ次の箇所へ進めないという、理論的に抽象的な性格をもっています。ですから、『資本論』全体の構成とそこにおける各篇・各章・各節の位置をはっきりさせて（目次をよく見よ！）、前の篇・章・節との理論的なつながりに注意しながら読むことが大切です。社会や歴史の受験参考書の試験に出そうな箇所を切り取って読む（時間がないときによくやったよね！）といった読み方をしてはいけません。賃金に関心があるから、いきなり「賃金論」だけを読んでも、賃金を十分に理解で

きません。それでは、賃金という樹が見えても、『資本論』という森は見えず、樹が森のどこでどういう役割を果たしているかもわからない、いわゆる「樹を見て森を見ない」ことになってしまいます。

（5） 現代に生きる『資本論』

――「『資本論』は150年もまえに書かれた本であって、もう古くなった。『資本論』では現代の経済問題を解明できない」という人がいますが、どうなのでしょうか。

◎資本主義の経済的運動法則を解明した書

　マルクスは、当時の資本主義の最先進国であったイギリスの「資本の自由競争が支配的な産業資本主義」を主な研究対象として研究して、『資本論』を著しました。けれども、『資本論』は、けっして当時のイギリス資本主義の現状分析を行った著作ではなくて、それを主な研究材料として「資本主義社会の経済的運動法則」を解明した著作です。『資本論』では、当時のイギリスをはじめとする資本主義諸国の経済状態がたくさん生き生きと描かれていますが、それらはみな資本主義の経済法則の「例証」として示されているものです。ですから、『資本論』が解明した資本主義の経済法則は、どこの国のどの時代でも、その資本主義社会が資本主義であるかぎり、その根底を貫いて作用しているのです。

　資本主義の歴史的発展過程についてみると、マルクスの時代の資本主義は、資本の自由競争が支配的な産業資本主義の段階にありました。しかし、20世紀に入ると、資本主義は、独占資本主義（または帝国主義）の段階へと発展しました。独占資本主義というのは、主要な資本主義諸国の主要な生産部門と銀行業において独占（少数の大資本の支配）が形成され、金融資本（独占的な産業資本と独占的な銀行資本とが融合した資本）が一国の経済を支配するようになり、さらに資本の輸出によってその支配網を全世界に張りめぐらすようになった資本主義のことです。

　その後、独占資本主義は、1929年の世界大恐慌により金本位制度（金と銀行券との兌換が保証されている通貨制度）が崩壊して管理通貨制度（金と銀行券との

兌換が停止され、不換銀行券が通貨となった通貨制度）になったことを契機として、独占資本（金融資本）の力と国家の財政・金融の力とを合わせて資本の蓄積をすすめるような資本主義、すなわち国家独占資本主義の時代に入りました。その国家独占資本主義は、1970年代以降、不換銀行券であるドルが国際通貨となったことにより経済の国際的関係がかつてなく密接になり、アメリカ合衆国の独占資本（多国籍企業）のドルを用いた支配網に世界が組み入れられるようになったことなどを特徴とする資本主義、いわゆるグローバル資本主義の時代に入ったといわれています。

◎資本主義の発展は経済法則が作用して

ところで、このような資本主義の発展過程は、『資本論』が解明した資本主義の経済法則が作用しなくなったからおこったことではけっしてなく、その経済法則が作用していて、その経済法則に規定されておこったことなのです。そうして、『資本論』が解明した資本主義の経済法則は、いぜんとして20世紀以降の現代資本主義の社会の根底を貫いて作用しています。

マルクスの時代でも現代でも、資本主義は、それぞれの発展段階と時代に応じた特質をもちながらも、資本家（現代では多くが株式会社という姿をとっています）が、無制限に利潤を追求していくことを発展の原動力としており、利潤の正体は剰余価値です。資本家が剰余価値＝利潤を増大させる方法は、労働日を延長する方法（絶対的剰余価値の生産）と労働の生産力と強度を増大する方法（相対的剰余価値の生産）の二つです。資本主義の発展過程は資本の蓄積過程であり、かならず相対的過剰人口（失業者・半失業者）を生みだし、資本家階級の側には資本としての富を蓄積し、労働者階級の側にはさまざまな形態の貧困を蓄積します。

現在の日本においては、一方では、会社とか銀行とかという姿をとった資本家がますます肥え太っているのに、他方では、サラリーマンという名の労働者はなんとか暮らせる賃金を得るのがせいいっぱいであり、残業続きでへとへとになり、遂にはカローシする人まで出たり、またアルバイト、パート、日雇い派遣、ネットカフェ難民などといわれる不安定就業者が急増し、それをみて政府も日本は「格差社会」であると認めざるを得なくなり、世間では「勝ち組」と「負け組」という嫌な言葉が流行しています。これらの出来事は、現在の日

本でも、『資本論』が解明した資本主義の経済法則が社会の根底を貫いて作用していて、それに規定されておこったことなのです。

このような次第で、現代の資本主義社会の経済生活における出来事の正体（本質）を見抜くためには、確かに資本主義の発展過程で生じた、独占（大資本、大銀行の支配）、国家独占（政官財の癒着）、経済のいわゆるグローバル化（ドル支配、ドル危機、投機マネーの暴走）といった現代の資本主義の特質を理解し、それらを踏まえることが必要ですが、やはり根本的には、『資本論』を学んで身につけた科学の目が必要なのです。ですから、『資本論』は「古くなった」どころか、まさしく不滅の生命力をもって現代に生きる古典なのです。

◎不滅の生命力をもつ古典

実は、『資本論』はこの世に出て以来、資本家とその御用学者から、「誤っている」とか「古くなった」という攻撃を受けてきました。『資本論』ほど、長い間非難と攻撃を受けてきた本はありません。それには、訳があるのです。『資本論』は、資本主義が、資本家が労働者の生産した剰余価値＝利潤を不払いで取得する（搾取する）生産関係（経済制度）であることをはじめて明らかにしました。こういう資本主義の経済制度の正体が多くの人に知られることは、「剰余価値＝利潤を無制限に追求する動物」である資本家にとっては、自分の命にかかわるほどの恐ろしいことなのです。ですから、資本家とその御用学者は、いつも『資本論』を「危険思想の書」とみなして、「誤っている」とか「古くなった」とか、あの手この手で攻撃し続けてきたのです。

しかし、考えてもみてください。もしも、『資本論』が本当に誤っていたり、古くなったりしたのならば、そんな本はとうの昔に読まれない本、経済学説史の博物館にしかない本になっていて、資本家とその御用学者も「古くなった」などといってまわる必要もなくなっていたでしょう。ですから、出版されてから現在に至るまでのこれほどの長い間、「誤っている」とか「古くなった」とかという攻撃を受け続けてきたということは、実は、『資本論』が不滅の生命力をもって現代に生きる古典であることのひとつの証(あかし)でもあるのです。

（6） 二つの経済学（マルクス経済学と近代経済学）と
　　　その性格の違い

　——現代では、マルクス経済学と近代経済学との二つの経済学がありますが、どう違うのでしょうか。日本の大学では、普通には両方の授業やゼミがあって、多くの学生が「どちらを学んだらいいか」と迷うのですが。

◎二つの経済学の学びのすすめ

　そういう質問をする学生にたいして、私は、いつも「両者の性格の違いを踏まえながら、片方だけではなくて、両方ともひととおり学べ」と勧めています。というのは、この二つの経済学を学ぶことによって、実はそれぞれの経済学についてのより深い理解が得られるからです。それに、学生時代は、両方を学ぶ絶好のチャンスです。このチャンスを逃す手はありません。

　近代経済学というのは、一般的には、マルクス経済学に対抗する経済学の総称であって、時期と学者によってちがう特徴をもっています。1870年代に「限界効用価値説」を唱えたイギリスのジェボンズ、オーストリアのメンガー、フランスのワルラスによって始められ、やがて「価値論無用説」を採る学者に引き継がれ、その20世紀における代表者は、イギリスのケインズです。二つの経済学の性格の違いをもたらしているそもそもの原因は、マルクス経済学が史的唯物論により資本主義の社会と経済制度を「歴史的に過渡的なもの」と捉え、労働価値説をその理論的基礎としているのにたいして、近代経済学は、人間社会の発展に関する独自の歴史観をもたず、資本主義の社会と経済制度を良かれ悪しかれ実際に与えられていていつまでも同じ量的な運動をするだけで質的な変化をしないもの、すなわち「所与のもの」と捉え、限界効用価値説または価値論無用説を採っている点にあります。

◎セーが唱えた「生産の三要素説」

　経済学説の歴史を振り返ってみると、18世紀までは、「労働価値説」を唱えたイギリス古典派経済学が経済学の主流でした。しかし、19世紀に、イギリスで、世界の先頭を切って機械制大工業にもとづく産業資本主義が成立し、労資

の利害の対立が露わになり、労資の階級闘争が激しくなると、資本家階級の利益を弁護するために、労働価値説を歪曲し、ついには捨て去った「経済学」が現れました。その先端を切ったのが、セーが唱えた「生産の三要素説」です。それによると、資本主義生産の三つの要素（ファクター）は、資本（機械、原料などの物としての資本）、土地（自然としての土地）、労働（労働者の労働）であり、利潤は資本の用役（使用価値としての役立ち）が生みだしたものであり、地代は土地の用役が生みだしたものであり、賃金は労働の用役が生みだしたものとされます。こういう主張は、「資本―利潤、土地―地代、労働―賃金」という定式にまとめられました。この定式においては、資本家と地主と労働者はたがいに協力して資本主義生産を行うパートナーであり、それぞれの収入の正当な取得者として描かれています。そこで、マルクスは、「生産の三要素説」を、資本家階級の利益を弁護するために経済学を俗流化した俗流経済学と呼び、この定式を俗流経済学の「三位一体定式」と呼んで、批判しました。

近代経済学は、俗流経済学ではありませんが、労働価値説を唱える経済学に対抗する経済学の潮流から生じたために、「生産の三要素説」の影響を受けている点があります。近代経済学は、ミクロ経済学とマクロ経済学とから成り立っていますが、そのマクロ経済学の標準的教科書は、たいてい「国民所得論」から始まります。マルクス経済学が「商品論」から始まるのと、まさに対照的ですね。そこでは、資本主義生産の（価格で表示された）生産額は「原材料費＋減価償却費＋賃金＋利潤」であり、このうち新しく生産された額（純生産額）は「賃金＋利潤」であり、このことは誰にでもわかる「経済常識」である。このうち、賃金は労働という生産要素の役立ち（サービス）にたいする報酬であり、利潤は資本（物としての資本）という生産要素の役立ちにたいする報酬であり、両者はそれぞれの生産要素の役立ちによって付加された（新たに生産された）価値、すなわち付加価値（正確には純付加価値）である、といった説明がされています。

◎近代経済学の「付加価値」概念と「価値論無用説」

さて、ここで使われている付加価値という概念は、従来の経済学が問題にしてきた商品の価格を規定している価値ではなく、逆に目の前に与えられているある大きさの価格で表示された、賃金という収入と利潤という収入のことであ

1　科学としての経済学＝『資本論』の魅力を語る

って、それらをひとまとめにして「付加価値」という名前をつけたものです。このように、近代経済学における賃金、利潤、付加価値、さらには利子、地代、家賃、サービス料、国民所得といった諸概念は、（円、ドル、ポンドといった）同じ単位の価格量で表示された「経済諸量」なのです。

このような近代経済学の説明にたいしては、従来の経済学から、「なんだそんな説明では価値によって価格が規定されているという価値法則を明らかにできず、賃金、利潤の正体（本質）も明らかにできないではないか」という批判がおこります。そこで、近代経済学は、「価値論無用説」を採りました。「価値論無用説」というのは、実は話をわかりやすくするために私がそう名付けたのですが、経済学の研究課題についての近代経済学の次のような考え方のことです。

商品の価値とはなにか、労働か、効用か、限界効用かなどという論議はしてもしようがないし、何の役にも立たない。商品の価格は需要と供給との関係で変動するもので、需給が均衡した点に落ちつくものであることを、そのまま認めるだけで十分だ。賃金、利潤、利子、地代の正体はなにかなどと経験では捉えられないものを探してみてもしようがないし、何の役にも立たない。それらの諸収入は、同じ単位の価格量で表された「経済諸量」であることを、そのまま認めるだけで十分だ。そもそも経済学は、政府の経済政策や資本主義企業の経営方針に役に立つものでなくてはならないと思うので、経済学の主な研究課題は、国民経済を構成している「経済諸量」を統計的に把握し、それぞれの「経済諸量」のあいだの因果関係を解明することである。およそ、以上のような考え方です。

このような「価値論無用説」を採った近代経済学は、その考え方にもとづいて政府に、物価、投資、雇用、国民所得、国民総生産（ＧＮＰ）などの経済統計を作らせ、それを利用しながら、利子率が下がれば投資が増えるとか、投資が増えれば雇用が増えるとか、中央銀行による貨幣供給（マネーサプライ）が増えれば物価が上がるとかいった、「経済諸量」の相互の因果関係を研究します。そうして、ケインズは、総需要（投資需要と消費需要）が国民所得を決定するという「有効需要の理論」をつくり、後に「ケインズ革命」といわれる近代経済学の革新を行ったのでした。

たしかに、国民経済（一国の資本主義経済）を構成している「経済諸量」の

あいだには、客観的な因果関係があります。したがって、近代経済学は、それらの「経済諸量」を「所与のもの」としている点、および俗流経済学の影響を受けてそれらの「経済諸量」をそれぞれの生産諸要素が生んだものとしている点では科学性を欠いていますが、「経済諸量」のあいだの客観的な因果関係を解明する点では一定の科学性をもっています。みなさんは、近代経済学の科学性をもっているところを学ぶことが大切です。

◎二つの経済学の違いを踏まえ理解を深める

以上に述べた二つの経済学の性格の違いを踏まえながら、二つの経済学を学ぶと、それぞれの経済学についてのより深い理解が得られます。近代経済学を学んだ人も、マルクス経済学を学べば、貨幣、資本、賃金、利潤、利子、地代などという「経済諸量」の正体（本質）を理解することができ、失業、貧困、恐慌などの「資本主義の病気」といわれる出来事が資本主義の経済法則に規定されておこった避けることのできない「病気」であることを理解できます。近代経済学の考えにもとづいてなされる雇用政策、所得政策、成長政策、金融政策などの国家の経済政策は、「病気」を根絶する政策ではなく、くりかえしかかる「病気」をかかった後からそのつど緩和するいわば「対症療法」であること、この「対症療法」は政策という名の薬の副作用をともなうことも、わかってきます。

他方、マルクス経済学を学んだ人も、それぞれの国の経済の構造や動き、さらには国際経済の構造や動きを研究する、すなわち現状分析を行うためには、多くの調査や統計を利用しなくてはなりません。しかし、国民経済の統計およびそれにもとづいた国際経済の統計は、個人の力では作成できないもので、国家権力をもった政府の力で作成したものです。そうして、政府の経済統計（それを体系的に取りまとめたものがわが国では「国民経済計算」）は、近代経済学の考え方と概念にもとづいて作成されたもので、近代経済学を理解していないと、十分には理解できないものです。ですから、マルクス経済学を学んだ人も、近代経済学を学んで、政府の経済統計を十分に理解し、マルクス経済学の立場からそれを批判的に利用しながら現状分析を行わなくてはなりません。そうすることで、マルクス経済学こそ科学的な現状分析を行える「科学としての経済学」であることが、より深く理解できます。

1　科学としての経済学＝『資本論』の魅力を語る

　以上のようなわけで、私は、学生のみなさんに、二つの経済学のどちらを選ぶか、どのゼミに行くかということはあくまでそれぞれの人の自主的な判断によることですけれども、学生時代という絶好のチャンスに、二つの経済学を、いわゆる単位を取るためにではなくて、それぞれの経済学を深く理解するためにも、ひととおりは学ぶことをお勧めしているのです。
　——長時間、貴重なお話をどうもありがとうございました。

2 『資本論』を学ぶ五つの心得

金子ハルオ

　2008年の秋に、世界の資本主義経済の中心地アメリカ合衆国で「100年に1度」といわれる大規模な金融恐慌が勃発し、その影響はアメリカへの輸出をてことして「成長」してきた日本経済を直撃し、わが国でも、派遣切り、倒産、失業などが急増し、貧富の格差がいっきょに拡大しました。このような恐慌、失業、貧困などは、もともと資本主義経済には付き物の出来事であり、けっして人びとの注意や努力が足りなかったために起こったことではなく、マルクスが『資本論』で明らかにした個々の人間の意志からは独立に作用する資本主義の経済法則にもとづいて必然的に起こったことなのです。ですから、最近、老若男女を問わず、かの音に聞く『資本論』を読もうという人が新たに増大しています。そこで、私が、長年にわたって多くの大学で、『資本論』をこれからはじめて読むという学生諸君に語ってきた「『資本論』を学ぶ五つの心得」の要点を紹介しましょう。

（1）　自らの頭脳を鍛えつつ学ぶ

> ①『資本論』は、「科学としての経済学」を自らの頭脳を鍛えつつ学び、身につけるのだという覚悟をもって、相当の長い時間を確保して、精読せよ。

　革命家であり、盟友エンゲルスとともに科学的社会主義の創始者であったマルクスは、1840年代に新しい「科学としての経済学」を打ち立てることを「労働者階級から与えられた主要な任務」であると自覚して経済学の研究に入り、1850年代にはイギリス古典派経済学をはじめとする自分に先立つ経済学をことごとく批判し、克服して、その批判的継承のうえに、『資本論』を著しました。『資本論』こそは、マルクスという天才のまさに超人的な努力の結晶であり、「科学としての経済学」を確立させた、「科学としての経済学の最高傑作」で

す。

　『資本論』は、第一部「資本の生産過程」、第二部「資本の流通過程」、第三部「資本主義的生産の総過程」、の全三部から成り立っています。マルクスの予定では、このほかに「剰余価値学説史」といわれる草稿を第四部に当てるつもりでした。第一部は、マルクス自身によって編集され、その初版は1867年に出版されました。第二部と第三部は、マルクスの死後、エンゲルスによって編集され、出版されました。

　この全三部からなる『資本論』の全体の基礎をなしているのは、マルクス自身によって編集され「一つの独立の著作」といわれる第一部です。マルクスは、『資本論』第一部（初版）の序言で「近代社会の経済的運動法則を暴露することがこの著作の最終目的である」と言っていますが、第一部を学べば、「この著作の最終目的」である近代社会すなわち資本主義社会の経済法則を基本的には理解することができます。ですから、『資本論』を読む人は、まず第一部をよく読まなくてはなりません。

　このマルクスの畢生の大著である『資本論』を読む人は、まずマルクス自身が読者に与えた注意を心得ておくことが有益です。マルクスは、『資本論』の著述に関して多くの手紙を書いていますが、そのなかで「私の著作の長所は、それが一つの芸術的全体をなしていることだ」（エンゲルスあて）、「〔この著作の目的は〕叙述の仕方そのものによって凡俗を武装解除することだ」、「このように大きな、そして部分的に難解な著作は、読破と消化とのために時間を必要とする」（クーゲルマンあて）と述べています。

　このマルクスの指摘からうかがえるように、『資本論』の特徴は、まずそれが「一つの芸術的全体」といわれるように長大な理論的体系をなしていて、しかも「叙述の仕方そのものによって凡俗を武装解除する」といわれるように、弁証法的唯物論という自然と社会および人間の思考についての科学的なものの見方を縦横に駆使した、科学的に高度に厳密な叙述の仕方に貫かれていることです。ですから、その有名さにひかれてなにげなく手にしてみたくらいの気構えでは、すぐに顎を出してしまい、読み切れないのはむしろ当然なのです。つまり、『資本論』を読破し、理解するのには、まず「科学としての経済学」を自らの頭脳を鍛えつつ学び身につけるのだ、そのためにはどんな苦労もいとわないぞという覚悟をもって、「読破と消化のために時間を要する」といわれる

ように相当の長い時間を確保して精読する、理解できるまでは繰り返してでも読むことが必要なのです。

　こういうわけで、マルクスは、『資本論』第一部の「フランス語版への序言とあと書き」で、「いつでも結論をあせるフランスの読者層」が「読み続けるのが嫌になりはしないか」と心配して、あらかじめ次の注意を与えました。「学問にとって平坦な大道はありません。そして、学問の険しい小道をよじ登る労苦を恐れない人々だけが、その輝く頂上にたどりつく幸運にめぐまれるのです」と。このマルクスの注意は、『資本論』を学ぶにあたっての文字どおりの「座右の銘」として、各人の胸に刻みこんでおくのに値するものです。

（2）　『賃労働と資本』、『賃金・価格・利潤』の勧め

> ②『賃労働と資本』および『賃金・価格・利潤』は、マルクス自身が書いた『資本論』への最良の入門書である。

　『資本論』は、科学的に高度に厳密な叙述の仕方に貫かれた長大な理論的体系をなしている経済学の本ですから、『資本論』を学ぶことは、マルクスも指摘したように、壮大で美しいが大変に険しい巨峰に登るようなものだと言われます。ですから、険しい山に登るには体力を培う準備体操がいるように、『資本論』を読むに当たっては、まず『資本論』への入門書を読んでおくことが有益です。そうして幸いなことには、マルクス自身が書いた『資本論』への最良の入門書が2冊あります。『賃労働と資本』および『賃金・価格・利潤』が、それです。

　『賃労働と資本』は、もともとは1847年にマルクスがドイツ人労働者協会で行った経済学の講義で、1849年に『新ライン新聞』に連載されたものです。マルクスの死後、エンゲルスは、1891年に、『資本論』に結実したその後のマルクスの経済学研究の成果にもとづいて、『賃労働と資本』の改訂版を編集し、出版しました。この改訂版について、エンゲルスは、その「まえがき」で、「これはマルクスが1849年に書いたままのパンフレットではなくて、おおよそ彼が1891年にはこう書いたろうと思われるパンフレットである」と述べています。

『賃労働と資本』の特徴は、「経済学のごく初歩的な概念ももちあわせない読者にわかってもらう」ために、できるだけ親しみやすい平易な叙述をもって、マルクスがのちに『資本論』第一部で展開した「労働価値論」、「剰余価値論」、「資本蓄積論」などからなる理論体系の要旨を、わずか数十ページのパンフレットに圧縮している点です。この特徴のゆえに、『賃労働と資本』は、現在にいたるまで、これにまさるものはない経済学の初級のテキストであり、『資本論』への入門書であるといえます。

　『賃金・価格・利潤』は、1865年にマルクスが第一インタナショナル（国際労働者協会）でおこなった講演の手稿を原本として、1898年にマルクスの末娘エリナによって編集され、出版された本です。

　『賃金・価格・利潤』は、当時「賃上げ闘争無益論」「労働組合無用論」を唱えていたウェストンの見解を的確に批判し、労働・革命運動の進むべき指針を示すとともに、それを理論的に裏付けるために、後に出版された『資本論』の（第三部にまでも及ぶ）理論体系の要点を「先取り」して、わずか数十ページのなかに「圧縮」した本であり、しかもその理論的な内容を、経済学を初めて学ぶ労働者や学生にもわかるように「比較的一般向きな形で」述べた本です。

　以上のように、『賃労働と資本』および『賃金・価格・利潤』は、マルクス自身によって書かれた『資本論』への最良の入門書であり、これからはじめて『資本論』を読もうという人は、まずこの２冊の本を読んで、『資本論』という巨峰に登るための頭の準備体操、体力づくりをしておくことをお勧めします。

　なお、『賃労働と資本』および『賃金・価格・利潤』の最新の解説のついた日本語の訳本は、新日本出版社から刊行されている「科学的社会主義の古典選書」のもの、および大月書店から刊行されている「マルクス・フォー・ビギナー」のものです。

（３）　叙述の方法に注意して最初の章を読む

　③『資本論』の「叙述の方法」に注意せよ。『資本論』は、とくにその「最初の章（商品論）」が「もっとも困難」である。

　弁証法的唯物論を適用した『資本論』の叙述の方法、いいかえれば経済学の

理論の展開方法は、多くの研究者によって「上向法」と呼ばれています。「上向法」とは、理論上、資本主義社会の生産関係を組み立てている経済学の諸概念または諸範疇（商品、貨幣、資本、賃金、利潤、利子、地代、など）のうち、その基礎にあるもっとも抽象的な概念から順次により具体的な概念（より抽象の度合いが低い概念）へと、ちょうど山の麓から頂に向かって一歩一歩上に登っていくように、経済学の理論を展開していく（叙述していく）という方法です。

『資本論』第一部についてみると、資本という概念を明らかにするには、より抽象的な貨幣という概念を明らかにしなくてはならないし、貨幣という概念を明らかにするためには、より抽象的な商品という概念を明らかにしなくてはなりません。実際に、資本は貨幣の存在を前提として生まれたものですし、貨幣は商品の存在を前提として生まれたものだからです。この「上向法」によって、『資本論』の叙述は、資本主義社会の生産関係という山の基盤をなしている「もっとも抽象的な概念」である商品からはじまって、商品→貨幣（貨幣である商品）→資本（剰余価値を生む貨幣）→資本の蓄積（剰余価値の資本への転化）という順序で進められるのです。『資本論』を正確に学ぶためには、『資本論』がこのような「上向法」によって叙述されていることによく注意しておかなくてはなりません。

ところで、マルクスは、『資本論』第一部の「序言〔初版への〕」で、「すべて最初が困難である」というドイツの諺は「どの科学にも当てはまる」と言って、「上向法」によって叙述されている『資本論』も、その「最初」のところ、すなわち「商品・貨幣論（第1篇）」のところ、とりわけその「商品論（第1章）」のところが、「もっとも困難である」と言っています。では、なぜ困難なのでしょう。それは、商品が資本主義社会の「経済的細胞」だからです。

人間の身体の構造や運動を理解するのには、まず身体を形成している細胞（何億という細胞の一つ）の正体を明らかにしなくてはなりません。しかし、人間の身体の運動を観察したり、分析するよりも、直接には見えない、動かない細胞を、顕微鏡や試薬を使って分析することの方が、退屈であり、骨が折れます。それとおなじように、資本主義社会の「経済的細胞」といわれる商品を取りだしてきて、分析し、その商品の価値という肉眼では見えないものを捉えることは、退屈であり、骨が折れます。しかも、商品を分析しその商品の価値を

捉えるのには、顕微鏡や試薬はものの役に立たず、人間の頭脳の抽象力（研究対象であるものの正体〔本質〕を取りだしてくる頭脳の力）を使わなくてはならないので、大変に骨が折れます。しかし、細胞の正体を理解したときに、人間の身体の構造と運動を根本から解明する糸口がつかめるのとおなじように、商品の正体を理解したときに、資本主義社会の経済的構造と経済的運動を根本から解明する糸口がつかめるのです。

こういうわけで、『資本論』をはじめて読む人は、商品を分析した第1章を非常に難しく思い、一度読んだくらいでは十分に理解できないかも知れません。しかし、マルクスもこの「最初の章」は「もっとも困難」と言っているわけですから、それはむしろ当然なのです。ですから、さきほどのマルクスの注意を「座右の銘」として、『資本論』という巨峰を登るのには、その登山口のところに「商品論」という最も険しい岩壁があるのだと覚悟して、「頭脳の抽象力」をよく磨いて使いながら、十分に時間をかけて読むことが大切です。こうして、「商品・貨幣論」という岩壁を登ると、後は坂道の傾斜も緩くなり、足も山道になじんできて、『資本論』という山の景色も一歩一歩と見えてくるのです。

（4）　全体の構成と各篇・章・節の位置をつかむ

> ④『資本論』の各篇・各章・各節の理論的に抽象的な性格を理解し、『資本論』の全体の構成における各篇・各章・各節の位置と理論的なつながりをつねにはっきりさせながら読め。

『資本論』は、「上向法」という「叙述の方法」によって、抽象的な概念からより具体的な概念へと順次に理論的な分析を進めていきます。したがって、各篇・各章・各節は、それぞれ前の箇所より具体的で後の箇所より抽象的であるという理論的に抽象的な性格をもっています。

たとえば、第一部第1篇の「貨幣論」での貨幣は、貨幣となった金という商品であり、それをもとに発行される国家紙幣です。したがって、「貨幣論」で、いきなり現代の通貨である不換銀行券を取り上げるというわけにはいきません。しかし、まず「貨幣論」を理解し、それを理論的基礎としたうえでなけれ

ば、不換銀行券である通貨とその通貨の減価すなわちインフレーションなどについて分析し、その正体を明らかにすることはできません。

　また、『資本論』では、商品はその価値どおりの価格で流通する（売買される）とされています。したがって、『資本論』では、まだ市場における価格の変動による価格差から（安く買って高く売ることから）生ずる投機利潤を取り上げるというわけにはいきません。しかし、『資本論』を理解し、それを理論的基礎としたうえでなければ、投機と投機利潤（それは、「リーマンショック」といわれる現代のアメリカ発の金融恐慌の引き金となりました）について分析し、その正体を明らかにすることはできません。

　また、『資本論』の各篇・各章・各節は、それぞれその前の箇所までが理解されていなければ理解できず、その箇所を理解しなければ次の箇所へ進めないという、理論的に抽象的な性格をもっています。ですから、つねに『資本論』全体の構成とそこにおける各篇・各章・各節の位置をはっきりさせて（目次をよく見よ！）、前の篇・章・節との理論的なつながりに注意しながら読むことが大切です。社会や歴史の受験参考書の試験に出そうな箇所を切り取って読むといった読み方をしてはいけません。賃金に関心があるからといって、いきなり「賃金論」のところを読んでも、賃金を十分に理解できません。それでは、賃金という樹が見えても、『資本論』という森は見えず、樹が森のどこでどういう役割を果たしているかもわからない、いわゆる「樹を見て森を見ない」ことになってしまいます。

（5）　現象形態と本質を区別し、その関連をつかむ

> ⑤「もし事物の現象形態と本質とが直接に一致するなら、あらゆる科学は余計なものであろう」というマルクスの指摘を吟味せよ。『資本論』は経済学上の「地動説」なのだから。

　かつて、セーなどのマルクスが「俗流経済学者」と呼んだ人たちは、利潤は資本（機械・原料などの物としての資本）の用役（物の役立ち）が生みだしたものであり、地代は土地（自然としての土地）の用役が生みだしたものであり、賃金は労働の用役が生みだしたものであるという「三位一体定式」といわれる

「学説」を唱えました。マルクスは、『資本論』の最後の篇（第三部第7篇）で、この「学説」を批判して、「もし事物の現象形態と本質とが直接に一致するなら、あらゆる科学は余計なものであろう」という有名な指摘をしました。

　自然界においても資本主義社会の経済においても、日常の経験によって捉えられる事物の現象形態とその現象形態の背後にあってそれを規定している事物の本質（正体）とは直接には一致しない。だからこそ、科学の力によって、日常の経験では捉えられない事物の本質を明らかにし、その事物の運動を規定している個々の人間の意志からは独立な法則を明らかにしなくてはならないというのです。

　資本主義社会の経済においては、経済的事物の現象形態とその事物の本質とが直接に一致しないのみならず、現象形態がその本質を隠蔽してしまうことが多くあります。その一例をあげましょう。

　『賃労働と資本』を学ぶだけでよくわかることですが、労働者が資本家に賃金とひきかえに売っているものは、自分の「労働力」であって「労働」ではありません。ですから、賃金の本質は「労働力の価値または価格」であって、「労働の価値または価格」ではありません。しかし、資本主義の生産関係のもとでは、賃金は労働者が労働したあとで行った労働全部にたいして支払われるという形態をとるので、本質的には「労働力の価格」である賃金は、「労働の価格」という現象形態をとります。この現象形態は、賃金の本質と一致しないだけでなく、賃金の本質を隠蔽してしまいます。

　日常の経験に頼って、「労働の価格」という賃金の現象形態をもってそのまま賃金の本質とする「経済学」はたんなる「経済常識」であって、「科学としての経済学」ではありません。こういう「経済常識」からは、賃金を上げるためにはまず生産性を高めよとか、賃金を上げれば物価が上がるとか、いつも資本家に都合のよい主張がだされてきます。これにたいして、頭脳の抽象力を使って、その現象形態の背後にあってそれを規定している賃金の本質が「労働力の価格」であることを明らかにし、さらに本質的には「労働力の価格」である賃金が、なぜ「労働の価格」という現象形態をとるのかを明らかにする「経済学」が、「科学としての経済学」です。「科学としての経済学」にもとづいてこそ、『賃金・価格・利潤』に示されているような賃金の切り下げを阻止し賃金を引き上げる闘争の正しい指針を示すことができます。

最後に、誰でもが知っている天文学の話を思いだしましょう。ルネッサンス以前の天文学は、毎日太陽が東から昇って西へ沈むのをみて、不動の大地である地球の周りを太陽が回っているという「天動説」でした。これにたいして、コペルニクスは、望遠鏡を使って天体の運動を観察し、分析して、太陽系においては、恒星である太陽の周りを惑星である地球が回っている、それが人間の目には太陽が地球の周りを回っているように見えるという「地動説」を唱えました。「天動説」は、教会の権威を守るためのたんなる「天文常識」であり「地動説」の登場こそ、「科学としての天文学」の生誕でした。「科学としての経済学」である『資本論』は、経済学の歴史のうえで、望遠鏡の代わりに頭脳の抽象力を使った経済学上の「地動説」なのです。

　これから『資本論』を読む人は、この「『資本論』を学ぶ五つの心得」を胸に刻んでおいて下さい。そうすれば、『資本論』登山の「遭難率」はおおいに減少します。ちょうど与えられた紙数が尽きました。では、『資本論』という壮大で美しいが険しい巨峰に登る皆さんが、「その輝く頂上にたどりつく幸運にめぐまれる」ことを、マルクスとともに期待して、筆を描きます。

3 『資本論』を学ぼうとする人に
——経済学の二つの類型と『資本論』

平野喜一郎

（1） 経済学を学ぶにあたって

　日本の経済学は、マルクス経済学と近代経済学の二つの類型に分けられています。そして、いま日本では、近代経済学のなかでも主流派とよばれている新古典派経済学が支配的になっています。その流れに悪名高い新自由主義があり、それは新古典派原理主義とでもいうべきものです。また、近代経済学のなかには、新古典派から批判されてきたケインズ派とかポスト・ケインズ派という経済学の流れもあります。しかし、資本主義の矛盾がこんなに露わになっている今こそ、近代経済学ではなく、マルクス経済学が出番なのです。

◎四つの主要な経済学

　経済学の流れを基本的な考え方の相違から、四つに分類して考えれば理解しやすいでしょう。

　まず、資本主義経済を安定したものと見るか、不安定なものと見るかという視点です。均衡論にたつ新古典派経済学は、たとえば池に多少の波がたってもいずれ水平線に落ち着くように市場も安定する、と考えます。この考え方でいけば、市場は放任しておけばいいわけです。

　他方、不安定なものとみれば国家や社会の介入が必要だし、さらには国家や社会によるコントロールが必要になります。

　もうひとつの視点は、富を生みだすもの、商品の価値を作り出すものは何か、という視点です。基本的に、それを人間労働と考えるか、あるいは商品に対する個人の効用（満足度）と考えるかということです。そこで図1（次ページ）にある、労働vs効用と安定vs不安定（均衡vs不均衡）という対立軸から四つ組み合わせができます。

図1 経済学の考えを4つに分類

価値を生むものは \ 資本主義経済は	安定	不安定
労働	古典派	マルクス
効用	新古典派	ケインズ

サブプライムローンに代表される、金融工学による金融商品という「労働なき富」をつくり、企業も消費者も借金によって大量輸入と大量消費と効用（満足度）を拡大するという新古典派の路線は、世界的な経済危機をまねきました。いまの不安定な世界経済の現実からみても、新古典派は理論としても破綻しています。また、資本主義の不安定（不均衡）をみる点では誤っていないものの、ケインズ派は赤字財政で解決しようと考えます。これもまた、国家の借金という「労働なき富」に頼ろうとするものです。資本主義の不安定さを指摘したうえで、生産的な労働（とりわけ農業労働や町工場の労働など）を重視し、すべての労働の担い手、労働者階級の生活を大切にして生産と消費の不均衡を是正し経済再建をめざすマルクス経済学以外に、今日の経済危機から抜け出す経済学はないといえます。

いろいろな経済学説の流れ、系譜を示したのが図2です。スミス—リカード

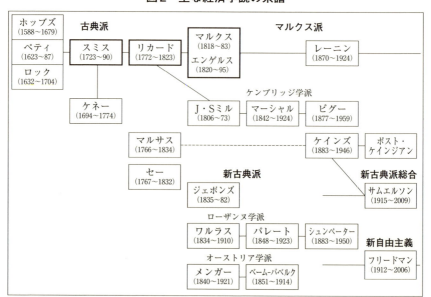

図2 主な経済学説の系譜

——マルクスの流れが真の主流なのです。

（2） なぜいまマルクスなのか

◎マルクス経済学を学ぶ意味は

　この十数年来、マルクス経済学はアメリカの市場原理主義と規制緩和、日本ではそれに追従する小泉・竹中による「構造改革」を批判してきました。新自由主義がなにをもたらし、どういう結果になったかということは、2008年9月のリーマンショックに始まる金融危機と世界恐慌がその答えを出しました。新自由主義は破綻したことを事実が証明したのです。

　日本では、高度経済成長を経て1970年代、80年代を通じて設備投資と技術革新がすすみ、集中豪雨的な輸出がつづけられました。アメリカでは90年代半ばのドル高政策によって海外からのお金の流入がふくらみ、それがもとになって、「架空の需要」による消費拡大と、証券化にみられる金融へのシフトがすすみました。工学系の研究者の頭脳がものづくりではなく「金融工学」という賭博のような非生産的分野に流出しました。他方で、第二次世界大戦後、ケインズ政策によってすすめられた公共事業政策もあって、世界の資本主義は過剰生産の状態になっていました。過剰生産と実際にはそれに伴わない消費とのギャップが恐慌という暴力的調整によって一気に表面化したのです。

　マルクスは恐慌を重視し、恐慌理論を『資本論』の最終部で展開するはずでしたが、病気と死によって実現しませんでした。しかし、恐慌についての考察は、『資本論』第三部や、その第四部にあたる『剰余価値学説史』に散見されます。それによれば、恐慌において資本主義の矛盾と対立が一挙に暴露されます。その意味で恐慌は資本主義経済のあらゆる矛盾の「現実的総括」ですが、同時にそれは「暴力的調整」なのです。たしかに恐慌は不均衡におちいった生産と消費の矛盾の調整、すなわちある基準にしたがっての過不足の調整です（この基準が第二部の再生産表式です）。しかし、その調整は暴力的であって、労働者の首切りと生産手段・生産物の破壊をともないます。しかもこの調整は、一時的な解決、「攪乱された均衡を瞬間的に回復する暴力的爆発」（『資本論』新日本出版社新書、第⑨分冊425ページ）にすぎないのです。

経済恐慌による最大の犠牲者は世界の人民です。とりわけ、日本の国民と労働者は大変な状況におかれています。非正規雇用と派遣労働者の首切りだけでなく、正規労働者でもリストラが広まっています。2009年平均の完全失業率の増加幅は過去最大となり、09年平均の完全失業率は5・1％（2016年8月では3・1％）、同年の平均求人倍率は過去最悪の0・47％でした。

2008年暮れの「派遣村」の出現は衝撃的でした。多くの労働者は、いまは仕事があっても、将来のことは分からない、自分もいつ失業するかも分からないと思いました。エンゲルスは「将来にたいする不安」を貧困化の重要な指標と考えました。まさにその不安を多くの国民が感じ、政権交代となったのです。

◎社会の根底に貫く法則を明らかにする

国民生活の悪化が底なしになっているなかで、いまの資本主義社会を分析し、問題の奥深く、社会の根底にどういう法則が貫いているのかを明らかにできるのがマルクスの経済学なのです。しかも、マルクス経済学は社会の過去と現在を解明するだけではありません。これからの社会はどうなるのか、これからどうすればいいのかを明らかにできるのです。その点が他の経済学と決定的に違うところです。

今、多くの人は先行きが見えない時代だといいます。そのため将来に希望がもてなく、絶望的になっている人もたくさんいます。私たちの生きている時代は、失業や倒産、就職難等と、先が見えない生きづらい社会になっています。しかし、そういう社会で暮らす国民と労働者階級は必ずたちあがり、新しい社会を切り開いていくにちがいありません。なぜなら、資本主義社会の発展そのものが、学びたたかう労働者階級をつくりだすからです。資本主義社会の矛盾の分析から、未来社会への展望を示す経済学はマルクス経済学しかないのです。こういう時だからこそ、マルクス経済学の学習を勧めたいのです。

（3）　資本主義の経済法則を解明

◎自然の法則性を扱う自然科学と社会の法則性を解明する科学

『資本論』こそは、私たちの生きている社会をその根底において把握したも

3 『資本論』を学ぼうとする人に

のであるというべきです。『資本論』初版の序文には、近代社会の経済的法則を明らかにすることがこの著作の最終目的であると書かれています。

　自然科学は早くから自然の本質を法則的にとらえてきました。ノーベル賞を受賞した小林―益川理論（※）は、それまでの素粒子論が明らかにした理論の対称性とその破れ（非対称性）の法則を前提にしています（この考え方は先に述べたマルクスの恐慌論と似ています）。この法則の存在を前提にして、当時三種類しか発見されていなかったクォークが、あと三種類以上、合計六種類以上存在するという予言が小林―益川理論です。この発見によって、分子・原子―素粒子―クォークというミクロ物質の階層構造の法則が明らかになっていくのです。素粒子の世界の研究など自然科学では今日も新しい法則の発見がつづいています。自然の根底に貫いている法則を探求するところに自然科学の果たしてきた役割があります。

　※　小林誠氏（元高エネルギー加速器研究機構素粒子原子核研究所所長）と益川敏英氏（元京都大学基礎物理学研究所所長）によって1973年に発表された理論。2008年、ノーベル物理学賞受賞。

　それに対して、社会や経済現象というのは、一見、とらえどころのないもので、法則の存在を疑う人もいます。その社会の本質にまで迫り、法則的に把握できた人はマルクス以前の経済学者にはいませんでした。資本主義社会の法則的把握は、『資本論』によってはじめて完全に果たされたのです。

　戦前から戦中の日本において、マルクス経済学は弾圧されました。弾圧された後、新古典派経済学が、マルクスに代わる経済学だとして宣伝されました。しかし、外部からの意図や利益からもちこまれたものが人々の心をとらえるはずはありませんでした。戦後、わが国に入ってきたケインズ経済学や「新古典派総合」が、高度経済成長時代には資本の要求にこたえて大いに広まりました。バブルが崩壊した90年代以降には、ケインズ派にかわって、アメリカのフリードマンらの経済学（新自由主義の経済学）が竹中平蔵氏ら「構造改革」論者によって広まりましたが、アメリカ発の金融危機と、世界的な経済危機のもとで、その理論的破たんは誰の目にも明らかになっています。これらの経済学は、一時的にはブームになっても、いつまでも人の心をとらえるものではないのです。

そのなかで、マルクス経済学は、その時代を真剣に生き、新しい日本の発展を望む人々の要求にこたえるものでした。『資本論』は、経済諸現象の表面的な関係を論ずるだけの経済学とは根本的に異なり、事物の本質を法則的に解明する経済学として輝いているのです。

また、マルクスの『資本論』、とくに第一部の叙述は、抽象的な数式の羅列や無味乾燥な言葉ではなく、生きた言葉で感性と理性に訴える叙述になっています。数式を乱用せずに、人間的な言葉で書かれているのも『資本論』の魅力です。『資本論』を開くと、シェイクスピアなどの文学の引用が何度となくでてきます。マルクスの文章も、文学としても通用する雄渾な言葉で展開されていることも『資本論』の魅力といえるでしょう。

そうした魅力ある『資本論』を学ぶことによって、その理論に導かれて現実の経済事象が説明できます。そして、社会がこれからどうなるのか、これからどうすればいいのか、自分がその社会のなかでどう生きていけばいいのかがつかめるのです。

◎『資本論』で明らかにした経済法則とは

経済法則とは、まず経済現象の根底に内在する本質的連関ということで、社会の奥深いところをつらぬく法則です。マルクスがはじめて、資本主義社会の経済法則を明らかにしました。どうしてマルクスは真理の経済学をうちたてることができたのでしょう。それは、何よりも、彼が科学的に正しい方法と立場に立っていたからです。マルクスは、歴史観としての史的唯物論の立場で社会をとらえました。

人間が自然に働きかけて自然を人間に役立つように改造することを生産といいます。それは人間と自然との間の関係です。社会的動物である人間は、生産に際して、もう一つの関係、人間と人間との関係を、好むと好まざるとにかかわらず結ばざるをえません。人間と人間との関係という社会関係は、資本家と労働者との関係のような、階級関係が基本的です。社会はこの階級闘争を基礎として前にむかってすすみますし、そういう歴史観が史的唯物論です。そして、人間と人間の社会関係を対象とする科学が経済学になります。

経済法則には、歴史的にいくつかの社会に作用するもの、さらに歴史的に特定の社会のみ作用するものがあります。資本主義社会に特有な経済法則には、

資本主義の儲けの源泉である剰余価値の生産、資本主義的蓄積の一般的法則などがあります。

剰余価値の発見はマルクスによるもので、これによって資本主義社会の搾取の仕組みが明らかにされました。しかも、資本主義社会に特有な経済法則は、すべて、発生し、作用し、また効力を失っていくものです。それが歴史的な形態だということも、マルクスが明らかにしたことです。

（4） 注目したい『資本論』のこの個所

◎科学性と階級性、研究の対象

『資本論』でまず注目したいところは、なによりも、本文の前にある、「序言〔初版への〕」があげられます。あわせて、「あと書き〔第2版への〕」、および「フランス語版への序言とあと書き」の三つがあげられます。ここには『資本論』の立場、研究対象、目的、方法が簡潔に書かれているからです。

『資本論』の立場は、第一部の扉に書かれている「勇敢、誠実、高潔なプロレタリアート前衛戦士、ヴィルヘルム・ヴォルフにささぐ」という献辞があきらかにしています。ヴォルフというのはマルクスが1847年に共産主義者同盟（「共産党宣言」を発表した組織）の活動に加わる前からの知り合いです。64年に亡くなるまで、マルクスのそばで活動してきた文字通り労働者階級の「勇敢、誠実、高潔」な戦士です。マルクスは労働者階級のために『資本論』を書いたのです。マルクス経済学の科学性を保障するのは労働者階級の立場、その階級性です。労働者階級の解放をつうじて人類の解放をめざすマルクスの経済学は、その階級性のゆえに、真実を求める国民の立場にたつことができます。

この著作の研究対象については、「資本主義的生産様式と、これに照応する生産諸関係および交易諸関係」（①9ページ）だとして、しかもその典型はイギリスだと書いています。

しかもマルクスは、「われわれの国では労働者の状態はそんなに悪くない」というドイツ人に対しては、人ごとではない、「おまえのことを言っているのだぞ！」と、いっています。

このマルクスの言葉は、いまの日本人に対してもあてはまると思います。労

働者の4割以上が劣悪な労働条件の非正規労働者であり、正規であっても長時間労働による過労死が絶えないのが今の日本の現実です。まさに『資本論』に書かれていることが21世紀の日本でも起こっているわけですから。

◎近代社会の経済的運動法則を暴露すること

『資本論』の目的については、「近代社会の経済的運動法則を暴露することがこの著作の最終目的である」（①12ページ）とマルクスは書いています。

二つめにあげた、第2版への「あと書き」のところでは、「マルクスにとってはただ一つのことだけが重要なのである。彼がその研究にたずさわっている諸現象の法則を発見すること、がそれである」（①25ページ）と、マルクスの『経済学批判』（1859年）の書評の文章が紹介されています。

マルクスの経済学が登場するまでは、自然の法則を知ることができても、社会の法則を知ることがなかったということを先ほどのべましたが、そのことがここに書かれています。そして、この書評を紹介した部分の最後に、「こうして彼の描いたものは、弁証法的方法」（①27ページ）だと書かれています。『資本論』を読んでいくうえで、この弁証法というのがたいへん大事です。

「フランス語版への序言とあと書き」では、「経済的諸問題にはまだ適用されたことのない分析の方法〔のちの諸版では「研究の方法」となっている―訳注〕は、はじめの諸章を読むことをかなり困難にしています」（①31ページ）と書かれています。

この方法については、後で語るとして、「フランス語版への序言とあと書き」には、「学問にとって平坦な大道はありません。そして、学問の険しい小道をよじ登る労苦を恐れない人々だけが、その輝く頂上にたどりつく幸運にめぐまれるのです」（①32ページ）という有名な言葉がでています。

この心構えをもって、ぜひ『資本論』に挑戦してほしいと思います。

◎弁証法的とは

「あと書き〔第2版への〕」には、方法について、「この弁証法は、現存するものの肯定的理解のうちに、同時にまた、その否定、その必然的没落の理解を含み、どの生成した形態をも運動の流れのなかで」とらえ、「その本質上批判的であり革命的である」（①29ページ）と書いてあります。『資本論』を読む上

3 『資本論』を学ぼうとする人に

で、この否定の弁証法がたいへん大切になります。

　弁証法についての説明は、いろいろな定義や説明の仕方があります。『社会科学総合辞典』（新日本出版社）では、「弁証法」とは「事物を孤立と静止の状態でとらえる形而上学とは反対に、世界のすべての事物は、たがいに関連しあいながら、たえず運動し、変化・発展し、生成・消滅しているとみる学説」と説明されています。

　マルクスは、『資本論』が「経済学に弁証法的方法を適用しようとする最初の試み」である旨をイギリスの新聞に伝えたとエンゲルスへの手紙に書いています（1867年11月7日付）。『資本論』には、資本主義を含め、すべての事物がつながりながら、生成・発展・消滅していくとみる弁証法が貫いているということを、ぜひおさえておいてください。

（5）『資本論』の方法について──学習上のアドバイス

　◎マルクスの研究方法と叙述の方法

　マルクス経済学では、方法の問題はきわめて重要です。

　経済理論がしばしば現実とは無関係の難解なものだと誤解される理由のひとつは、経済理論書にはふつう具体的な現実から抽象的な理論への道すじ、研究過程が書かれていないことにあります。研究過程というのは、対象を細部にわたってわがものとし、対象のさまざまな発展形態を分析し、その内的な関係の結びつき（これを紐帯といいます）を探る過程です。それは、一見混沌とした現実の分析からはじまり、抽象的な法則へとすすむ過程です。その書かれない研究過程を前提にして、経済理論の叙述がなされます。

　マルクスも『資本論』を叙述する前には、当時のイギリス資本主義の具体的な現実、目の前で進行する恐慌や金融資本の動きなどから分析をはじめ、抽象的理論に到達しています。そこから今度は逆に、〔第一部〕商品と貨幣→剰余価値の生産→資本の蓄積と貧困化→〔第二部〕生産過程と流通過程の均衡（生産と消費の矛盾である恐慌の前提になる再生産表式）→〔第三部〕産業資本の利潤→平均利潤→商業資本の商業利潤→利子生み資本（金融資本）の利子→資本主義的土地所有の地代へと叙述しています。このプロセスは、私たちが現代の

経済危機を研究する際のよりどころになります。2008年の経済危機は、アメリカの土地・住宅価格の下落→サブプライムローンの破綻→金融危機→世界同時不況→日本の貿易の不振→失業の増加→搾取の強化、という時間の流れで進行しました。方向は逆ですが、このプロセスは『資本論』の叙述と大筋で対応しています。日本の現実も『資本論』で説明できるのです。

　研究過程と叙述過程を区別することは無用の混乱をさけるために必要なことですが、マルクスが『資本論』を書く前に執筆した『経済学批判』の「序説」のなかでのべていることに着目して、前者を下向の道、後者を上向の道とよぶこともあります。

◎分析的方法と弁証法的方法

　研究方法の第一歩は分析ですが、叙述方法も分析からはじまります。

　自然科学の場合、まず分類・分析からはじまりますが、経済学も商品を交換価値と使用価値とに分析することからはじまります。分けることは分かることなのです。方法が分かれば『資本論』全体の体系が分かります。

　方法から『資本論』をながめてみますと、『資本論』全三部全体は大きく二つに分けられます。第一部第1篇の「商品と貨幣」の部分と、第3篇「絶対的剰余価値の生産」以下の部分です。量的には二つの部分は大差がありますが、前の部分では、単純商品流通のもとでの価値、商品、貨幣および商品の流通などが主として分析によって解明されます。ここでの主人公は商品と貨幣です。後の部分では、資本が主人公となり、資本が様々な内容（剰余価値の生産、資本の蓄積など）や形態（利潤・平均利潤・商業利潤・利子・地代など）を展開してきます。いわば萌芽から新しい茎や葉への自己展開です。

　そしてこの二つの異なる世界の間に、両者を論理的につなぐ第2篇「貨幣の資本への転化」が、階段と階段の間にある踊り場のようにおかれています。この踊り場にはじめて「資本」が登場します。ただし、ここでは、剰余価値を生み出し自己増殖する価値という、目の前にあたえられた事実だけが書かれていて、どのように資本が剰余価値を生むのか、そもそも資本はどのようにして生まれたのかは、この段階ではまだ証明されていません。

　商品と貨幣の世界では、商品所有者同士は自由な法的に平等な人として契約し、生産物を等価交換します。等価物と等価物との交換ですからここではどち

らかが一方的に得をすることはありません。この事態とそこを支配する諸法則は、剰余価値を生み自己増殖する資本という事実とはあきらかに矛盾します。これまでに確立された諸法則と、それに矛盾する新たに現れた事実、この矛盾こそ、あらゆる科学を発展させる原動力となる矛盾です。マルクスはここに労働力商品の分析を導入することによってみごとに解決しました。それは矛盾の弁証法の観点に立ってこそ可能であったのです。

◎労働過程と価値増殖過程とに分析

分析と弁証法の方法は、剰余価値がどうやって生み出されてくるかという理論のところにも貫かれています。

マルクスは、資本主義的生産過程を使用価値をつくる労働過程の側面と、剰余価値をつくる価値増殖過程の側面との二つに分析しました。労働過程はどんな社会制度にも共通な超歴史的な過程ですが、価値増殖過程は資本主義制度に特有なものです。価値増殖過程においては、資本家が機械や原料などの生産手段と労働力とを買い入れることによって、資本家の投下する資本は生産手段の購入にあてられる資本部分と労働力の購入にあてられる資本部分に分けられることになります。生産手段の購入にあてられる部分は、その価値が労働過程において新しい生産物に移転されるだけで価値の大きさが変わりません。変わらないということで不変資本とよびます。労働力の購入にあてられる部分は剰余価値を生んで生産物に新しい価値をつけくわえます。これは価値の大きさを変えるので、可変資本とよびます。つまり、可変資本だけが資本家の儲けの源泉である剰余価値を生むのです。

マルクスはエンゲルスへの手紙（1867年8月24日）に次のように書いています。「僕の本の最良の点は、(1)、…すぐ第1章で強調されているところの、使用価値に表現されるか交換価値に表現されるかにしたがっての労働の二面性、(2)、利潤、利子、地代等のその特殊な諸形態から独立になされる剰余価値の取り扱い、だ」と。利潤等の特殊性から剰余価値という本質をとりだしたのです。

第3篇以下においては、主体としての資本が自己発展していく際の方法は、普遍からと特殊への弁証法で、これはマルクスがヘーゲルから学びました。この点では、最近の草稿研究によって、これまで考えられていた以上に、マルクスがヘーゲルの弁証法にこだわっていたことが明らかになっています。

（6） 冒頭の難しさを乗り越えて

◎本文冒頭の第1章が難しい理由

『資本論』は「冒頭が難しい」という声があります。たしかに、資本が自己増殖していく第3篇以下は、具体的な現実のイメージも描けますし、資本の正体を明らかにするというテーマもはっきりしていますから、比較的わかりやすいのです。ところが問題は第1篇です。

そのことについては、マルクス自身が「序文」に書いています。どの科学においても「すべてはじめはむずかしい」、だから商品の分析を収める第1章の理解はもっとも困難であろう、と述べています。なかでも第3節の価値形態が難解であることを、マルクス自らが認めているのです。そのため、せっかく『資本論』の全巻読破を決意した人でも、この最初のところでつまずき、挫折する人が多いのです。

『資本論』への挑戦は山登りに例えたらいいでしょう。先ほど、マルクスの「学問にとって平坦な大道はありません」という言葉を紹介しましたが、『資本論』の編成でいうと、頂上はやはり第3篇「絶対的剰余価値の生産」以降にあらわれます。剰余価値の秘密の解明という頂上に達し、そこから稜線をつたって次の頂上をめざす快適さがあります。そこからは、遠方の山々や下界がはるかに望めるようになります。

第1篇は、たしかに頂上までは遠く、いわば山裾を歩いていくようなものです。第1章第1節、第2節は商品という日常的なものを分析していますから、なんとなくわかります。例えていえば、登山とはいえまだ人家の見える世間を歩いているようなところといえるでしょう。ところが、第3節の「価値形態」と第2章「交換過程」のところに来ますと、見通しのきかない笹藪にでも迷い込んだ気になります。ぐるぐる回っているうちに同じ場所へ戻っているのではないかと思うような状態です。しかし実際には、ここまで読むと、「価値形態」からもう一段高い「交換過程」まで登っているのです。

もっともその間に、「商品の物神的性格」という、視界が広がって下界を見渡せる場所もあり、私たちが生きている今の社会に引き寄せて考えやすいとこ

ろにも出会います。モノとカネがすべてというような、人間と人間との関係が物と物との関係に見えてしまう物神性のマジックを見破ることこそ、『資本論』の課題のひとつなのです。

　価値形態、物神性、交換過程の関係はどうなのでしょうか。マルクスは、貨幣の分析ははやくから進んでいて貨幣の正体が商品であることはすでに知られていた、といいます。そして、「困難は、貨幣が商品であることを理解する点にあるのではなく、どのようにして、なぜ、なにによって、商品が貨幣であるのかを理解する点にある」（①157ページ）とつづけます。貨幣の分析はかなりできていたが、商品から貨幣への弁証法的展開が難しいのだ、というのです。この個所については、「どのようにして」が価値形態論、「なぜ」が物神性論、「なにによって」が交換過程論にそれぞれ対応していると考えれば、その謎が氷解します（久留間鮫造『価値形態論と交換過程論』岩波書店、参照）。商品から貨幣へ幾重にも展開し、貨幣の正体をつきとめたのがこの個所なのです。

　これらの個所も、分析と弁証法という方法を知れば、けっして理解不可能な所ではありません。

◎演劇の舞台でも主人公はすぐに登場しない

　第1篇が難解な理由を考える、もうひとつの例として演劇をとりあげましょう。マルクスはシェイクスピアが好きで毎日のように読んでいたといわれます。『マクベス』、『ハムレット』、『オセロー』などの舞台には、最初から主人公が登場しないで、しばらくの間、荒野の魔女だとか城壁の亡霊とかベニスの街路の紳士などの脇役たちが登場し、会話をしています。この場面はどうでもいい場面ではなく、舞台の時代や場所、さらにはテーマにもかかわる必要な場面です。たしかに主人公が登場すると舞台がにわかに活気づき（歌舞伎ならば「中村屋！」「大松嶋！」と掛け声がかかるところです）、主人公が自分のおかれた状況や運命と格闘し始めると、手に汗握る見せ場が展開していきます。

　『資本論』も、資本というこの社会の主人公（相当な悪者です）が登場してはじめて、興味深い生き生きとした叙述がはじまります。しかし、だからといって、資本登場の場所や状況である商品論を無視することはできないのです。『資本論』の全体の編成を頭に入れながら読んでいくと、頂上までの道筋がみえて、山のどのあたりを歩いているかを理解しながら読み進めていくことがで

きます。

（7） 集団で学習することのすすめ

◎大学での講座や自主的な学習会のすすめ

　集団学習は、第4篇「相対的剰余価値の生産」にでてくる「協業」に似たところがあります。協業は分業以前の集団的生産で、複数の生産者が同じ労働を協力しておこなうことです。同じ場所で同じ仕事をすることは孤立した場所にはない活力が生じ、生産力がたかまります。この点では学習力も同じです。
　議論することで、自分の認識を確認できるし、新しい発見があります。大学生であれば、ゼミやサークルの場をぜひ有効に利用することを勧めます。
　社会人の場合、地域のさまざまな『資本論』学習会を利用すればいいでしょう。社会人の集団学習では、さまざまな労働体験を経た人がいるのが魅力です。産業労働者の工場体験や商業労働者のデパートやスーパーでの体験、金融労働者の銀行や証券会社での体験、これらの貴重な諸体験がそのまま『資本論』講読の内容になるのです。また討論では、そうした自らの職業の体験談も語られて、面白い議論になります。社会人による『資本論』学習会はそういう面白さがあると思います。
　その意味で第一部が終わったら、第三部を読むことを勧めます。エンゲルスは第三部が「またもや雷鳴のような働きをするだろう」といっています。第二部ももちろん研究とその輝かしい成果なのですが、「第三部の内容にたいする前置きにすぎない」ともいっています（第二部「序言」）。第三部こそが「社会的再生産過程の最終成果」だということです。読者はここで自分の立つ位置を教えられます。第一部で自分が労働者であることを自覚した読者が、ここで産業労働者か、商業労働者か、金融労働者かという、社会における自分のポジションを自覚することは、この社会を生きていくうえで必要なことです。そのことは、これから就職を考える学生にとっても大切なことです。自分はものづくりの労働者か、商業労働者（およびサービス労働者）か、金融労働者か、あるいは農業や土地にかかわる労働者か、それを選択するためにも『資本論』はきわめて有益です。どんな業種を希望するのか、そのためには産業構造を研究し

3 『資本論』を学ぼうとする人に

ておく必要があります。就職活動の際に利用する「日本標準産業分類」の第一次産業、第二次産業、第三次産業の分類と対比しながら『資本論』の産業構造論を研究してください。

◎まずは『資本論』を読んでみる

登山と同じように、一度でも『資本論』に挑戦し、ある程度読みこなした人がリーダーとしていれば最適です。また、すぐれた解説書があれば、それが地図や案内書の役割をしてくれます。それによってキーワードと重要な文節が分かります。

同時に、難解な個所で最初は飛ばして読んでもいい個所も分かります。注には、たとえば〔注32〕（①137ページ）のように、本文に入れてもいいほど重要な注もありますが、私は最初に読むときには注は飛ばしていいと思っています。

『資本論』へのガイドということでは、まずマルクス自身の手になる『賃労働と資本』『賃金・価格・利潤』でしょう。その他では例えば、戦前では河上肇『資本論入門』、戦後では見田石介『資本論の方法』（『見田石介著作集』第3、4巻、大月書店）、久留間鮫造『マルクス経済学レキシコン』15巻（大月書店）、モスト原著、マルクス加筆・改訂、大谷禎之介訳『マルクス自身の手による資本論入門』（大月書店）がいいでしょう。なお、少年向きと思われる吉野源三郎『君たちはどう生きるか』（岩波文庫）は立派な「資本論入門」なのです。そこに出てくる「網の目の法則」とは社会の経済法則のことです。新日本出版社のものでは、不破哲三さんの『「資本論」全三部を読む』があります。金子ハルオさんの新書『経済学（上）』もよく読まれていました。『経済』誌5月号も『資本論』について語っているので、そうしたものも参考になると思います。

『資本論』を勉強する気になれば、いろいろとガイドになる本はたくさんあります。そういうガイドも使いながら、ぜひ『資本論』という最高の名山に、挑戦してほしいと思います。

4　盟友エンゲルスと共に生み出した『資本論』

今宮謙二

はじめに

　2017年は『資本論』第一部刊行150年であり、翌2018年はマルクス生誕200年、さらにその2年後の2020年はエンゲルス生誕200年にあたる。今後しばらくの間、『資本論』をめぐり、多方面で話題となるであろう。ただし『資本論』が最近世界的に注目をあびはじめたのは、2007-08年世界的危機以降、資本主義の限界がはっきりとあらわれだしてからである。

　現在、主流派経済学は第三の危機にあるといわれている。第一の危機は1929年大恐慌の時であり、これを契機にケインズ経済学があらわれ主流となった。第二の危機は1974-75年恐慌（スタグフレーション危機）のさい、ケインズ経済学の失敗が問われ、その後フリードマンなどの新自由主義的考えの経済学が主流となった。そして現在が第三の危機の時代である。巨大な生産力構造とともに実体経済の規模をはるかにこえて膨張した架空的な金融資産をかかえた現在の投機資本主義社会は、国家権力による財政支出、中央銀行のゼロ金利やマイナス金利、異常な量的金融緩和政策などのもとで、辛うじて生きのびているが、世界市場の不安定・混乱は絶えず生じている。そして経済学の主流では、この危機を克服するための政策がいまだに不明で模索しているだけにすぎず、おそらく今後も根本的な解決策を見出すのは困難であろう。

　現在の世界的危機はたんなる経済的危機のみでなく、人間の尊厳を脅かし、生きる希望さえも失わせるような人間社会そのものの危機としてあらわれている。現在の危機のもとで格差が拡大し、ごく一部の富裕層のみが利益を独占し、おおくの国民の生活が低下し、そのなかで人権、生存権、労働権すらも奪われようとしている。人間社会の危機を救うには、人間個人の尊重、人間の自由を基軸とした人間解放という考えによる以外にない。資本主義社会のもとでは、人権侵害、恐慌、労働条件悪化、失業、貧困、格差拡大、投機活動、環境

4 盟友エンゲルスと共に生み出した『資本論』

破壊などが必然的にあらわれ、それが最終的に現在人間社会の危機となってあらわれ、資本主義の限界がますます明らかとなっている。

この状況のなかで、人間解放をもとに変革の理論としての『資本論』があらためて世界的に注目をあびるようになったのは当然といえよう。『資本論』は資本主義経済の本質や客観的法則、その実態を明らかにするとともに、未来社会への展望も示しているからである。

本論は『資本論』がマルクスとエンゲルスの友情関係をもとにいかに形成され、その魅力とは何かについて若干指摘するものである。

（1） 『資本論』はマルクスとエンゲルスの共同労作

周知のようにマルクス（1818年5月5日～1883年3月14日）が生存していた時に刊行されたのは『資本論』第一部のみであり、第二部刊行は1885年マルクス死後2年、第三部刊行は1894年マルクス死後11年である。ちなみに第一部刊行の1867年は坂本龍馬暗殺、夏目漱石、正岡子規、幸田露伴、南方熊楠（みなかたくまぐす）などが誕生した年であり、『資本論』は明治維新の1年前に刊行されたわけである。

マルクス死去後に第二部、第三部を編集したのがエンゲルス（1820年11月28日～1895年8月5日）であり、かりにエンゲルスが存在しなかったならば、第三部のおおくはマルクスの残した混乱した草稿のままでおそらく活字とならなかったと思われる。第三部刊行が遅れた理由をエンゲルスが第三部序言で、①脱漏の多い下書きのみでスケッチ風なものが多く、②下書きというよりも論述の書きはじめ、メモや評論の抜き書き、資料の無秩序な堆積のみ、③編集をできる限りひかえ、下書きなどもできる限り採用した、と指摘している。とくに第5篇がもっともひどく、三度も編集しようとしたが成功しなかったと刊行の遅れの理由を明らかにしている。

現在新しい『マルクス・エンゲルス全集』新『ＭＥＧＡ』が刊行されており、そのなかで第Ⅱ部門にあたる『資本論』とその準備労作全15巻が完結している。これによってマルクスの草稿もすべて明らかとなり、あらためて現行『資本論』との違いも分かるようになり、エンゲルスの編集との違いについての問題点も指摘されはじめている（例えば大谷禎之介『マルクスの利子生み資本論』全4巻・桜井書店・2016年、不破哲三「『資本論』全三部を読む」第6冊・新日

本出版社・2004年、経済理論学会編『経済理論』第51巻第2号・2014年7月、等参照)。これらの研究は今後おおいに期待される面があるにせよ、だからといって現行『資本論』の存在価値が失われるわけではなく、科学的社会主義の経済学である事実に何ら変わりもない。

　エンゲルスを追悼して若きレーニン（1870～1924年）は『資本論』第二・三部は「マルクスとエンゲルスとのふたりの労作である」と指摘している（『レーニン全集』2巻、10ページ、大月書店、1954年）。

　エンゲルスがこの役割を果たしえたのはなぜか。その点についてエンゲルスと同じくドイツ社会民主党員として活動し、同時に歴史家であったフランツ・メーリング（1846～1919年）は次の指摘をしている。

　「エンゲルスは、マルクスにつねに自分よりもすぐれた精神を認め、自分はいつも第二ヴァイオリンを奏したにすぎないと言った。しかし彼はただマルクスの注釈者や助力者ではなかった。彼は彼自身独立してマルクスと協同し、マルクスと同質の精神ではなかったが、彼に匹敵する精神であった」（『エンゲルスの追憶』栗原佑訳、国民文庫、1971年、61ページ）。

　また次の指摘もある。

　「マルクスとエンゲルスはおどろくほどたがいに補いあった。二人はこれをよく知っていた。二人はあらゆる点でちがっていたにもかかわらず、対等の同盟を結んだ。これは友情の同盟であり、労作の同盟である。政治的、学問的労作の同盟である」。

　これはドイツ社会主義運動の指導者ヴィルヘルム・リープクネヒト（1826～1900年）の指摘である（『モールと将軍』1、栗原佑訳、国民文庫、1976年、20ページ）。

　マルクスとエンゲルスの関係については、戦前から両者の対立論や逆にエンゲルスの過大評価論などがあるが、いずれにせよ現行『資本論』は終生続いた二人の厚い友情関係をもとに両者が共同してあらわしたことに間違いない。

(2) 『資本論』誕生の背景
　　――マルクスとエンゲルスの人間像と友情関係

◎終生続いた二人の友情関係

　マルクスとエンゲルスの友情関係が終生続いた理由はいくつか考えられるが、私は基本的にみて三つあったと思う。第一は、二人とも若い時から権力と圧制への反抗、人間解放と自由のために社会を変革すべきという考えを共通して持っていたからである。二人が生まれたドイツのライン州は一時的であるがフランス領となった時があり、封建的特権に対して反対が強く、1814年ウィーン会議でようやく「ドイツ連邦」が認められ、翌15年６月に発足したドイツ国内で、もっとも先進的地域とみられていたこの同じ州に生まれたのが、二人の共通した考えの背景にあったのではなかろうか。なおこれに関しては後にふれよう。

　第二は、二人とも人間解放には当時の空想的社会主義を科学的に変える必要があり、それには人間生活の土台を究明する経済学を研究することが絶対条件と考えた点で完全に一致していた。

　しかし目標が同じであっても、二人の研究方法やその環境の違いなどから意見の対立もあり、相互の粘り強い議論が続き、それが深い友情関係の根元にあったのではなかろうか。経済学について二人をよく知っているドイツ社会民主主義者で後に日和見主義に転向したカール・カウツキー（1854～1938年）は次のように述べている。

　「経済学の領域でも、エンゲルスは実際に資本主義生産過程のまっただ中にいたかぎりでは、マルクスを凌駕(りょうが)している。他方マルクスはたしかに、その抽象力だけでなく、重要な経済学上の文献について該博(がいはく)な知識をもっていた点でも、エンゲルスや当代のあらゆる経済学者をはるかに凌駕していた」（前掲『エンゲルスの追憶』134ページ）。

　たしかにエンゲルスは1850年から1869年までイギリスのマンチェスターにある父親の経営している「エルメン・アンド・エンゲルス商会」（紡積会社）で働き、後に経営者として活躍しており、経済実務や現実的な経済動向について

くわしく知っており、マルクスの具体的な経済問題についての質問に度々答えている。この点についてフランツ・メーリングは次のように述べている。

「エンゲルスは資本主義社会の内部のメカニズムに通暁し、マルクスはするどい思索力をもって、資本主義社会の運動法則を追跡することができた。……マルクスは……エンゲルスの教示を理解するに多少骨を折った。……彼は経済学では実践的に興味のあることがらと、理論的に必要なことがらとが、たがいに遠く離れているのをこぼした」(『マルクス伝』2、栗原佑訳、国民文庫、1974年、109ページ)。

またマルクスの次女ローラ(1845～1911年)と結婚したフランス人の社会主義者ポール・ラファルグ(1842～1911年)も次のように書いている。

「マルクスはエンゲルスの意見を誰よりもおもんじた。……マルクスはエンゲルスを自分の考えに賛成させるためならどんな仕事でも行った。……エンゲルスの見解を変えさせるために、マルクスは……幾冊もの書物を全部あらためて読みかえしているのを、私は見たことがある」(前掲『モールと将軍』2、国民文庫、1976年、314ページ)。

『資本論』完成のためマルクスはエンゲルスの協力を得るためにいかに苦心しているかがよくわかる。

第三に、長期間友情が保たれた理由として二人の個性や性格がまったく違った点があげられる。私は同じ性格よりも逆に違った方がより長期間の友情が続くのではないかと推察している。ポール・ラファルグは次のように指摘している。

「エンゲルスを想うとき、ただちにマルクスが想い浮かび、逆の場合もそうである。……二人は分かちがたい生命を形成していたのである。にもかかわらず、マルクスとエンゲルスは、風貌がちがうだけでなく、気質や性格の点でも、考え方や感じ方でも、きわだった特徴のある、たがいにちがった個性をもった人物であった」(前掲『モールと将軍』2、439ページ)。

どんな違いがあったのか。当時のおおくの人びとの回想などをまとめると次のようになる。

一つは、二人の学問、研究への態度である。マルクスはエンゲルスの学問的知識の豊富さや多様性、知的柔軟性を常に感心していたという。一方エンゲルスはマルクスの分析力と総合力を称賛していた。なお二人の間でも、マルクス

はエンゲルスに対してあまりにも多方面に研究分野を広げ、自分だけが楽しんでいると批判し、エンゲルスはそれに対し、ロシアの農業問題の研究など止め、はやく『資本論』を完成せよと反論したりしている。

　二つは、仕事ぶりである。エンゲルスは企業経営者らしく、非常に几帳面にはやく仕事をするが、マルクスは細心緻密(ちみつ)で、一つの命題にも多面的に違った方法で検証しない限り、結論を出さない仕事ぶりで、エンゲルスは判断が遅いマルクスの研究にしびれを切らしたという。三つは、文体もエンゲルスは平易で分かりやすいが、マルクスは重厚な論理の積み上げと純粋に正確な表現を重んじるため、すぐには理解し難い場合がおおい。四つに、風貌もエンゲルスは長身ですらりとしたイギリス風紳士であるが、マルクスはどちらかといえば、小太りのタイプである。

表1　告白

	マルクス	エンゲルス
好きな美徳	素朴	陽気
男の美徳	力	自分の職分を守ること
あなたの主な性質	目標への没頭	半可通
幸福感	たたかうこと	美味のぶどう酒を飲むこと
許せる悪徳	軽信	無節度
きらう悪徳	卑屈	ねこかぶり
好きな仕事	本の虫	からかいあうこと
好きな料理	魚	サラダとシチュー
好きな格言	人間的なもので私に無縁なものはない	格言をもたぬこと
好きなモットー	すべてをうたがえ	いつも平静

(出所)『モールと将軍』2、552～555ページ、『マルクス・エンゲルス全集』31巻495ページ。

　五つに、二人の個性や性格の違いについては、当時イギリスで流行の家族間で行っていた告白の内容をみれば明らかである（表1参照）。この告白は1868年4月、マルクスの次女ローラの結婚式のさいエンゲルスがマルクス家に滞在した時、長女ジェニー（1844～1883年）が家族や知人たちに行ったもので、エンゲルスはキチンとしたいつものように小さな字で答えている。なお字に関していえばマルクスの悪筆は有名である。この告白をみてもマルクスは非常に生真面目で、権力とたたかう情熱にあふれ、また純粋に正直に人生を強く生きぬく性格がよくあらわれている。一方、エンゲルスは、陽気で冗談が得意で企業人として生活するなかで、研究と経営者としての生き方を両立させてきた強い精神力をもった性格があらわれている。エンゲルスが自ら「強制労働」と称し、約20年間の会社勤めを止めたのは、この告白の翌年である。

◎マルクスの貧窮を救ったエンゲルス

　ところでマルクスのロンドン生活が貧窮(ひんきゅう)をきわめたことは有名であるが、そのエピソードを若干紹介しよう。

　ヨーロッパ革命の挫折後、1849年8月、ロンドンに亡命したマルクス一家の資力はほとんどなかった。マルクスの妻イェニー（1814～1881年）は、その実情を1850年5月、知人あての手紙で次のように訴えている。

　「女家主が5ポンドの借金を返せと迫り、ないというと、二人の執達吏がきて、ベッドや衣服など私のささやかな全財産を差し押さえました。——次の日私たちは家を出なければならず、寒い雨もようのどんよりした日でした。私の夫が新住居を探しても子どもが4人いると話すと、だれも受入れてくれませんでした」（前掲『モールと将軍』1、216～217ページ）。

　その後、無一文となったマルクス一家は友人の助けでようやく二部屋の小さな住まいに移ることとなった。その一部屋が台所兼仕事部屋兼サロンとなったのである。1850年11月半ば、マンチェスターで再び会社員となったエンゲルスはマルクスの貧窮を救うべく直ちに送金する旨の手紙を11月25日、マルクスあてに送っている。ただしその時エンゲルスもまだ資産がなく、金額もわずか2ポンドで、それも約束の日までには実行できなかったほどであった（『マルクス・エンゲルス全集』〔以下『全集』と略す〕27巻、大月書店、131ページ）。

　マルクス一家の貧窮ぶりは続き、1852年2月、エンゲルスあてにマルクスは次のように書いている。

　「私は一週間前から質屋に入れてある上着がないためにもはや外出もできないし、掛け買いがきかないためにもはや肉も食えないという愉快な状態に到達している。今ではなにもかもひどい有様だ」

表2　エンゲルスからマルクスへの資金援助額　(単位・ポンド)

年	エンゲルスの収入（年額）	マルクスへの援助額（年額・推定）
1851年	200	50
52	100	50
53	100	60
54	268	60
55	263	60
56	508	60
57	937	60
58	940	60
59	1078	60
1860/61	1704	210
61/62	1784	144
62/63	1869	215
63/64	1338	280
64/65	2320	—
65/66	2320	215
66/67	2320	395
67/68	2320	245
68/69	2920	907

（出所）服部文男『マルクス探索』新日本出版社、1999年、54ページ。

（『全集』28巻、24ページ）。

　しかしマルクスの不屈な精神力は、この状況のなかで「ルイ・ボナパルトのブリュメール18日」を執筆している。

　マルクス一家の貧窮を救うため全面的に援助を続けたのが、エンゲルスであった。その援助の推定額は表2のとおりである。当時、イギリスの中流家庭の生活は年間約200ポンドあれば十分とみられていたので、これをみてもマルクス一家は1860年代になってかなり安定した家庭生活が送れ、マルクスも『資本論』などの執筆や労働運動に安心して専念できたのではなかろうか。マルクスはエンゲルスの友情に関して「エンゲルスと私の関係は、だれもこれにくちばしをいれることを許さないくらい、したしくやさしいものです」といったと伝えられている（前掲『モールと将軍』1、260ページ）。

　なお64年から65年にかけてエンゲルスの援助がなかったのは、64年5月9日、1846年いらいの二人の親友ヴィルヘルム・ヴォルフ（1809〜1864年）が死去し、その遺産のおおくがマルクスに贈られたからだと思われる。マルクスは64年5月10日付妻あての手紙のなかで、ヴォルフの遺言状について、マンチェスター・シラー協会へ100ポンド（この協会はドイツ亡命者の文化的社会的な中心的存在）、エンゲルスに100ポンド、残りの600から700ポンドは私に贈る内容であると伝えている（『全集』30巻、531ページ）。ヴォルフはエンゲルスと同じくマンチェスターに住んでおり、マルクスは病をかかえながらもヴォルフの見舞にかけつけ、5月13日、埋葬のさい告別の辞を述べている。その3年後に刊行された『資本論』が彼にささげられたのは、54歳で亡くなった友を悼むとともに生活援助への深い感謝のしるしであったといえよう。

　ヴォルフの伝記をエンゲルスは1876年6月から11月にかけて、雑誌『ノイエ・ヴェルト』に連載している（『全集』19巻、57〜96ページ）。

　マルクスも伝記を書くつもりでいたが、資料不足であきらめたそうである。

（3）　『資本論』の原点──人間解放と変革への道

　二人が生まれたのは、先にふれたようにライン州であり、マルクスの父は弁護士として高い地位にあり、エンゲルスの父も紡績会社の経営者として、いずれも裕福な家庭であった。この二人がどうして人間解放を目指す社会主義者へ

と成長したのだろうか。

二人の生まれた時代は、フランス革命（1789年）とイギリス産業革命（18世紀半ば頃から19世紀初期頃）を通じてドイツ資本主義経済の基礎が確立される過程であった。ドイツもようやく国家としての形もととのいはじめ、1835年に鉄道がつくられ、石炭と鉄などを中心とする工業化の時代に突入しはじめていた。つまり時代が大きく変化・発展した局面に達していたのである。

◎マルクスが歩んだ道

マルクスの生まれた頃政治的には反動勢力が支配的であり、思想的には自由が許されていない時代であった。例えば23歳であったマルクスが当時のドイツ政府について次のように記している。

「立憲国家の制度を現実に所有していないにもかかわらず、そのすべての幻想をこれほど素朴に共有して（いるようにみせている）」（『ヘーゲル法哲学批判序説』中山元訳、光文社古典新訳文庫、2014年、185ページ）。

マルクスは大学での専門課程は法学であったが、本格的にほとんど独学で勉強したのは哲学と歴史であり、大学卒業後は哲学の教師になる望みをもっていた。マルクスの大学生活の最後はベルリン大学であり、そこでヘーゲル哲学と出合い、その研究グループに入会し、仲間たちと議論をする機会がふえ、ヘーゲルが主張するフランス革命の賛美、自由へのあこがれ、自立した精神と弁証法を学ぶこととなる。1841年に大学を卒業したマルクスは反動政府のため、大学教授の夢をすて1842年に「ライン新聞」につとめ、農民問題、土地所有、自由貿易などの経済問題にはじめて取りくむようになる。当時のマルクスについてエンゲルスは、1895年４月、知人あての手紙で次のように記している。

「いつもマルクスから聞いていたので、たしかなことだが、自分（マルクス）は木材窃盗取締法およびモーゼル農民の状態を扱うことによってこそ、政治一本槍から経済諸事情へ注意を向けさせられ、社会主義へ到達したのだ、と」（『全集』39巻、405ページ）。

そしてマルクスはこの考えをよりはっきりさせるには、ヘーゲル観念論への批判が必要と感じ、それをまとめたのが1844年『独仏年誌』に掲載された「ヘーゲル法哲学批判序説」である。この論文の結論は「法的諸関係ならびに国家諸形態は、それ自体から理解されるものではなく、またいわゆる人間精神の一

般的発展から理解されるものでもなく、むしろ物質的な生活諸関係に根ざしている」にあったと、後年マルクスは記している（『『経済学批判』への序言・序説』宮川彰訳、新日本出版社、2001年、13ページ）。

この唯物論的立場にたってマルクスは、市民社会の一員でありながら、当時のドイツ社会で人間としての権利を認められない労働者階級の人たちについて、「人間性を完全に喪失しているために、自己を獲得するためには、人間性を完全に再獲得しなければならない」（前掲『ヘーゲル法哲学批判序説』193ページ）と主張している。そしてこの労働者階級は自然に発生した貧困ではなく、人為的に作りだされた貧困によって生じており、これらの人びとの失われた人間性の復活こそが人間の解放であるとまとめている。

マルクスがこの論文を書いたのは1843年の夏であり、その後同年秋から44年のはじめに書かれたのが「ユダヤ人問題に寄せて」である。ここではフランス革命の精神をたたえ、市民社会での人間の権利としての自由、平等、安全をもとに、すべての解放は人間の世界とそのさまざまな関係を、人間そのものに復帰されることであると主張している。この論文も『独仏年誌』に掲載されたが、すでにマルクスは徹底して人間尊重の民主主義者であり、ものごとを最終的にあらゆる角度から追求する性質から、その延長として社会主義者に成長したといえよう。そのためにも人間解放に必要な武器として経済学の確立がどうしても必要となったわけである。

◎エンゲルスによる経済学の出発点

一方、エンゲルスはほぼマルクスと同じ立場に到達したが、その方法や環境はかなり違っている。エンゲルスは高等学校（ギムナジウム）を1837年に中途退学し、父の経営する会社の社員として働きはじめる。エンゲルスは子どもの頃から貧しい人びとに同情し、またマルクスと同じく知的好奇心が非常に旺盛であった。そしてマルクスと同様文学にしたしみ、文筆活動にも熱心で当時進歩的な若い人びとに人気のあった青年ヘーゲル派の論文にも目を通すなど、マルクスと同じ道を歩んでいた。エンゲルスは学問を深めるため1841年、志願兵として1年間軍隊に入り、その間ベルリン大学の聴講生となる。ここで青年ヘーゲル派の人びととの交流がはじまるが、同時にエンゲルスも当時フォイエルバッハの著作を読み、唯物論に変わりはじめている。これもマルクスと同じで

ある。1842年除隊したエンゲルスは、「ライン新聞」を読んでいてマルクスの名前を知っており、同年11月「ライン新聞」の編集部へマルクスに会いに行ったが、マルクスはエンゲルスをヘーゲル保守派と思いこみ、ほとんど会話もせずに別れたといわれている。

エンゲルスはその後、1842年11月から44年8月までマンチェスターで父の経営する会社で仕事をするようになる。当時のイギリスは資本主義経済がもっとも発達しており、エンゲルスは約2年間の会社勤めのなかで経済の実態を学び、その余暇に社会主義や経済学の研究を深め、同時に労働運動に関係し、文筆活動も行い「ライン新聞」などに寄稿している。

この期間にエンゲルスは重要な論文を書きあげている。それは「国民経済学批判大綱」(1843年末に書き、発表は1844年の『独仏年誌』)であり、またこの期間に資料を集め分析を行い、まとめたのが『イギリスにおける労働者階級の状態』(1845年刊) である。

23歳のエンゲルスが書いた「批判大綱」は次の文章からはじまっている。

「国民経済学は、商業が拡大した自然の結果として生まれた。そしてそれとともに、単純で非科学的な暴利商業にかわって、公然と許された詐欺の完成した体系、すなわち完結した致富学があらわれた」(『全集』1巻、543ページ)。

そして激しい競争の結果、繁栄と恐慌、過剰生産を生みだし、それがさらに富と貧困を両立させ、私的所有の集中をうながし「中間の諸階級はますます消滅していって、ついに世界は百万長者と貧民に……分かれるにちがいない。……もし社会関係の完全な変革、対立する利害の融和、私的所有の廃棄がそのまえにおこらなければ、こうした結果は生じる」(同書、566ページ)。エンゲルスはこの論文で、私有財産＝私的所有が人間間の競争を通じて対立をひき起こし、人間の孤立化を深め、利己主義となり人間性が奪われるとみている。人間性の回復をエンゲルスは当時の経済学の理論をふまえて考察している。

この論文についてレーニンは、次の指摘をしている。

「社会主義の立場から、近代経済制度の基本的諸現象を私的所有の支配の必然的な結果として考察していた」(『レーニン全集』2巻、8ページ)。

レーニンが指摘したように、この論文は人間性を奪う資本主義的競争、景気循環などが資本主義的私的所有のもとで働くおおくの国民を隷従させたと主張

4　盟友エンゲルスと共に生み出した『資本論』

しており、科学的社会主義への芽生えがあったといえよう。マルクスはこの論文のメモをとり、1844年に執筆した「経済学・哲学草稿」の前書きで、「経済学にかんする内容豊かで独創的なドイツ人の仕事といえば……（ほんのわずかな論文と）エンゲルスの『国民経済学批判大綱』ぐらいしかない」（『経済学・哲学草稿』長谷川宏訳、光文社古典新訳文庫、2010年、11ページ）と賛美している。もっとも後年エンゲルスはこの論文を「今もすこし誇りに思っているが、今ではまったく時代遅れで、欠点だらけというだけでなく、『大まちがい』もいっぱいある」（『全集』36巻、155ページ）と書いている。

◎二人の協力のはじまり

マルクスは主にフランス革命の精神を学びとり、当時人権・人格が無視されていたユダヤ人問題とヘーゲル法哲学の批判を通じて、人間尊重、個人の自由獲得という人間解放のためには労働者階級の革命的力の必要性を強く感じとったといえよう。一方、エンゲルスは、産業革命を通じ当時世界最大の資本主義国となったイギリス経済の実態と労働者階級の貧困化の広がりに着目し、この解決には人間性の復活が不可欠であり、その変革の原動力は労働者階級にあるとの確信を得たのである。二人とも違う角度からほぼ同じ結論に達したといえよう。マルクスはエンゲルスの論文によって経済学の本格的な研究の必要性を感じとり、エンゲルスとの文通がはじまり、1844年8月二人はパリで再会し、それ以降二人の友情が続くが、その二人が協力して、はじめて彼らの世界観と歴史観を明らかにしたのが1846年夏に書きあげた「ドイツ・イデオロギー」であり、そこには次の指摘がある。

「共同社会においてはじめて、各個人にとって、彼の諸素質をあらゆる方面に発達させる諸手段が存在するのであり、したがって、共同社会においてはじめて、人格的自由が可能になる」（『「新訳」ドイツ・イデオロギー』服部文男監訳、新日本出版社、1996年、85ページ）。

27歳のマルクスと25歳のエンゲルスによる人間解放と変革のための経済学確立の原点がここに示されていると思う。

（4）『資本論』への道程──働く人びとの経済学確立

◎『資本論』の芽生え（「経済学批判要綱」）

　マルクスが本格的に経済学の研究をはじめたのは、1850年秋頃からである。毎日大英博物館図書館にかよい、イギリス経済学の研究をはじめた。しかし、マルクスは当時研究のみでなく、労働運動、社会主義運動にも深くかかわり、また生活費をかせぐため、1851年8月から「ニューヨーク・デイリー・トリビューン」紙の寄稿者となり（これは1862年5月まで続く）、時事評論も書くようになった。そのため経済理論の研究だけでなく、1843年に刊行されはじめた『エコノミスト』や、その他おおくの報告書などにも目を通すなど多忙かつ多様な活動を行っていた。生活は相かわらず苦しく、マルクスは1857年12月、エンゲルスへの手紙で、最後の督促状がきて月曜日までに支払いをしないと執達吏がくるはめとなった、至急数ポンド送ってほしいと訴えた後、次のように書いている。

　　「僕はものすごく勉強している、たいてい朝四時までやる。勉強することが倍あるからだ。すなわち、一、経済学の要綱の仕上げ……」（『全集』29巻、187ページ）。

　ロンドンではじまったマルクスの経済学研究は、この手紙にあるように57年8月から58年6月までに草稿ができあがり、これが『資本論』への道の第一歩となったのである。この草稿は現在「経済学批判要綱」とよばれ、長い間マルクスの資料庫に収納されていたが、1939年から41年にかけて、当時ソ連のマルクス・エンゲルス・レーニン研究所から発表され、53年ドイツのディーツ出版社で公刊され、広く知られるようになった（邦訳『資本論草稿集』1・2巻、大月書店）。

　マルクスがこの草稿で明らかにしたのは主に次の4点である。

　第一は、アダム・スミスなど古典学派への徹底的な批判である。すでにマルクスは先にふれた「経済学・哲学草稿」でスミスの研究を行い、その批判を通じて、労働の本質を対自然、社会的実践ととらえ、その基軸は人間であるにもかかわらず、労働者が疎外されているのは資本主義的私的所有にあり、その結

果階級対立が激化していることを明らかにしている。「要綱」ではさらに、古典学派の完成者といわれるリカードウ批判を通じて論を進め、古典学派による労働と労働力の同一視、剰余価値と利潤の混同を批判し、労働の二重性を明白にし、剰余価値論の確立へふみだしている。労働者の搾取、ひいては貧困化の基本を経済学的に解明する理論が剰余価値論にほかならない。資本主義経済のもと価値法則が基本的に貫徹するメカニズムのなかで剰余価値がいかに発生するかは、古典学派では説明できなかった。マルクスは商品の二重性（価値と使用価値）は労働の二重性にあることを論証し、剰余価値論確立の第一歩に成功し、人間解放と変革をめざす経済学の基礎理論が形成されたのである。

　第二は、資本主義経済分析に新しい視角を生みだした点である。資本主義の生産力の発展、すなわち資本蓄積拡大は、絶えず利潤を求めて新市場を開拓し、世界市場の形成、大工業の発展をうながす。しかしこの過程は同時に資本主義の利潤追求との矛盾をひき起こし、資本の存立基盤そのものの崩壊をまねくこととなるとマルクスは指摘する。

　第三は、リカードウの貨幣論の批判とその克服である。マルクスは貨幣を主に流通手段とみたリカードウの貨幣数量説を批判し、商品世界から必然的に生まれ、独自化した貨幣を総体的にとらえ、貨幣の資本への転化の道筋も明らかにした。

　第四に、若いマルクスが素朴にとらえていた人間解放、人間個人の自由と人権尊重を経済理論確立のもとでより具体的に論じた点である。マルクスは次のように指摘している。

　「18世紀になって初めて、つまり『市民社会』において初めて、さまざまな形態の社会的関連は、個々人の私的目的のためのたんなる手段として、外的必然性として個々人に対立するようになる。しかしこのような立場、つまり、個別化された個々人の立場をつくりだす時代こそ、まさにこれまでのうちでもっとも発展した社会的な諸関係の時代なのである。人間は……社会のなかでだけ自己を個別化することができる……」（『資本論草稿集』1、大月書店、1981年、26 ～ 27ページ）。

　社会のなかで自己を個別化できる意味について、マルクスはさらに次のように指摘する。

　「相互にたいし無関心な諸個人の相互的で全面的な依存性が、彼らの社会

的連関を形成する。この社会的連関は交換価値という形で表現されている……交換価値においては、人格と人格との社会的関連は物象と物象との一つの社会的関係行為に転化しており……」(同書、136～137ページ)。

ここでマルクスが述べているのは、むずかしい表現であるが、要するに商品生産が全面的に発達し、以前の社会と違った巨大な生産力と生産諸関係をもった資本主義経済（マルクスは人類史発展の第二段階とみている）では、人間個々人の独立性は発展してきたが、いぜんとしてまだ資本主義的私的所有関係のもとで、人格は従属されている。真の人間解放、つまり個人の自由と権利の実現は次の段階にあると指摘する。

「諸個人の普遍的な発展のうえにきずかれた、また諸個人の共同体的、社会的生産性を諸個人の社会的力能として服属させるうえにきずかれた自由な個体性は第三の段階である」(同書、138ページ)。

またマルクスはこのような指摘もしている。

「社会そのものから生じる新たな欲求の発見・創造・充足。社会的人間のあらゆる属性の開発と、可能なかぎり豊富な属性・連関をもつがゆえに可能なかぎり豊富な欲求をもつものとしての、社会的人間の生産——……これも同様に、資本にもとづく生産の条件なのである」(『資本論草稿集』2、大月書店、1993年、16～17ページ)。

要するに資本主義の発達とともに、社会的人間としての働く人びとの成長も発展し、ひいては新しい社会実現へのにない手としてあらわれてくるわけである。このように人間解放の考えは「ドイツ・イデオロギー」からさらに進歩しているといえよう。

◎『資本論』第一部の完成

マルクスは「要綱」をまとめた1858年6月以降直ちに『経済学批判』の執筆をはじめ、1859年6月に刊行する。これはマルクスが計画した経済学体系のたんなる第一分冊にすぎなかった。この本の序言でマルクスは史的唯物論の内容を明らかにし、経済学の方法論が確立されている。

その後マルクスは第2分冊を書くためさらに研究を続け、それが23冊の手稿ノートとして1861年8月から63年7月の間につくられた(『資本論草稿集』4巻～9巻、大月書店)。ここで本格的に『資本論』への道が開かれたといえよう。

このノートでマルクスが明らかにしたのは主に次の4点である。

第一は、労働力商品論の完成であり、それは同時に剰余価値創出過程と価値法則の全面的適用がよりはっきりと論証されたことである。

第二は、資本のもとでの労働の実質的・形式的包摂というテーゼをより具体的にマニュファクチュア、協業、機械制生産という形で規定した点である。

第三は、地代論の完成であり、第四は、剰余価値の派生的形態として、利潤、利子、地代として明白に把握した点である。

このノートをさらに整理したノートが1863年8月から65年12月の間に書かれ、これが『資本論』第一部の初稿、『資本論』第二部の第一草稿（邦訳『資本の流通過程』大月書店、1982年）、さらに『資本論』第三部の草稿である。

マルクスはこれらのノートをつくるために実におおくの経済的文献、統計資料、国会文書、労働者の状態に関する報告書などを研究し、その結果として、『経済学批判』の第二分冊としてでなく、新たに『資本論』の表題で刊行し、「経済学批判」を副題にすると決定し、その旨を1862年12月、医師で社会主義運動家のルートヴィヒ・クーゲルマン（1828〜1902年）あての手紙で明らかにしている（『全集』30巻、518ページ）。

そしてマルクスは、このような苦心の結果書きあげた『資本論』完成の喜びを、エンゲルスあての手紙で次のように記している。

「いま（1867年8月16日夜2時）……校正をすませた。……この巻は完成したのだ。ただ君に感謝する。……私のために君が身を犠牲にしてくれなかったら……この大仕事はやれなかった。私は君を抱きしめる、感謝にあふれて」（『全集』31巻、270ページ）。

労働・社会主義運動の実践、貧困と病魔（不規則な生活、身体と精神の酷使のため、肝臓、胃、気管支が悪く、頭痛、不眠、悪性のできものなど）とのたたかいのなかで、『資本論』第一部は1867年9月14日、ハンブルクのマイスナー書店から1000部刊行された。エンゲルスは名前をかくして、書評など宣伝に力を注いだが（この点については『「資本論」綱要／「資本論」書評』川鍋正敏訳、新日本出版社、2000年、参照）、大新聞や学会は黙殺、ただ当時ベルリン大学講師のオイゲン・デューリング（1833〜1921年）がやや好意的な書評を書き、マルクスは1868年1月のエンゲルスあての手紙で「『本源的蓄積』にかんする節をほとんど積極的に受け入れているのは、この男としては大できだ」と記して

いる（『全集』32巻、10ページ）。いずれにしても売れ行きはあまり良くなく、例えばアダム・スミス『国富論』（1776年刊行）は同じ1000部でも発売後数ヵ月で売り切れたが、『資本論』は69年末までにようやく700部売れたといわれている。それでも労働者階級を中心にじわじわと売れはじめ、第2版3000部が1872年に刊行された。

（5） 資本主義経済の解明と変革の展望を示す『資本論』

　『資本論』は150年前に刊行されたにもかかわらず現在でも最大の魅力をもっている。その理由を3点あげよう。

　第一は、資本主義経済の本質やその歴史的限界を徹底的に分析したからである。いうまでもなく、マルクスの時代と現在では資本主義のあり方は大きく変わっている。例えば実体経済面でみれば企業は巨大化し、独占資本の成立、さらにグローバリゼーションのもと多国籍企業化している。金融面をみても通貨は兌換銀行券（金との兌換）から不換銀行券となり紙幣化しており、国際通貨基金（IMF）などの国際金融機関が成立している。そして最大の違いは、現在投機資本主義が世界を支配していることであろう。

　このように資本主義のあり方が大きく違ったにもかかわらず、『資本論』が資本主義経済の本質を剰余価値の獲得と拡大にあるととらえ、そのために労働者を徹底的に搾取し、働く人びとの人権を無視することを明らかにした事実は現在もまったく変わっていない。そして同時に、資本主義の歴史的任務とその限界も明らかにしている。このように資本主義経済の本質と歴史的限界をはっきりと示したのが、『資本論』の最大の魅力であろう。

（6） 利潤第一主義の矛盾解明と未来社会の展望

　第二の魅力は、『資本論』が資本主義経済の発達にともない、拡大する生産力が資本家の利潤第一主義との矛盾を深めることを明らかにしたうえで、真の人間解放、人間の個性を尊重する自由な未来社会への展望を示している点にある（くわしくは拙稿「世界的危機と『資本論』」『経済』2014年5月号参照）。この新しい未来社会は労働者階級、おおくの働く人びとの協同によってのみ実現され

得るのが『資本論』から学びとれる。マルクスが貧困と病とたたかい、徹底した民主主義者として抑圧された人びとの解放をめざして労働・社会主義運動にとりくんだ、その実践の結果生まれたのが『資本論』である。

社会的実践のなかで、新しい理論がつくりだされ、そしてその理論が社会主義運動などの正しい方向を示すという関係が『資本論』を生みだす源泉となっている。私自身の個人的体験として、15年間銀行労働者として、思想差別、賃金差別のもと、資本とのたたかいのなかで最大の武器となったのが、仲間たちと学んだ『資本論』であったことを思いだす。『資本論』はたんに経済理論書というだけでなく、読む人にとって未来社会実現への勇気と確信をあたえてくれるといえよう。マルクス自身も『資本論』第2版のあと書きで、本書が労働者階級に理解されだしたことは私の最高の報酬と述べ、さらに、本書は「資本主義的生産様式の変革と諸階級の最終的廃止とをその歴史的使命とする階級──プロレタリアート」のものであると記している（『資本論』新日本出版社新書版第1分冊〔以下①と表記〕、21ページ）。

（7） 投機資本主義解明の手がかり

第三の魅力は、現在格差を拡大し、人権を無視している投機資本主義の本質を解明するさい、大きなヒントがたくさん発見できることである。先にふれたように第三部の編集をエンゲルスがあきらめたように、マルクスの草稿は断片的であり、いろいろ解釈できる部分がおおい。マルクスは「資本主義的生産の進展は……投機や信用制度とともに、突発的な致富の無数の源泉を開く」（同書④1019ページ）と指摘しており、投機社会について暗示している箇所がある。それらについていくつか紹介してみよう（引用のさい一部訳文と異なるところがある）。

「仮想的貨幣資本として蓄蔵されていくこの剰余価値を利潤にも収入にも使用できるものにしようとする狂的欲求は、信用制度と『有価証券』とにその努力の目標を見いだす。これによって貨幣資本は、別の形態で、資本主義的生産体制の進行と強力な発展とに実に甚大な影響をおよぼす」（同書⑦807ページ）。

「諸債務（国債などの有価証券─筆者注）の蓄積でさえ資本の蓄積として現

われる事実に信用制度のゆがみが見られる。……これらの債務証書、すなわち消滅した資本のこれらの紙製の複写は、それらが販売できる商品であり、それゆえまた資本に再転化されうる限りでは、その所有者にとっては資本として機能する」（同書⑪823ページ）。

「これらの証券は……それ自身商品として取り引きされうる、それゆえそれ自身資本価値として流通する。複写としては、これらの証券は幻想的なものであり、そしてそれらの価値額はそのモトとなっている現実資本の価値運動とはまったくかかわりなく騰落しうる。……これらの所有権証書の価格変動による利得と損失は……ますます賭博の結果となるのであり、その賭博こそ資本所有を獲得する本来の方法として労働に代わって現われ……この種の想像上の貨幣的財産は、個人の貨幣財産の非常に大きな部分をなすばかりでなく、……銀行業者資本の非常に大きな部分をもなしている」（同書⑪824～825ページ）。

「架空資本の形成は資本還元とよばれる。……資本の現実的価値増殖過程とのいっさいの連関はまったく消え、資本とは自己自身で自己を増殖する自動装置であるという（間違った）観念が固定する。債務証書の……資本価値は純粋に幻想的なものである」（同書⑪806～807ページ）。

「すべての資本主義諸国には、膨大な量のいわゆる利子生み資本または貨幣資本が、こうした形態（架空資本＝有価証券など―筆者注）で実存する。そして貨幣資本の蓄積とは、その大部分が生産にたいするこれらの請求権の蓄積、これらの請求権の市場価格、すなわち幻想的資本価値の蓄積以外のなにものでもない」（同書⑪810ページ）。

「価値革命がいっそう急激にはげしくなれば自立した価値のとめられない自然な運動は個々の資本家の予測や打算に打ち勝ち、正常な生産もますます非正常な投機に従属し、個別資本家の存続にとってさらに危険が大きくなる」（同書⑤167ページ）。

「資本ははじめ流通で資本物神、つまり価値を生む価値として現れたが、いまや利子生み資本としての形でもっとも疎外された、もっとも独自的な形として現れた」（同書⑬1451ページ）。

以上やや長く紹介したが、マルクスがここで指摘したのは主に次の4点であろう。

4　盟友エンゲルスと共に生み出した『資本論』

①資本主義経済とともに信用制度＝金融制度も発展し、そのもとで架空資本＝金融資産は実体経済と関係なく膨大化する傾向をもつ。②国債、社債、株式などの有価証券は完全に架空資本であり、幻想的存在にすぎないが、その所有者にとって富を生みだす商品である。③有価証券市場の価格変動はその所有者や資本家などには損益などのリスクをあたえるが、おおくの国民にとっては無関係であり、同時に社会全体に価値を生みだすものでなく格差を拡大するだけである。④このような貨幣資本の自己増殖的外観は最高の物神性であり、有価証券市場の投機取引はさらに賭博化する傾向をもつ。これらのマルクスの指摘は、現在の投機資本主義が健全な社会を崩壊させ、人間社会の危機をひき起こし、資本主義の限界となりつつあることを暗示的であるが、示していると思われる。

ところでマルクスは、このように有価証券市場の投機活動を分析すると同時に、自ら投機をしたことを叔父でオランダの商人であるリオン・フィリップス（1866年死去）あて1864年6月の手紙で告白している。

「（悪性のできもの）ができましたが、やっと二週間まえからなおり、すっかり元気になりました。この病気がひどく私の仕事を妨げたので……あなたは少なからず驚かれるでしょうが、私は一部分はアメリカの公債で、でもとくにイギリスの株券で相場をやりました。……こうして400ポンド以上もうけましたが、……もう一度やってみるつもりです。この種の操作はほんのわずかの時間しかとられませんし、敵側から金をまき上げるためには少しぐらい危険をおかしてもよいでしょう」（『全集』30巻、537ページ）。

ここで注目するのはマルクスが株式取引などを資本家たち（つまり敵）の市場とみていたこと、もう一つはまたやるつもりですと書いている点である。その後マルクスが投機取引をした証拠はどこにもない。そして表2のように翌年から相かわらず資金援助を受けている事実からみて、おそらくやったとしても失敗して損失を出したのではなかろうか。マルクスが銀行などを賭博とぺてんの推進者などと記したのは投機取引をしたと報告した翌年の1865年夏以降であり、その失敗の体験からこのような結論を得たのではなかろうか。すなわちマルクスは次のように指摘している。

「信用制度の発展につれて……大きな集中された貨幣諸市場がつくりだされるが、それは同時にこれらの証券の取引の中心地でもある。銀行業者たち

はこれらの取引業者連中に公衆の貨幣資本を大量に用立てるのであり、こうして賭博師一味が増大する」(『資本論』⑪885ページ)。

「銀行および信用は……恐慌とぺてんとのもっとも有効な推進力の一つとなる」(同書⑪1063ページ)。

いずれにせよマルクスの架空資本にかんするおおくの指摘は、現在、多国籍企業、国際的大金融機関、国家が一体化して巨大な権力機構となった投機資本主義の本質を考察するさい非常に参考となるであろう。

おわりに

『資本論』をどう学ぶべきか。私の個人的体験から次の５点があげられる。

第一はとりあえず、全巻を通読する必要がある。『資本論』全体の流れをつかむなかでこの本の基本が変革の書であることを理解できるであろう。第二はそのためにも大勢の仲間と議論しながら学ぶのが良いだろう。第三に、自分の頭でよく考え読む必要がある。とくにマルクスの分析は重層的に展開されており、すぐに理解できない部分がおおくある。理解できないところはメモをとりながら熟読すべきである。とにかく通読した後はできるかぎり、自分の問題意識にそくして必要な箇所を徹底的に何回も読み直すべきである。

第四に、『資本論』を読むさい私が心がけているのは、常に現実問題との関連についてである。『資本論』の理論が現在提起されている経済問題にたいし、どのように適用されるかなど、常に注意する必要がある。第五に、それぞれ人間は豊かな個性をもっており、『資本論』も個性に応じて独自の読み方があって良いと思われる。読み方の工夫も自分で考えてほしい。

最後にアメリカ生まれで、パリの大学で学び現在ヨーロッパで反グローバリズムの論陣で活躍しているスーザン・ジョージの文章を紹介してむすびにかえよう。

彼女は現在の投機資本主義社会を支配している新自由主義イデオロギーを次のように指摘する。

「(新自由主義者たちが) 何よりも困るのは市民が批判的思考を鍛え、身につけることである。科学的・技術的研究は許容範囲であるが、……厄介な問題意識を呼び覚ます、歴史、社会科学、文学、哲学の研究は別である。……教育課程のあらゆるレベルで人文科学の占める位置を最小にしておく」(『金

持ちが確実に世界を支配する方法──１％による１％のための勝利戦略』荒井雅子訳、岩波書店、2014年、107ページ）。

「（新自由主義経済のもとで人は）消費者あるいは利害関係者と考えるべきである、……人の第一の義務は自分自身と家族に対してのものである。法に従い、愛国的義務を受け入れて、自国の政策、特に軍事・治安政策を支持するべきである」（同書、104ページ）。

「（現在）すべての工場は最低のコストで生産するか、さもなければ閉鎖が待っている。何億という人が『非生産的』とか『コストが高すぎる』という理由で切り捨てられる。さらに何億もの人が、生産も消費も少なく、資本主義市場にはまったくといっていいほど貢献していない。彼らはよくいって使い捨てだ、役立たずとされ、システムへの負担とさえ見られる。富裕層にとっては彼らは静かにしてさえいれば朽ちてもかまわない。騒ぎ出したら対処する。金持ちには彼らがいなくとも一向に差し支えないのだ。現代の社会は、財政、経済、社会、環境の面で限界まで引き伸ばされており、衝撃を吸収するものがない」（『これは誰の危機か、未来は誰のものか』荒井雅子訳、岩波書店、2011年、285ページ）。

彼女はこの本の結びで、現在の社会は急勾配の砂山のようで、一粒の砂を絶えず上から落とせば必ず崩壊すると見て、次のように主張している。

「（社会の変化）が起きる瞬間はいつか、そもそも起きるかどうかさえ、だれもわからない。……だが今人間の解放の長い歴史で新しい局面に入っている。どんな行動、どんな文章、どんな組織、どんな人が全体の構造を変える一粒の砂になるかだれも予測はつかない。……ただ希望は持っているし、自己組織化臨界現象（構造の崩壊をさす）は確かに存在するのだから、希望はたんに信念だけに根拠をおいているのではない。……その（最後の）一粒の砂はあなたかもしれない」（同書、291～292ページ）。

強固に見える砂山を崩壊させるための粘り強い長期にわたる一粒の砂を落とし続ける行動の原動力こそ、私は『資本論』で学んだ変革の魂にあると思う。

5 マルクスによる経済学の変革
――社会変革の客観的条件と主体的条件の探究

山口富男

(1) 『資本論』執筆の歴史とマルクスの経済学の特徴

　現在のドイツに生まれたカール・マルクス(1818〜83)は、若いころから当時の専制政治の現実とぶつかり、この現状を何とか変えたいと願って、社会変革の活動に立ち上がりました。

　史的唯物論を開拓したマルクスは、その過程で社会の経済的土台の解明が重要だと悟り、科学的経済学をつくりあげる課題にとりくんでゆきます。そして、1867年9月、ついに『資本論』第一部の刊行をなしとげたのでした。

　マルクスはどのような研究によって、経済学を変革し、新たな理論的達成をなしとげていったのか。ここでは、この問題を中心にとりあげ、考えてゆきたいと思います。

　◎『資本論』執筆の歴史から

　はじめに、『資本論』の執筆の歴史に目を向けてみましょう。

　マルクスは、1840年代の早い時期から経済学研究を志し、経済学の著作の抜粋ノートをつくりはじめます。しかし、私たちが今日学ぶような形での内容に、すぐにたどりついたわけではありません。はじめは、剰余価値論もなく、労働価値説を批判する立場をとった時期もありました。

　マルクスにとっての経済学研究の画期は、1848〜49年のドイツでの革命敗北後、ロンドンに亡命し、大英博物館にも通って、経済学の著作の全面的な研究に着手したことにありました。1850年6月に、大英博物館の閲覧証明書の交付をうけています。

　マルクスが、1850年から53年の間に作成した経済学分野の抜粋ノートは、24冊にのぼります(いわゆる『ロンドン・ノート』)。たとえば、デーヴィド・リカ

ードウ（1772〜1823年）の著書『経済学と課税の原理』（第3版、ロンドン、1821年）からは、リカードウの理論の骨格をなす、価値論と地代論からの克明な抜粋を行っています（『ロンドン・ノート』第8冊、新『メガ』第Ⅳ部第8巻、邦訳は『全集』補巻3に収録）。

　マルクスの作成した抜粋ノートの多くは、現在、オランダ・アムステルダムの社会史国際研究所に収まっていますが、その目録を見ると、ここだけでも大小168点のノートが残されています。そのうち126点は、1850年代以降の作成です。

　そういう膨大な研究をへて、1857年、マルクスは、経済学の著作をまとめようと、草稿の執筆をはじめました。これが『1857〜1858年草稿』です（邦訳は、『マルクス　資本論草稿集』1〜2、大月書店）。

　【資料1】を見てください。『資本論』につらなる経済学草稿の執筆は、おおよそ、つぎのように進みました。

【資料1】　『資本論』の草稿執筆の歴史
1857〜58年　『1857〜1858年草稿』（邦訳『資本論草稿集』1〜2、大月書店）
　59年6月　『経済学批判』第一分冊刊行（『資本論草稿集』3）
　61〜63年　『1861〜1863年草稿』（『資本論草稿集』4〜9）
　63年8月〜65年12月　『1863〜1865年草稿』
　　『資本論』第一部草稿（初稿）（国民文庫『直接的生産過程の諸結果』は、
　　　　　その一部）（63年8月〜64年前半）
　　『資本論』第三部・第1〜第3章〔現行の篇〕（64年夏〜年末）
　　『資本論』第二部（第一草稿）（『資本の流通過程』大月書店）（65年前半）
　　　〔65年6月　報告『賃金、価格および利潤』（古典選書ほか）〕
　　『資本論』第三部・第4〜第7章〔現行の篇〕（65年夏〜年末）
　65年12月　全三部の草稿を書き上げる
　66年1月〜67年4月　『資本論』第一部完成稿を執筆
　67年9月　『資本論』第一部〔第一巻〕を刊行
　67〜81年　『資本論』第二部の諸草稿を執筆（大小七つの草稿を残す）

　マルクスは、『57〜58年草稿』を手がかりに、1859年に『経済学批判』の第一分冊を刊行します。第一分冊の内容は、「資本」まで行かずに、商品、貨幣

で終わっていました（『資本論草稿集』3）。

　その続稿作業として、1861年から63年にかけて新しい草稿『1861〜1863年草稿』（『資本論草稿集』4〜9）を書きはじめます。

　マルクスは、その途上で、『資本論』という新たな体系的著述の構想をたて、63年8月から第一部の草稿（初稿）、つづいて、64年夏から第三部前半の草稿執筆に進みます。65年の初めには、第二部の第一草稿を書き、恐慌が周期的に起こる仕組みを発見します。その後、第三部の後半部分の執筆に移り、65年12月末に、全三部の草稿を書きあげたようです。国際労働者協会（インタナショナル）の会合での報告『賃金、価格および利潤』は、その最中の65年6月に行われたものでした。

　1866年1月から第一部の完成稿の仕上げにかかり、67年9月、『資本論』第一部の刊行にいたりました。経済学草稿の執筆から『資本論』第一部刊行まで、ちょうど10年が費やされました。

　マルクスは、その後も、第二部について、大小七つの草稿を書き続けています。

　【資料2】は、この歩みを、現行の『資本論』各部の執筆時期という角度でまとめ直したものです。

【資料2】　現行『資本論』各部の執筆時期

1863年8月〜64年前半　　第一部の最初の草稿（初稿）を執筆
　64年夏〜年末　　第三部・第1〜第3章を執筆（第三部主要草稿）
　65年前半　　第二部・第一草稿を執筆（恐慌論での新たな発見）
　65年夏〜年末　　第三部・第4〜第7章を執筆（第三部主要草稿）
　66年1月〜67年4月　　第一部完成稿を執筆
　67年9月　　第一部〔第一巻〕を刊行
　67〜81年　　第二部の諸草稿を執筆（大小七つの草稿を残す）
　85年7月　　エンゲルスが第二部を編集・刊行
　94年12月　　エンゲルスが第三部を編集・刊行

　これを見ると、現在、私たちが手にしている『資本論』は、①早い時期に書かれた草稿から編集された「第三部」、②マルクス自身が完成稿まで手がけた

「第一部」、③十数年にわたって書き続けた草稿から編集された「第二部」、というように、歴史的に異なる地層から成っていることがわかります。

『資本論』執筆の歩みでは、第二部第一草稿の執筆が、全体の大きな転換点となっていました（1865年）。資本主義的生産は、生産と消費の矛盾をもっていますが、通常は市場での需給関係が調整役を果たします。しかし、この調整がきかずに周期的な恐慌がおこります。その基本的な仕組みを、マルクスは、この草稿で発見したのです。

それ以前のマルクスは、恐慌を資本主義の"終わりの始まり"、つまり、体制的な危機に直結するものと考えていました。マルクスは、この考えを捨て、恐慌を資本主義に特有の産業循環の一局面としてとらえ、これ以後に書かれた草稿（第三部の後半部分、第一部完成稿など）で、資本主義的生産の発展と社会変革の展望の解明に、さらに踏み込んでゆきました（不破哲三「マルクスの恐慌論を追跡する」参照、『マルクス「資本論」——発掘・追跡・探究』所収、新日本出版社、2015年）。

これらのことを踏まえて、『資本論』を読む必要がありますが、『資本論』の執筆過程と諸草稿の全体を研究する条件が生まれたのは、最近のことです。

現在、マルクス-エンゲルス財団のもとで刊行されている『マルクス・エンゲルス全集』（新『メガ』）では、その第Ⅱ部が、『資本論』と準備草稿関係にあてられています。この第Ⅱ部15巻23冊の最終巻の刊行が2012年、『57〜58年草稿』、『61〜63年草稿』などを邦訳した『資本論草稿集』全9冊の完結は、1994年のことでした。なお、マルクスの作成した抜粋ノートなどは、新『メガ』第Ⅳ部に収録されており、現在までに32巻中13巻が刊行されています（2016年末現在）。

◎資本主義社会を人間社会の歴史的な一段階ととらえる

つぎに、マルクス経済学の特徴について見ておきましょう。

マルクスの経済学研究には、大きく見ると二つの側面があります。

一つは、アダム・スミス（1723〜90）やリカードウがはじめた資本主義社会の運動の法則を内面からつかむという古典派経済学の仕事を引き継ぎ、発展させたことです。

「マルクスは、それ以前の経済学者を頭からバカにしたり否定したりはし

ませんでした。マルクスは、"科学的経済学は17世紀にイギリス、フランスから始まった"と見ていますが、なかでも、その代表者であるアダム・スミスとリカードウを徹底的に研究しました」（不破哲三『マルクスと友達になろう』21ページ、日本民主青年同盟中央委員会、2015年、以下『マル友』と略）。

もう一つは、資本主義社会を変革する立場からの研究に取り組み、資本主義社会が次の新しい社会に交代する必然性をもつことを経済学研究として明らかにしたことです。

「マルクスは、……過去の経済学者がわからなかった資本主義の社会の根深い矛盾を明らかにし、将来の変革の展望を探究することを、経済学そのものの課題としました。つまり、資本主義社会の科学的な分析を社会変革の諸条件の探究と結びつけたわけで、ここに、マルクスの経済学の、旧来の経済学とまったく違う特徴がありました」（同22ページ）。

この問題を、マルクスの発言にそって考えてみましょう。

マルクスは、古典派経済学の特徴について、つぎのように指摘しています。

「リカードウは、ブルジョア的生産を、もっと明確に言えば資本主義的生産を、生産の絶対的な形態として把握している」（『61～63年草稿』、『資本論草稿集』⑦73ページ）。

「資本主義的生産において現われるところの、社会的労働の特定の独自な歴史的形態を、これらの経済学者たち〔古典派経済学者とその亜流〕は、一般的な永久的な形態、自然真理として言い表わし、また、このような諸生産関係を、社会的労働の絶対的な（歴史的ではない）必然的な、自然にかなった理性的な諸関係として言い表わすのである」（同、『資本論草稿集』⑦316ページ）。

以前の経済学は、資本主義社会を「自然にかなった理性的」なものと見てしまって、この社会の歴史的な性格をつかみ損ねているというわけです。

それでは、マルクスは資本主義社会をどのようにつかんだのか。

「これに反して、資本主義的生産様式の科学的分析は、逆に次のことを証明する。すなわち、資本主義的生産様式は、特殊な種類の、独自な歴史的規定性をもつ生産様式であるということ。この生産様式は、他のすべての特定の生産様式と同じように、社会的生産諸力とその発展諸形態との与えられた一段階を、自己の歴史的条件として前提しているのであり、この条件自体

は、一つの先行過程の歴史的な結果および産物であり、また新たな生産様式が自己に与えられた基礎としてのそこから出発する、ということ。この独自な歴史的に規定された生産様式に対応する生産諸関係――人間がその社会的生活過程において、その社会的生活の生産において、取り結ぶ諸関係――は、独自な、歴史的な、一時的な性格をもつということ。さらに、最後に、分配諸関係は、この生産諸関係と本質的に同一であり、その裏面なのであり、したがって両者とも同じ歴史的な一時的な性格を共通にもっているということ」(『資本論』第三部第7篇第51章、新日本新書版⑬1536〜1537ページ)。

資本主義社会の仕組みや諸関係を、「自然にかなった理性的」なものとせずに、人間社会の発展の歴史のなかの一段階としてとらえ、資本主義の独自な歴史的性格を明らかにする――ここに私の経済学の特徴があるというわけです。

こうした歴史的な見方は、マルクスの経済学に、それ以前の経済学には見られないすごい力を与えました。そして、マルクスをして、はじめて、この社会を「資本主義的生産」「資本主義的生産様式」(1860年1月〜2月作成の「引用ノート索引」)と規定させ、彼を資本主義の"名づけ親"としたのです。

(2) 搾取の秘密と資本主義社会の特質

マルクスは、資本主義的生産関係の「独自な、歴史的な、一時的な性格」をどうやってつかみだしたのでしょうか。この探究では、「資本主義的搾取の秘密」の解明が、大きな理論的突破点となりました。

マルクス以前の経済学者は、労働が富の源泉であり、市場で取り引きされる商品の価値は、そこにどれだけの労働がつぎ込まれているか、商品が体現している労働の量で決まること(労働価値説)、商品交換では、同じ価値のもの同士が交換されること(等価交換)までは、突きとめていました。

これらの点を、経済学の体系として整理し、明確に論じたのはマルクスでしたが、以前の経済学者は、価値どおりの交換を鉄則とする商品経済の社会で、なぜ資本家だけが大きな富を獲得し、多くの人々には貧困が蓄積し、社会的格差が広がるのかを、解明できませんでした。

表向きは、労働者は資本家に「労働」を売り、資本家は「労働」の対価として賃金を支払っているように見えます。そこに目を奪われた社会運動家たちか

らは、インチキがなければ貧困と格差は生まれないという主張も生まれました。フランスの社会運動家プルードン（1809〜65年）の主張は、その代表格で、マルクスは、経済学研究でも、プルードンの主張への批判とその克服を特別に重視したものです。

ここで、「資本主義的搾取の秘密」を解き明かしたマルクスの理論だてのあらましを、見ておきましょう。

◎「労働力の売買」をめぐって――マルクスの説明から

マルクスの理論展開にとっての決定的な飛躍は、新しい価値をつくり出す労働力とその売買をめぐる問題を見極め、「資本家がこの単純な交換において受けとるものは、一つの使用価値、すなわち他人の労働にたいする処分権である」とつかんだことにありました。

つぎに紹介するのは、『賃金、価格および利潤』（1865年）でのマルクスの説明です。

「労働者が売るものは、直接彼の労働ではなく、彼の労働力であって、彼は労働力の一時的な処分権を資本家にゆずりわたすのである」（古典選書『賃労働と資本／賃金、価格および利潤』141ページ、新日本出版社）。

マルクスは、このことを、『57〜58年草稿』で突きとめるのですが、その考察は、ノートで４ページをこえる長考として記録されています（ノート第２冊、『資本論草稿集』①338〜350ページ）。

マルクスの説明は、つづきます。

「では、労働力の価値とはなにか？／他のすべての商品の価値と同じように、労働力の価値は、それを生産するのに必要な労働の量によって決定される」。

「彼には、自分自身を維持するために必要な生活必需品の量のほかに、労働市場で彼にとってかわり、労働者種族を永続させるべき一定数の子供を育てあげるための生活必需品のある分量がさらに必要である。そればかりではなく、彼の労働力を発達させ、一定の技能を習得するために、さらにある分量の価値が費やされなければならない」。

「労働力の価値は、労働力を生産し、発達させ、維持し、永続させるのに必要な生活必需品の価値によって決定される」（前出、古典選書143〜145ページ）。

労働力の再生産に見合うものが労働力の価値であり、それは生活必需品の価値で決定されるというわけです。

マルクスは、労働者を紡績工だと仮定して話をすすめます。

「彼〔紡績工〕は、彼の労働力を毎日再生産するには、3シリングの価値を毎日再生産しなければならず、彼は毎日6時間働くことによってそうするのである」(同前、147ページ)。

労働力の再生産のために3シリング、労働時間になおすと6時間働いて、その対価を獲得すればよい。しかし、これでは、資本家の取り分が出てきません。

「ところが資本家は、紡績工の労働力の1日分または1週間分の価値を支払うことによって、紡績工の労働力をまる1日またはまる1週間使用する権利を得たのである。だから彼は、紡績工を、たとえば1日12時間働かせるだろう。だから紡績工は、彼の賃金、つまり彼の労働力の価値を補塡するのに必要な6時間を超過して、もう6時間働かなければならないことになる。私は、この6時間を剰余労働時間と名づけることにする。そしてこの剰余労働が体現されたものが、剰余価値であり剰余生産物である」(同前、147〜148ページ)。

「資本家は、毎日3シリングを前貸しして、毎日6シリングをふところにいれる。そしてこの6シリングのうち半分はふたたび賃金を支払うためにでてゆくが、のこりの半分は、資本家がそれにたいしていかなる対価をも支払わない剰余価値を形成する。資本と労働とのこの種の交換こそ、資本主義的生産または賃金制度の基礎であり、かつそれは、労働者を労働者として、また資本家を資本家として再生産するという結果をたえずひきおこさざるをえないものなのである」(同前、148〜149ページ)。

◎資本主義的搾取の解明とその変革

資本家は労働者を雇うことで、労働力を消費し、使用する権利を得る。そして、労働力の処分権を握って、労働者を1日12時間働かせる。6時間が本来の労働力の価値分で労働者に払う分、残りの6時間分が資本家の取り分になる。

マルクスは、労働力の価値分を生産する時間を「必要労働時間」、それを超えて資本家の取り分を生産する時間を「剰余労働時間」と名づけ、「剰余労働

時間」につくりだされる価値を「剰余価値」と呼び、資本家のもとに蓄積されると結論づけています。

資本家と労働者が市場で等価交換をしていると見えたものが、実は、そこに労働者による資本家のためのただ働きが仕込まれていた——「資本主義的搾取の秘密」は、こうして明らかにされたのでした。

そして、生産者と労働手段との分離を前提とした「資本と労働との交換」が労働者と資本家の関係を再生産し、資本主義的生産の基礎になっているとつかみ、これを変革する方向を打ち出します。資本主義的搾取をめぐる、マルクスの大事な解明がここにありました。

「労働する人間と労働手段との分離がいったん確立されると、こうした状態は、生産様式における新しい根本的な革命がふたたびそれをくつがえして、本源的な結合を新しい歴史的形態で再建するまでは、それ自身を維持し、たえず規模を拡大しながらそれ自身を再生産するであろう」（同前、143ページ）。

労働力の処分権を資本家が握っているのは、「労働する人間と労働手段との分離」が確立されているからだ。こうした状態を「新しい根本的な革命」でくつがえし、別の言葉で言えば「生産手段の社会化」によって、「本源的な結合を新しい歴史的形態で再建する」、と提起したのです。

マルクスの盟友フリードリヒ・エンゲルス（1820〜95年）は、「社会主義を科学にした」二大発見として、史的唯物論と「剰余価値による資本主義的生産の秘密の暴露」をあげました（※）。エンゲルスは二つの発見のなかに、資本主義社会を「変革する科学」の理論的な要を見たのだと思います。

※　エンゲルスの指摘は、つぎのとおり。

「これら二つの偉大な発見、すなわち唯物論的歴史観と、剰余価値による資本主義的生産の秘密の暴露とは、マルクスのおかげである。これらの発見によって社会主義は科学になり、いまやなによりもまず問題なのは、この科学のあらゆる細目と連関をさらに仕上げることである」（古典選書『空想から科学へ』61ページ）。

◎資本主義を四つの観点から見る

マルクスによる資本主義的搾取の秘密の暴露は、これまでの搾取社会にはな

5 マルクスによる経済学の変革

かった資本主義の特質、言い換えれば、この社会の独自の歴史的性格を明確にしたものでした。

『マルクスと友達になろう』は、これまでの搾取社会にはなかった新しい特質を、「資本主義の四つの特質」という形で整理しています（『マル友』26〜29ページ）。

第一は、「搾取の本質をかくすこと」（同前、26ページ）。

奴隷制と封建制の社会では、奴隷所有者や封建領主が働き手の労働の成果の一部を不払いで取得する「搾取」の実態が、目に見える形で展開していました。資本主義社会では、表向きは、労働することへの対価、働きに見合う支払いが行われる形をとるために、搾取の本質が目に見える形で表に出てきません。「科学の目」でことの真相を明らかにしたマルクスの功績は、それだけ大きいのです。

第二は、「資本主義の搾取欲には際限がないこと」（同前、27ページ）。

マルクスは、資本主義的生産が、剰余価値の生産とその拡大を唯一、絶対的な目的として追い求めるところに、資本主義的生産の根源的な本性を見ました。これは、私たちが、わかりやすく「利潤第一主義」と呼んでいるものです。

　「資本主義的生産過程を推進する動機とそれを規定する目的とは、できるだけ大きな資本の自己増殖、すなわちできるだけ大きな剰余価値の生産、したがって資本家による労働力のできるだけ大きな搾取である」（『資本論』第一部第4篇第11章、新日本新書版③576ページ）。

資本主義以前の社会では、貨幣経済が発達しておらず、支配階級は、物で表現された富の獲得を追い求めました。しかし、物で表現された富にはおのずから限界があります。資本主義は貨幣形態での富の獲得、剰余価値の増殖を求めますが、そこには、ここまでで満足という限度がありません。マルクスは、これを「絶対的な致富衝動」と特徴づけています（『資本論』第一部第2篇第4章、新日本新書版②261ページ）。

第三は、「生産のための生産」を旗印に、競争で生産力を発展させ、「来るべき新しい社会の物質的基礎を準備すること」（『マル友』28ページ）。

マルクスは、資本主義が未来社会への条件を準備する特質をもつことを、「資本の偉大な文明化作用」（『資本論草稿集』②18ページ）、「資本の文明化的側

面」(『資本論』第三部第7篇第48章、新日本新書版⑬1434ページ）と呼び、「資本主義的生産そのもののなかで高度な物質的生産力と新しい経済体制の形成要素」(『マル友』28ページ）が準備されることを明らかにしました。

第四は、「資本主義的搾取の現場から次の社会の担い手が生まれること」(『マル友』28ページ）。

労働者階級という次の社会の担い手への注目です。その内容については、次節（3）で見ることにします。

マルクスの経済学の特徴は、資本主義社会の科学的な分析を社会変革の諸条件の探究と結びつけたところにあります。ここに着目しての「資本主義の四つの特質」という観点は、マルクスの経済学の全体を研究するうえでの、重要な提起になっていると思います。

(3) 『資本論』第一部（完成稿）での新たな解明

マルクスは1866年1月、いよいよ『資本論』の刊行に向けて、第一部の完成稿の執筆に取りかかりました。

◎マルクスの新しい構想

マルクスは、第一部の完成稿で、社会変革への客観的条件が資本主義の発展のなかで成熟してゆくこと、さらに、労働者階級が、社会変革の主体、また未来社会の担い手として、資本主義社会のなかで、どのように発展するのかを、本格的に探究してゆきました。この主題は、資本主義社会を永遠の自然的形態ととらえた以前の経済学には、盛り込まれることのなかった研究領域でした。このときのマルクスは、経済的な危機と革命を直結させる以前の見方をすでに克服していました。

このようなマルクスの新しい観点は、自分の経済学の方法を「弁証法的方法」と呼び、「どの生成した形態をも運動の流れのなかで、したがってまたその経過的な側面からとらえ、なにものによっても威圧されることなく、その本質上批判的であり革命的」だと特徴づけたことにも、現れていると思います(『資本論』〔第2版への〕あと書き、新日本新書版①29ページ）。

こうして、マルクスは、第一部の編成を替え、新たな章も書き加えるなど、

新しい構想で、完成稿の作成に取りかかりました。

　「新しい構想の一つの重要な柱となったのが、労働者階級が、社会変革の主力として、また新しい社会の担い手として、資本主義社会のなかでどのように発展するかを、経済学的に解明することでした。この問題を本格的に追究し、理論的に基礎づけることに、完成稿で『資本論』第一部に織り込んだ新たな構想の大切な柱の一つがありました」（『マル友』59ページ）。

◎社会を変革し未来社会を担う主体の成長

つぎに、マルクスが『資本論』第一部の完成稿で行った新たな解明点から、「社会を変革し未来社会を担う主体の成長」の問題をとりあげ、これについての三つの要点を紹介したいと思います。マルクスによる解明の概要をそれぞれはじめに示し、つぎに、『資本論』での解明部分のいくつかを摘録する、というやり方で見てゆきましょう。（※）。

　※　不破哲三「社会変革の主体的条件を探究する──労働者階級の成長・発展に視点をおいて」（『前衛』2015年4月号〜5月号）は、マルクスの新しい構想での研究に焦点をあてたもので、私の紹介も、この研究に依拠した（前出『マルクス「資本論」──発掘・追跡・探究』所収）。

(1)新たな解明点の一つは、資本の横暴な搾取をおさえる「社会による強制」の実現を求める階級闘争の必然性に関わる問題です。

　この解明は、第3篇第8章「労働日」を中心に行われました。労働時間の規制（労働日の制限）のための闘争、労働者が階級的にかちとった「社会的バリケード」で資本の横暴をおさえる。その成果は、資本主義社会を変える力をつくるし、新社会にもひきつがれてゆく。これは、「新しい社会の形成要素と古い社会の変革契機」の成熟です。

　資本の搾取を規制する「社会による強制」「社会的バリケード」をかちとるとは、今日的な言葉でいえば、労働者や国民の生活と権利をまもる「社会的ルール」の獲得です。マルクスの解明は、私たちが「ルールある経済社会」の実現を重視する、理論的な根拠となる命題となっています。

　▽資本の果てしない搾取欲を、「社会による強制」で制限する。

「"大洪水よ、わが亡きあとに来たれ！（＊１）"これがすべての資本家およびすべての資本家国家のスローガンである。それゆえ、資本は、社会によって強制されるのでなければ、労働者の健康と寿命にたいし、なんらの顧慮も払わない。肉体的、精神的萎縮、早死、過度労働の拷問にかんする苦情に答えて資本は言う——われらが楽しみ（利潤）を増すがゆえに、われら、かの艱苦（かんく）に悩むべきなのか？　と（＊２）。しかし、全体として見れば、このこともまた、個々の資本家の善意または悪意に依存するものではない。自由競争は、資本主義的生産の内在的な諸法則を、個々の資本家にたいして外的な強制法則として通用させるのである」（第３篇第８章「労働日」、新日本新書版②464ページ。引用にあたっては、訳語、訳文をあらためた場合があります）。

＊１　フランスのルイ15世の愛人ポンパドゥール夫人が、ぜいたくが財政破たんを招くと忠告された時に、言いかえした言葉。
＊２　ドイツの詩人ゲーテの詩の一節。

▽工場法（労働日制限法）は、資本の"責め苦"から労働者とその同族をまもる「社会的バリケード」である。

「自分たちを悩ます蛇（＊）にたいする『防衛』のために、労働者たちは結集し、階級として一つの国法を、資本との自由意志による契約によって自分たちとその同族とを売って死と奴隷状態とにおとしいれることを彼らみずから阻止する強力な社会的バリケードを、奪取しなければならない」（同前、②525ページ）。

＊　旧約聖書のなかの言葉。ここでは、資本による責め苦を表す言葉として使われている。

▽「社会的バリケード」の拡大・発展は、新しい社会の形成要素と古い社会の変革契機とを成熟させる。

「工場立法の一般化は、生産過程の物質的諸条件および社会的結合とともに、生産過程の資本主義的形態の諸矛盾と諸敵対とを、それゆえ同時に、新しい社会の形成要素と古い社会の変革契機とを成熟させる」（第４篇第13章「機械と大工業」、新日本新書版③864ページ）。

⑵第二は、労働者階級が、集団的に生産を担う主体＝新社会建設の主体に成長する必然性の解明です。

5　マルクスによる経済学の変革

　マルクスは、第4篇第11章から第13章で、協業、マニュファクチュア、機械制大工業の各段階を通じて、労働者階級が生産を集団的に担い、そのことを通じて新しい社会建設にむかう主体に成長することを明らかにしました。ここでは、資本主義的生産の発展につれて、生産者たちの結合が「部分労働者」から「全体労働者」へと発達し、やがて労働者集団が支配的な主体として立ち現れる姿がとらえられています。

　▽単純協業の段階——集団力と指揮者（第4篇第11章「協業」）。
　「ここで問題なのは、協業による個別的生産力の増大だけではなくて、それ自体として集団力であるべき生産力の創造である」（新日本新書版③567ページ）。
　「結合労働日の独特な生産力は、労働の社会的生産力または社会的労働の生産力である。それは、協業そのものから生じる。労働者は、他の労働者たちとの計画的協力のなかで、彼の個人的諸制限を脱して、彼の類的能力を発展させる」（同前、③573ページ）。
　「比較的大規模の直接に社会的または共同的な労働は、すべて多かれ少なかれ一つの指揮を必要とするのであるが、この指揮は、個別的諸活動の調和をもたらし、生産体総体の運動——その自立した諸器官の運動とは違う——から生じる一般的諸機能を遂行する。バイオリン独奏者は自分自身を指揮するが、オーケストラは指揮者を必要とする。指揮、監督、および調整というこの機能は、資本に従属する労働が協業的なものになるやいなや、資本の機能となる。この指揮機能は、資本の独特な機能として、独特な特性をもつようになる」（同前、③575～576ページ）。
　▽マニュファクチュアの段階——集団力の発揮＝「部分労働者」と「全体労働者」（第4篇第12章「分業とマニュファクチュア」）。
　「マニュファクチュア時代の独自な機械は、依然として、多数の部分労働者たちから結成された全体労働者そのものである。……マニュファクチュアは、ひとたび導入されると、生来ただ一面的な特殊機能にしか適しない諸労働力を発達させる。そうなると、全体労働者は、同じ程度の熟練技をもつあらゆる生産的特質をそなえ、同時に、特殊な労働者または労働者群において個別化されている自己のすべての器官を、もっぱらその独自な諸機能を果た

すために使用することによって、右の生産的諸特質を、もっとも経済的に消費する。部分労働者の一面性が、またその不完全性さえもが、彼が全体労働者の分肢となる場合、完全性となる」（同前、③607〜608ページ）。

▽機械制大工業の段階——労働者の集団が支配的な主体として登場する。労働者の多面的な能力の発達（第4篇第13章「機械と大工業」）。

「〔機械制大工業は、一面では〕結合された全体労働者または社会的労働体が支配的な主体として現われ、機械的自動装置は客体として現われている」（同前、③725ページ）。

「大工業は、労働の転換、それゆえ労働者の可能な限りの多面性を一般的な社会的生産法則として承認し、そしてこの法則の正常な実現に諸関係を適合させることを、自己の破局そのものを通じて、死活の問題とする。大工業は、……変転する労働需要のための人間の絶対的な使用可能性をもってくることを——すなわち、一つの社会的な細部機能の単なる担い手にすぎない部分個人の代わりに、さまざまな社会的機能をかわるがわる行なうような活動様式をもった、全体的に発達した個人をもってくることを、死活の問題とする」（同前、③838ページ）。

(3)第三は、資本主義の発展のもとで、労働者階級が社会変革の闘士となる必然性の解明です。

労働者階級は、搾取と貧困状態から自分を解放するために、資本主義の枠内で「社会的バリケード」を獲得するたたかいをさらにすすめて、資本主義的生産の体制そのものを変革する闘士に成長してゆく、という提起です。

この主題を論じた、第7篇第23章「資本主義的蓄積の一般的法則」は、マルクスが完成稿の段階で新たに書き下ろした章と考えられ、新たな構想の現れを象徴する研究になっています。

▽産業予備軍の形成とその役割（第7篇第23章）。

「過剰労働者人口が、蓄積の——または資本主義の基礎上での富の発展の——必然的な産物であるとすれば、この過剰人口は逆に、資本主義的蓄積の槓杆、いやそれどころか資本主義的生産様式の実存条件となる。それは、あたかも資本が自分自身の費用によって飼育でもしたかのようにまったく絶対

5　マルクスによる経済学の変革

的に資本に所属する、自由に処分できる、産業予備軍を形成する」（同前、④1087ページ）。

▽富の蓄積と対極での貧困の蓄積。"プロメテウスの鎖"を断て（同）。

「相対的過剰人口または産業予備軍を蓄積の範囲と活力とに絶えず均衡させる法則は、ヘファイストスの楔（くさび）がプロメテウスを岩に縛りつけた（＊）よりもいっそう固く、労働者を資本に縛りつける。この法則は、資本の蓄積に照応する貧困の蓄積を条件づける。したがって、一方の極における富の蓄積は、同時に、その対極における、すなわち自分自身の生産物を資本として生産する階級の側における、貧困、労働苦、奴隷状態、無知、野蛮化、および道徳的堕落の蓄積である」（同前、④1108ページ）。

＊　プロメテウスはギリシア神話の英雄。鍛冶の神ヘファイストスの鍛冶場の火を盗んで人間に与えたために、怒った最高神ゼウスによってカウカソスの岩に鎖でつながれた。その鎖を岩に打ち込んだ楔をつくったのが、ヘファイストスだった。

（4）　マルクスの総括的な定式化

　第一部完成稿での新たな探究という到達点にたって、マルクスは、資本主義的生産の発達による社会の変革の必然性についての、総括的な定式化をまとめました。その文章は、第7篇第24章「いわゆる本源的蓄積」の最後の節のなかにあります。これは、事実上、第一部の総括的な内容として書かれたものと考えられます。

　（イ）「こうした収奪（＊1）は、資本主義的生産そのものの内在的諸法則の作用によって、諸資本の集中によって、なしとげられる。一人ずつの資本家が多くの資本家を打ち滅ぼす。この集中、すなわち少数の資本家による多数の資本家の収奪と相ならんで、ますます増大する規模での労働過程の協業的形態、科学の意識的な技術的応用、土地の計画的利用、共同的にのみ使用されうる労働手段への労働手段の転化、結合された社会的な労働の生産手段としてのその使用によるすべての生産手段の節約、世界市場の網のなかへのすべての国民の編入、したがってまた資本主義体制の国際的性格が、発展する」。

　（ロ）「この転化過程のいっさいの利益を横奪し独占する大資本家の数が絶え

ず減少していくにつれて、貧困、抑圧、隷属、堕落、搾取の総量は増大するが、しかしまた、絶えず膨張するところの、資本主義的生産過程そのものの機構によって訓練され結合され組織される労働者階級の反抗もまた増大する」。

（ハ）「資本独占は、それとともにまたそれのもとで開花したこの生産様式の桎梏(しっこく)となる。生産手段の集中と労働の社会化とは、それらの資本主義的な外被とは調和しえなくなる一点に到達する。この外被は粉砕される。資本主義的私的所有の弔鐘(ちょうしょう)が鳴る。収奪者が収奪される」（新日本新書版④1305〜1306ページ）（＊2）。

＊1　大資本がより小さな資本を収奪し、吸収すること。
＊2　原文は改行なしのひと続きの文章。読むための便宜上、改行し、（イ）から（ハ）の符号をつけた。

（イ）では、資本主義的生産の発展のなかで、新しい社会への条件、物質的基盤がどう準備されてゆくか、社会変革の客観的条件が考察されています。

（ロ）では、労働者階級の主体的条件——「訓練され結合され組織され」、「反抗もまた増大する」ことが示されます。

（ハ）では、資本主義的生産様式の桎梏化と社会革命が、この革命を担う弔鐘を打つ人々の存在とともに、展望されています。資本主義は、どんなに矛盾が大きくなっていっても、"自動崩壊"することはありません。社会変革の実際の進行は、労働者階級の成長・発展にかかっている、第一部の総括的な文章は、ここまで明らかにしていたのでした。

このようにマルクスは、第一部完成稿で、社会変革の客観的条件と主体的条件についての、本格的な考察を行いました。そこには、多数者が自覚して鐘を鳴らしてこそ、革命が成功するという新しい革命論の立場がありました。

これらの達成は、経済学研究の分野にとどまらず、現代社会の変革をめざす私たちの事業にとっての、大きな理論的財産となっているものです（※）。

※　マルクスにおける革命論の発展と『資本論』で展開した未来社会論については、拙稿「科学的社会主義のすすめ」の第4章「マルクスの革命論の歴史と発展」、第5章「マルクスの未来社会論」を参照してください（『経済』2016年7月号、8月号）。

5　マルクスによる経済学の変革

＊　　　＊　　　＊

　『資本論』第一部（完成稿）でのマルクスの新しい構想とその解明は、1864年9月に発足した国際労働者協会（インタナショナル）が、労働者運動の階級的任務についての方針をつくっていった時期と重なりあってすすみました。

　1865年6月、マルクスは、インタナショナルの会合で、報告『賃金、価格および利潤』を行います。先に紹介したこの報告は、経済学の基礎をなす価値論、剰余価値論・搾取論にくわえて、諸階級の地位や階級闘争の展望まで論じています。

　翌66年8月には、インタナショナル・ジュネーヴ大会（9月）で採択される労働者階級の運動の当面の任務と展望にかかわる一連の決議──「労資の闘争における、協会の仲介による国際的協力」、「労働日の制限」、「年少者と児童（男女）の労働」、「協同組合労働」、「労働組合。その過去、現在、未来」、を起草しています（「個々の問題についての暫定中央評議会代議員への指示」、古典選書『マルクス　インタナショナル』所収、新日本出版社）。『資本論』での新たな解明とも結びついたこれらの一連の決議は、のちに、マルクスによって、「国際労働者協会の原則的綱領の一部」と呼ばれたものです。

　マルクスは、『資本論』第一部の刊行を、1867年9月のインタナショナル・ローザンヌ大会に間に合わせようと全力をあげました。

　しかし、第一部の刊行は、9月14日にずれ込み、ローザンヌ大会はその直前の8日に終わっていました。第一部の刊行の遅れを悔しがるマルクスの手紙が残っています（67年9月12日付のエンゲルスへの手紙）。その姿勢には、『資本論』第一部の完成を労働者運動の前進につなげようとした、マルクスの熱意がみなぎっているように思います。

　マルクスは、こうした探究によって経済学を変革し、『資本論』第一部完成稿での新たな理論的達成をなしとげました。その内容を的確につかむことで、私たちは、マルクスによる経済学の変革と資本主義分析のより深い理解に進んでゆけるでしょう。

【Ⅱ】 マルクス経済学の基礎を学ぶ

6 『賃金・価格・利潤』を読む

金子ハルオ

（1） マルクス経済学の最良の入門書
―― 『賃労働と資本』と『賃金・価格・利潤』

　科学的社会主義の学説の創始者マルクスの生涯は、（初期マルクスといわれる）1840年代までの前半生と1850年代以降の後半生とに分けられます。マルクスは、その前半生においては、生涯の盟友であるエンゲルスとともに、社会の人びと（諸階級）の地位と生活を規定しているのはその社会の経済諸関係であるとする（史的唯物論といわれる）科学的な社会・歴史観を打ち立て、それを「導きの糸」として初期の経済学の研究を始めました。マルクスは、その後半生においては、自分に課せられた「主要な任務」として経済学の本格的研究に向かい、イギリス古典派経済学をはじめとする従来の経済学を徹底的に批判・克服し、科学的社会主義の学説の核心をなす自分の経済学を作りあげました。その輝かしい研究成果は、科学としての経済学の最高傑作『資本論』全3巻およびその第4巻に当てる予定であった『剰余価値学説史』などとして、後世の私たちに与えられています。

　そこで、マルクス経済学を本格的に学ぶためには、『資本論』（とくにその第1巻）を学ばなくてはなりません。しかし、『資本論』は、マルクスに特有な弁証法を駆使して書かれた厳密な理論の書であり、しかもきわめて長大な書です。それゆえ、一般の読者は、その有名さにひかれて『資本論』を手にしても

6 『賃金・価格・利潤』を読む

歯がたたず、到底読み切れないのが普通です。ですから、これから『資本論』を読もうとする人は、その準備作業としても、まずあまり長くないマルクス経済学の入門書を読むことが必要です。ところで、まことに好都合なことには、マルクス自身によって書かれた経済学の入門書、したがって『資本論』への案内書が二つあります。『賃労働と資本』と『賃金・価格・利潤』です。

マルクスは、1847年12月から48年のはじめにかけて、ベルギーのブリュッセルのドイツ人労働者協会で、「経済学のごく初歩的な概念さえもちあわせていない」「労働者にわかってもらう」ために経済学の講義をしました。マルクスは、その講義をもとにして、1848年2月に『賃労働と資本』を書いたのですが、その印刷は二月革命とその結果生じたマルクスのベルギーからの追放によって妨げられ、ようやく1849年4月からマルクスが編集主筆をしていた「新ライン新聞」に連載されました。それ以来、『賃労働と資本』は、パンフレット型の単行本として、各国語に訳され、各国で多くの版を重ねました。そうして、マルクスの死後、1891年に、エンゲルスが、ごくわずかの変更や追補をくわえた改訂版を編集して、出版しました。それ以後、使用されている『賃労働と資本』は、エンゲルスの改訂版です。

『賃金・価格・利潤』は、マルクスが1865年に第一インタナショナル（国際労働者協会）で行った講演の手稿を原本として、1898年にマルクスの末娘エリナによって編集され、刊行された本です。

この本は講演の33年後にようやく刊行されたのでしたが、刊行されるや続々と各国語に翻訳され、各国の勤労大衆のあいだに広く普及され、現在に至るまでたえず読まれ続けてきました。これぞまさに「世紀のロング・セラー」といってよい古典です。それは、『賃金・価格・利潤』が、当時「賃上げ闘争無益論」「労働組合無用論」を唱えていたウェストンの見解を的確に批判し、労働・革命運動の進むべき指針を示すとともに、後に刊行された『資本論』の要点を「先取り」して、わずか数十ページのなかに「圧縮」したものであり、しかもその理論的な内容を、経済学をはじめて学ぶ労働者や学生にもわかるように「比較的一般的な形で」述べた本であったからです。

以上に述べたように、『賃労働と資本』と『賃金・価格・利潤』は、マルクス自身が書いた経済学の最良の入門書です。前者がエンゲルスによる改訂がなされているもののマルクスの初期の経済学研究をもとにして書かれ、また「ラ

イン新聞」への連載が中断されて未完のままに終わったものであるのにたいして、後者がマルクスの本格的な経済学研究をもとにして書かれ、しかも国際的な労働・革命運動の指針をも示したものである点で、現代の読者は、まず『賃金・価格・利潤』を学ぶべきであると言ってもよいと思います。

そこで、以下では、『賃金・価格・利潤』をこれから読む人または読みなおす人が、ぜひ心得ておくべきことについて解説しましょう。

（2） 経済学の研究と労働・革命運動の指導とを車の両輪として駆けぬいたマルクス

マルクスの生涯をその前半と後半とに分かつことになった1848〜49年は、まさに歴史の狂瀾怒濤の時でした。とくに、1848年2月のフランスのパリにおける勤労市民大衆の革命的蜂起（2月革命）は、ヨーロッパ大陸の絶対主義的反動支配体制を根底からゆさぶりました。そうして、マルクスとエンゲルスも亡命先から故国ドイツに戻り、この革命の渦中にすすんで身を投じたのです。しかしながら、この革命闘争はどこでも、結局は、プロレタリアート（労働者階級）の急速な成長と革命化に恐れをなしたブルジョアジー（資本家階級）が絶対主義権力と妥協し、革命を裏切ったために挫折してしまいました。

この革命的諸事件は、当時の世界史の表舞台であった西ヨーロッパの諸国で、いまや労働者階級と資本家階級との階級的利害の対立が全面的に激化するとともに、労働者階級が現実に社会をゆりうごかせる力をもった社会勢力に成長したことを証明しました。そうして、この労働者階級に自分の社会的地位と歴史的使命を自覚させ、階級闘争に勝利する指針を与えるためには、経済学の研究を「いまいちど第一歩からやりなおし」、従来の経済学を徹底的に批判し、克服して、新しい科学としての経済学を確立することが必要であり、それはまさに緊急を要する「労働者階級から与えられた仕事」であることが、ますます明らかになりました。革命的諸事件からこのような教訓をくみとったマルクスは、1849年8月末に、資本主義の最先進国イギリスの首都であり、したがって経済学の研究にとってもっとも好都合の地であったロンドンに亡命したのです。

マルクスは、その後半生を、のちに終生の亡命の地となるロンドンで送りま

した。それは、一言でいってみれば、経済学の研究という仕事と労働・革命運動の指導という仕事とを、いわば車の両輪としてフル回転して駆けぬいた生涯でした。マルクスは、亡命生活のひどい貧困のさなかで、イェニー夫人の献身とエンゲルスの「たぐいまれなる友情」による援助を受けながら、経済学の研究資料の「宝の山」であった大英博物館に十数年にわたり通い続けて経済学の研究をおこないました。他方では、マルクスは、革命家として、たえず国際的な労働・革命運動の指導とその組織化につとめました。その努力の最初の大きな成果として、1864年に、労働者階級が国際的に連帯した運動の組織としては世界最初のものである、第一インタナショナルが結成されたのです。

（3） 第一インタナショナルとマルクス

　第一インタナショナル（国際労働者協会）は、主として西ヨーロッパ諸国の労働運動の活動家を結集して、1864年9月にロンドンで創立されました。マルクスは、その中心的指導者として、「創立宣言」と「規約」をはじめ協会の重要文書を起草し、労働運動と革命運動は国際的な性格をもち、その勝利の保障は団結にあるとする協会の基本原則を示しました。また、その第一回大会（1866年）では、マルクスの提案によって、8時間労働日の制定が国際的労働運動の当面の最重要な目標と定められたことも忘れてはなりません。

　さて、第一インタナショナルの内部には、じつはさまざまな思想上、運動上の潮流が存在していました。マルクスとエンゲルスの科学的社会主義はその中心的で指導的な潮流でしたが、その他にも次のような諸潮流がありました。協同組合の組織によって社会主義社会をつくろうとするオーエン主義、無償の信用と交換銀行の組織によって搾取をなくし社会正義を実現しようとするプルードン主義、労働者の貧困は自然の人口法則によるとするマルサス主義、マルサスの流れをくんで、「賃金鉄則」が支配する資本主義社会では労働者の生活改善は不可能であり、普通選挙権とブルジョア＝地主国家の補助を受けた生産協同組合の設立のみが社会主義への道だとするラサール主義、プルードンの流れをくんで、平等と無政府社会を一揆によって獲得しようとするバクーニン主義、労働者階級は政治闘争のみに専念すべきだという「はねあがり」の急進主義、労働組合の政治闘争を否定し、その活動を日常の改良闘争のみに限ろうと

するイギリスの労働組合主義、などです。これらの諸潮流は、いずれも労働組合の経済闘争および政治闘争の意義を否定ないし軽視するものでした。

これらの雑多な諸潮流が存在する第一インタナショナルの内部で、マルクスは、他の諸潮流の活動家との連帯を保ちながら、これらの諸潮流の思想と理論を批判し、科学的社会主義の潮流の指導権を確保することに努力しました。じつは、『賃金・価格・利潤』の講演は、そのような努力の重要な一環であったのです。

（4）　ウェストンの問題提起と『賃金・価格・利潤』の講演

1848〜49年の革命的諸事件は、挫折したとはいえ、ヨーロッパの絶対主義的反動支配体制を根底からゆさぶり、資本の活動にたいする旧来の規制を撤廃ないし緩和させました。その結果、1860年代までに西ヨーロッパと北アメリカの一部の諸国では、イギリスのあとを追って、資本主義的な近代的産業が発展しました。それとともに、それらの諸国では、近代的な産業労働者の階級が増大して、続々と労働組合を結成し、資本の支配に対抗して、自分の社会的地位と生活状態を改善する闘争を展開するにいたりました。マルクスが『賃金・価格・利潤』の「まえおき」で述べた、「ヨーロッパ大陸では、いまや、ストライキがほんものの伝染病のように猛威をふるい、賃上げを要求する叫びがいたるところにあがっている」という状況になったのです。

このような状況に対応して、第一インタナショナルの指導部には、そもそも労働者と労働組合の闘争によって資本主義のもとでの労働者の生活状態を改善することが可能なのか、とりわけ労働組合のストライキをもともなう賃上げ闘争をどのように評価し、指導するのかという問題が突きつけられました。そのときに、第一インタナショナル総評議会の委員であったウェストンは、彼に特有な「賃上げ闘争無益論」「労働組合無用論」を唱えたのです。ウェストンは、オーエン主義の潮流に属するイギリス人の大工でしたが、「(1)労働者階級の社会的・物質的福祉は、一般に賃上げによって向上させることはできない。(2)賃上げを確保しようとする労働者団体の努力は、他の産業部門に有害な作用をする」と主張し、総評議会にこの二つの命題について討議してほしいと提案しました。この問題についての討議は、1865年5月20日の特別評議会でおこなわれ

ましたが、評議員の多くはそこで述べられたウェストンの見解にマルクスがあらためて「反駁(はんばく)」することを期待しました。

　このウェストンの見解を「反駁」したマルクスの報告(講演というかたちでなされた報告なので「講演」といわれます)は、6月20日と27日の中央評議会で2回に分けておこなわれました。この講演のためにマルクスが書いた手稿を本にしたものが、『賃金・価格・利潤』です。中央評議会におけるウェストンの見解とマルクスの見解とをめぐる討論は、その後数回にわたっておこなわれましたが、マルクスの見解が圧倒的な支持を受けたことは、その後の第一インタナショナルの決議や指令からも明白です。

(5) 『賃金・価格・利潤』の刊行と普及

　第一インタナショナルの中央評議会では、マルクスの講演を印刷してほしいという提案がありましたが、マルクスはこの提案を受けいれませんでした。その理由について、マルクスは、エンゲルスあての手紙のなかで、(1)ウェストンは「論敵としては非常に好ましいというほどの人ではない」、(2)『資本論』の刊行に先だって、その要点を「極度に圧縮」した「比較的一般向きな形」で「先取り」したものを印刷することは「得策」ではないからであると言っています。こういうわけで、マルクスもエンゲルスも『賃金・価格・利潤』を刊行しませんでした。

　マルクスもエンゲルスも死去した後に、マルクスの末娘エリナが、エンゲルスの遺品のなかに、この講演で読みあげたと思われるマルクスの手稿(英文)を発見しました。そこでこの手稿はエリナによって、エンゲルスの死から3年後の1898年に、エリナの夫エイヴリングの序文を付された『価値、価格および利潤』というタイトルの本として刊行されました。なお、はじめの六つの章の表題は、マルクスの手稿にはなく、エイヴリングが付けたものです。この手稿のドイツ語訳は、同じ1898年に、ベルンシュタインによっておこなわれ、フランス語訳は、翌1899年にマルクスの女婿シャルル・ロンゲによっておこなわれ、そのタイトルは『賃金、価格および利潤』となっています。それ以後、英語版以外はすべてこのタイトルです。

　『賃金・価格・利潤』の日本語訳は、1919年に山川均、松浦要が英語版から

翻訳したもの、1921年に河上肇がドイツ語版から翻訳したものをはじめとして数多くだされていますが、どの訳本をテキストにしても大きな差異はありません。

そこで、ここでは、現在すぐに入手可能な次の二つの日本語訳を推薦しておきます。それぞれ独自な特色があるので、できれば両方とも入手してください。ひとつは、1999年に新日本出版社から刊行された、服部文男訳『賃労働と資本　賃金、価格および利潤』です。この本は『賃労働と資本』との合本である点で便利で、訳者による簡にして要を得た「解説」が付いています。もうひとつは、2009年に大月書店から刊行された、土屋保男訳『マルクス・フォー・ビギナー④　賃金・価格・利潤』です。この本には、じつは解説者である私（金子）による「解説」と「各章の要旨」および各章にわたる詳しい「事項注解」が付いています。

（6）『賃金・価格・利潤』の三つの構成部分

『賃金・価格・利潤』の「解説」は数多くありますが、そのほとんどが、おそらくはマルクスがエンゲルスあての手紙で6章以下を「後半の部分」といったことにつられてでしょうか、『賃金・価格・利潤』は、⑴1章から5章までの「ウェストンの主張への批判」に当てられた部分と⑵6章から14章までの「経済学の講義」に当てられた部分とに、大きくは二つに分けることができ、この二つの部分から構成されていると述べています。

これに対して、私は、大月書店版での「解説」のなかで、『賃金・価格・利潤』は、⑴1章から5章までの「ウェストンの主張の吟味と批判」に当てられた部分と、⑵6章から12章までの「マルクス経済学の要点の講義」に当てられた部分と、⑶13章・14章の「賃上げ闘争と労働組合の意義と役割」の説明に当てられた部分とに、大きくは三つに分けることができ、この三つの部分から構成されていると述べました。なぜかというと、私のいう「賃上げ闘争と労働組合の意義と役割」の説明に当てられた部分は、経済学を理論的な基礎としているとはいえ、経済学の講義の一部分に解消することはできない独自な内容と意義をもっており、そのことを明らかにすることが大切であると考えたからです。

以下では、この三つの部分を読むにあたって、心得ておいてほしいことを述べておきましょう。

（7）「ウェストンの主張の吟味と批判」を読む

　第一の「ウェストンの主張の吟味と批判」の部分は、じつはかなりわかりにくいとされている部分です。「学習会」でも、「よくわからない」「読んだがどうもすっきりしない」という声が多く聞かれます。そこで、多くの「解説書」が、初学の読者はこの部分は後回しにして、まず6章以下の部分を読み、その後で読めと勧めています。

　この部分が、ある種のわかりにくさをもっているのは、ひとつには、論敵のウェストンが、経済学についてお粗末な知識しか持っていない人で、次のように、経済用語の自己流の混乱した使い方をしているからです。

　ウェストンの主張は、一言でいうと、「国民生産物の額」とその一部分である「賃金（実質賃金）の額」は「ある固定の額」であるというものです。「国民生産物」とは、一国で1年間に生産される生産物の総額のことですが、ウェストンは、じつはそれを「価値生産物」すなわち国民生産物から所得にはならない原料費、減価償却費を差し引いたものと混同し、同一視したうえで、しかもそれが賃金という労働者の所得と利潤という資本家の所得とに分けられると思い込んでいるのです。このウェストンの主張は、現代の経済統計上の用語を用いていえば、毎年の「国内総生産（GDP）」＝「国民所得」は不変であり、「経済成長率（実質）」はゼロであるというようなもので、あまりにも「現実ばなれ」しているので、現代の読者はかえってとまどってしまうほどです。

　この部分が、ある種のわかりにくさをもっているのは、もうひとつには、マルクスがウェストンの主張が現実にあわないことを指摘しながらも、次のように、かりに彼のある主張が正しいとしてもそこから彼のある他の主張を導き出すことはできない、また彼のある主張は彼のある他の主張と矛盾するという仕方をとって批判をしているからです。

　マルクスは、この部分のはじめで、かりに国民生産物の額が「ある固定したもの」であるとしても、それは実質賃金の額が「ある固定した額」であることの証明にはならない。なぜならば、国民生産物の額が不変でも、そのうちの利

潤の額と賃金の額との割合が変化すれば、賃金の額は変化するからであるという仕方でウェストンを批判しています。そうして、マルクスは、この部分のおわりで、ウェストンの主張は、「労働の価値が諸商品の価値を決定するという主張から始めて、諸商品の価値が労働の価値を決定するという主張で結ぶ」「もっともひどい循環論法」のなかを「右往左往」しているものだと結論しています。

「ウェストンの主張の吟味と批判」の部分は、以上のようなわけである種のわかりにくさをもっていることを心得えて読めば、ずっと読みやすくなります。ですから、私は、「解説本」の多くがこの部分を読むのは「後回し」にせよと述べているのもひとつの読み方で間違いだとは思いませんが、やはり最初のこの部分から読んでいくのがまっとうだと思います。

それに、この部分を読みとおす秘訣は、かつてリープクネヒトを驚嘆させたマルクスの雄弁ぶりを楽しむことです。

ウェストンは、国民生産物の額と実質賃金の額が「固定した額」であるというために「一つのどんぶり鉢に一定量のスープを入れて一定数の人びとがすするとき、スプーンの大きさを増しても、スープの総量がふえることにはならない」と言いました。これにたいして、マルクスは、「ウェストンには失礼だが、この例は私にはいささかスプーニーに（ばかばかしく）思われる」として、ローマの貴族アグリッパの逸話を紹介しながら、「市民ウェストンのほうでは、労働者たちのすするどんぶり鉢は、国民労働の全生産物でみたされていること、また彼らがどんぶり鉢からもっと多くのスープ（賃金のこと）をすくいとれないのは、どんぶり鉢が小さいためでも、その中身が少ないためでもなくて、彼らのスプーン（賃上げ闘争力のこと）が小さいためでしかないのだということを、忘れていたのであります」と言います。なんとユーモアにとんだパンチのきいた講演でしょう。紙面から、聴衆のどよめきと笑い声が伝わってきます。

（8）「マルクス経済学の要点の講義」を読む

マルクスは、『資本論』については、クーゲルマンあての手紙のなかで、この著作の目的は「叙述の仕方そのものによって凡俗を武装解除することだ」、

6 『賃金・価格・利潤』を読む

「このように大きな、そして部分的に難解な著作は、読破と消化とのために時間を必要とする」と言っています。これにたいして、マルクスは、手稿であった『賃金・価格・利潤』については、エンゲルスあての手紙のなかで、これから出版する予定の『資本論』から「先取りされた多くの新しいものを、極度に圧縮されているとはいえ、比較的一般向きな形で含んでいる」と言っています。ですから、第二の「マルクス経済学の要点の講義」の部分は、『資本論』とはちがって、マルクス自身でなければ誰もこれほど簡潔でしかも平易にはできないであろうと思われる仕方で、マルクスの経済学の要点が講義されています。

6章では、商品の価値はその商品を生産するのに必要な労働量（労働時間）によって決まり、商品の価格は価値を貨幣であらわしたものであるという「労働価値論」が説明され、7章では、労働者が賃金とひきかえに売っているものは労働力であって、労働力の価値は労働力を再生産するのに必要な生活必需品の価値によって決まること、8章では、労働者の一日の労働時間は労働力の価値を補塡するのに必要な時間（必要労働時間）とそれを超えて剰余価値を生みだす時間（剰余労働時間）とからなり、資本家はなんの対価も支払わずにその剰余価値を自分の利潤として手に入れるという「剰余価値論」（資本主義の搾取のしくみ）が説明され、9章では、ほんらいは「労働力の価値または価格」である賃金は、労働者が労働したあとで労働者が提供した労働の全部とひきかえという形で支払われるので、「労働の価値または価格」のようにみえるという「賃金論」が説明され、10章では、正常かつ平均の利潤は商品をその価値どおりに売ることによって得られるという「利潤論」が説明され、11章では、事業資本家（『資本論』では産業資本家と商業資本家）が得た利潤の一部分から、貸付資本家の得る利子と地主の得る地代が支払われるという「利子・地代論」が説明され、12章では、賃金の全般的上昇は一般利潤率の低下をもたらしはするが商品の価値には影響を及ぼさないという「利潤、賃金、価格の一般的関係」が説明されています。

以上の講義は、わずかに数十ページのなかで、まことに簡潔で平易になされており、読者は丹念に読んでいけば十分に理解することができ、したがって「解説本」を頼りにするほどのことはありません。

(9) 「賃上げ闘争と労働組合の意義と役割」を読む

　第三の「賃上げ闘争と労働組合の意義と役割」の部分は、これまでの経済学の講義を理論的基礎として、労働者階級の社会的地位と生活状態の改善のためには、(かつてウェストンが無益かつ無用と論じた) 労働者と労働組合の (ときにはストライキをともなう) 賃上げ闘争がいかに不可欠で重要な役割を果たしているかを解明した講演です。この部分も、マルクスならではの平易な語り口で述べられており、マルクスの雄弁ぶりを楽しみながら丹念に読めばよく理解できます。ただし、この部分では、マルクスが、「労働力の価値」という言葉を、労働者になじまれている「労働の価値」という通俗的な用語に言いかえていることに、注意してください。

　13章では、マルクスは、労働者と労働組合が賃上げを企てたり、賃下げに抵抗しようとしたりすることが必要となる五つの主要なばあいを考察し、その考察から得られる結論として、賃上げ闘争は、「生産額、労働の生産力、労働の価値、貨幣の価値、搾取される労働の長さまたは強度、需要供給の変動に左右され産業循環のさまざまな局面に応じておこる市場価格の変動、それらが、まずもって先に変化したために必然におこってくる結果としておこなわれるものでしかない」と述べています。この結論を一言でいいかえれば、賃上げ闘争は、資本家の「先制攻撃」にたいする、労働者のやむをえない生きるための「反撃」なのです。

　14章では、マルクスは、いくつかの実例が示しているように「資本主義的生産の一般的傾向は、賃金の平均水準を高めずに、かえってこれを低める、つまり労働の価値を大なり小なりその最低限界におしさげるものである」、だからこそ、労働者階級の賃上げ闘争などの日常闘争は「自分たちの状態を改善する」という大きな役割を果たしていると述べたうえで、しかしそれは「もろもろの結果と闘いはしているが、それらの結果の原因(資本主義の賃金制度)と闘っているのではないことを忘れてはならない」と注意し、労働者階級は「『公正な一日の労働にたいして公正な一日の賃金を!』という保守的なモットーのかわりに、その旗に『賃金制度の廃止!』という革命的な合言葉を書きしるすべきである」と述べています。

6 『賃金・価格・利潤』を読む

　マルクスは、『賃金・価格・利潤』の講演、すなわち2日間にわたる第一インタナショナル中央評議会への報告を、評議会に次の「決議案」を提出して終えています。
　「第一　賃金率の全般的上昇は、一般利潤率の低下をもたらすであろうが、だいたいにおいて諸商品の価格には影響しないであろう。
　第二　資本主義的生産の一般的傾向は、賃金の平均水準を高めるものではなく、低めるものである。
　第三　労働組合は、資本の侵害にたいする抵抗の核心としては十分役に立つ。その力の使用に思慮分別を欠けば、それは部分的に失敗する。現存の制度の諸結果にたいするゲリラ戦だけに専念し、それと同時に現存の制度をかえようとはせず、組合の組織された力を労働者階級の最終的解放すなわち賃金制度の終局的廃止のための梃子としてもちいることをしないならば、それは全面的に失敗する」。
　革命家であるとともに経済学者であったマルクスならではの、なんとすばらしい「決議案」ではありませんか。紙面から、会場を揺るがす拍手の音が伝わってきます。この「決議案」は、その後、各国の多くの労働組合運動の「座右の銘」となりました。

　もう与えられた紙数が尽きました。では、読者の皆さんが、本稿をよい刺戟剤として、『賃金・価格・利潤』をよく読み、さらには『資本論』という巨峰への登頂を目指されることを期待して、筆を擱きます。

7 《解説》マルクスの剰余価値論

関野秀明

はじめに

　今ほど生きづらい時代に私たちは何のために経済学を学ぶのでしょうか。2015年に「一年を通じた給与所得者のうち年収200万円以下の人数」は1130万人（全体の23.6％）でした。これは就職氷河期と言われた1998年における「年収200万円以下の人数」798万人（全体の17.5％）よりさらに厳しい数字です（国税庁「民間給与実態統計調査」）。また90年代半ばから2000年代後半にかけて「大卒3年以内に離職する人の割合」は常に30％を上回っています（厚生労働省「新規学校卒業者の就職離職状況調査」）。このような貧困や失業、劣悪な労働条件が本人の自己責任だと片付けられてしまうことが生きづらさを深刻にしています。そして貧困や失業、劣悪な労働条件が自己責任ではなく経済社会の構造に基づく歴史的で客観的な法則であることを解明したのがマルクス『資本論』の経済学です。

（1）『資本論』の対象と研究の方法について

　『資本論』第一部「序言（初版への）」「あと書き（第2版への）」は、次のような四つの、他の経済学に見られない『資本論』の特徴を明らかにしています（文中のカッコ内のページは新日本新書版『資本論』の分冊と該当ページを示します）。

　◎資本主義経済の歴史的研究であること

　マルクスは最初に、『資本論』の研究対象が「資本主義的生産様式」、資本主義の生産、交換の関係だと述べています（①9ページ）。このような一見、当たり前のことを強調する真意は、商品の生産や交換という市場経済、それをつう

じて利潤を追求する資本主義が永遠に変わらないものではなく、歴史的に生成、発展、成熟、死滅するものとして解明されるということです（①12ページ）。資本主義市場経済における利潤追求の意義と限界は未来社会との比較研究も通じて解明されます。このことは、ミクロ経済学等の近代経済学が「商品・市場経済、資本主義がどこから生まれてどこへ向かうのか」という歴史分析を欠く均衡論であることと対照的です。

◎客観的で論理的な法則性の研究であること

次にマルクスは、資本主義を歴史的存在でありながら、「鉄の必然性をもって作用し、自己を貫徹する」客観的で法則的な存在として解明すると述べています（①9〜10ページ）。つまり資本主義市場経済という「土台」が個々人の心理や人格、行動を規定するような内的な論理性、法則性を持つものとして解明されるということです。このように社会の土台である経済法則が人間の心理・行動を支配、規定し経済法則の作用と変化が社会や歴史を動かすという世界観は「史的唯物論」と呼ばれ、マルクスの二大発見の一つとされています。「なぜ富の蓄積と貧困の蓄積とが同時におこるのか」「なぜ失業と過度労働が同時におこるのか」「なぜ不況や恐慌が繰り返されるのか」、これらの諸現象を個々の思惑や行動を超えて社会の趨勢、経済の客観的法則として知ることは、人類を真に貧困や失業、恐慌の脅威から自由にする可能性を秘めています。このことは、近代経済学が「方法的個人主義」「個々人が効用を最大化するという心理法則」から経済全体を説明することと対照的です。

◎発生論的・弁証法的方法

マルクスは、資本主義の諸法則を個々バラバラに断片的に論じても資本主義全体としての体系性、資本主義に貫く法則（内的法則性）は理解できないと考えました。そのためにマルクスは経済分析を「抽象力」でもって、その最も単純で基礎的な関係「商品」という「細胞形態」から開始します（①8ページ）。そこからひとつひとつ段階を踏んでより複雑な関係、具体的な現実に向かって、商品の流通から貨幣の流通へ、貨幣の流通から資本の蓄積へと分析を重ねていくことが、資本主義の経済法則を解明すると考えました。マルクスのこのような分析方法を「発生論的」「弁証法的」方法と呼びます。このことは、近

代経済学が商品、貨幣、資本とはそもそも何なのか、どのような商品交換から貨幣が生まれ、どのような商品が貨幣と交換されることで資本が生まれるのかといった質的分析を欠く経済学であることと対照的です。

◎階級性の重視

最後にマルクスは、「ブルジョア社会＝資本主義市場経済」の科学的分析がこの社会の被支配階級である「プロレタリアート＝労働者階級」の立場からの徹底した批判によってのみタブーなく実現されると考えました（①18ページ）。このことも、近代経済学が「資本主義市場経済を歴史的に変化しないもの」と捉え、また「個々人が効用を最大化するという心理法則」から巨大企業と一労働者が対等に交渉するかのように捉えることで、結果として資本に弁護的な性格であることと対照的です。

それでは、『資本論』の本編に沿いながら、マルクス経済学の基礎について解説することにします。ここでは『資本論』における最も大切な法則「剰余価値原理」の発見を体験してみましょう。

（2） 商品論1　商品の二要因と労働の二重性

◎なぜ「商品」分析から経済学をはじめるのか

最初にマルクスは、資本主義市場経済、それを支配する全ての富が「商品の巨大な集まり」として現れるゆえに、経済分析を「商品」から始めると述べています（①59ページ）。

ここで確認したいことは、第一に、先述の「弁証法的」「発生論的」方法が開始されていることです。それは第二に、商品交換の分析が、商品交換からいかにして、なぜ、「貨幣」が生まれるかの解明に進むことを前提にしています。そして第三に、商品交換の分析が、どのような商品が市場での交換に加わった時に「剰余価値」という「もうけ」が発生し、「資本」が生まれるかの解明に進むことを前提にしています。

7　《解説》マルクスの剰余価値論

◎商品の二要因　使用価値と価値

　商品とは何でしょうか。それは第一に何らかの欲求を満たし役に立つものです（①59ページ）。商品におけるこの「欲求を満たす」「役に立つ」「効用をもつ」という性質は商品の第一の要因・「使用価値」と呼ばれます。使用価値は歴史上全ての時代に（超歴史的に）財の性質として存在してきました。

　さらに商品とは第二に、市場で交換するためのものです。それは一つの種類の商品が他の種類の商品と交換される量的関係、比率として現れます（①61～62ページ）。

　aリットルの小麦＝w量の鉄、x量の靴墨、y量の絹、z量の金

　このように資本主義市場（商品）経済では大量の商品が「等しいもの」として交換されています。「aリットルの小麦＝w量の鉄」というように商品と商品が等しいものとして表される姿を「交換価値」または「価値形態」と呼びます。

　この交換価値はある種類の商品（小麦）がどれだけの量の他の種類の商品（鉄）と交換されるかによって決まります。「等しいものとして交換される」ということは、交換される商品において、「等しいもの」「同じ大きさの共通なもの」があるということです。この「同じ大きさの共通なもの」＝「交換比率（a：w）を決めている要因」とは何でしょうか。

　それは使用価値ではありません。使用価値とは人間の欲望をみたす物の性質（有用性）です。使用価値が異なるからこそ交換されるはずです。よって小麦と鉄から使用価値という性質を「捨象する」（取り去る）ことで、残される「共通なもの」を探ります（①64ページ）。

　この「共通のもの」こそ「労働生産物」という性質です。さらにそれは農耕労働、精錬労働、紡績労働といった労働の「具体的」「有用的性格」をも取り除いた人間労働一般、「抽象的人間的労働」の生産物という性質です（①65ページ）。つまりあらゆる商品を生産するために「人間的労働力」が支出され、「抽象的人間的労働」が商品に入り込んで（対象化されて）商品価値、「価値」を形成します（①66ページ）。これが商品の第二の要因・「価値」です。逆にいえば、商品の価値は抽象的人間的労働からできています。交換価値は価値の「現象形態」（目に見える表現）であり、いろいろな交換価値に共通する実体が

価値なのです。

それでは価値の大きさはどのように決まるのでしょうか。使用価値をもつ商品が価値を持つのは、その商品に抽象的人間的労働が入り込んで（対象化されて）いるからでした。よって価値の大きさはそれに含まれる「価値を形成する実体」、抽象的人間的労働の分量によって決まります。この労働の分量は労働の継続時間（労働時間）で計測されます。同じ商品を作るうえでの個人的な労働時間（熟練）の相違はどう考えたらいいでしょうか。それは、ある商品の価値の大きさが「社会的平均労働力」、つまりその商品の生産にかかわる全労働者が平均的に必要とする労働時間（「社会的必要労働時間」）により決まります（①66〜67ページ）。これは、単なる数学的平均化ではなく、資本主義的生産の特徴である「大規模協業」により、それぞれの職場は労働者の技能を平均化する作用をもつことでなされます。

◎労働の二重性——具体的有用的労働と抽象的人間的労働

これまで分析した「使用価値」と「価値」という商品の二つの要因、二重の性格の根本には、商品を生みだす人間の労働の二重の性格が存在しています。

異なる使用価値の生産には、異なる具体的性質、異なる「有用性」をもたらす労働が必要です。小麦の生産には農耕労働、鉄や金の生産には精錬労働、絹の生産には紡績労働が必要です。このような特定の使用価値を形成する労働が「具体的有用的労働」です（①71ページ）。

労働の有用的性格を取り去って考えれば、労働に残るのは、それが人間的労働力の支出だということです。ここで残された労働の性格こそ「抽象的人間的労働」であり、人間の脳や筋肉、神経、手などの労力・生理的エネルギーの支出を意味しています（①75ページ）。

具体的有用的労働それぞれは社会全体として「有用的労働の総体—社会的分業」をどのような時代においても（超歴史的に）形成しますが、それらは時代に合わせた（特殊歴史的な）特有の形で現れます。

商品生産社会（資本主義市場経済）において、個々の「具体的有用的労働」は、社会的な計画に基づかない私的な労働として存在し、直接的に計画的な社会的分業は組織されません。しかし労働生産物が「互いに商品として相対する」市場で「抽象的人間的労働」の入り込んだ「価値」どおりに売れたとき、

7 《解説》マルクスの剰余価値論

交換の結果として社会的需要を満たし、間接的に「社会的分業」が形成されます（①72ページ）。社会的分業を形成する諸産業間の労働移動も、それぞれの商品の需要供給関係、「抽象的人間的労働」の入り込んだ「価値」どおりに売れるか売れないかを基準に（高くたくさん売れれば労働を増やす、安くあまり売れなければ労働を減らす）、行われます（①75ページ）。この世界は商品交換によって成り立ちますので、社会的分業は商品交換を通じた抽象的人間的労働の配分として、交換の結果として成立します。

（３）　商品論２　価値形態または交換価値

◎価値形態または交換価値とは何だろうか

　抽象的人間的労働が入り込んだ「価値」は、商品に内在する性質ですが、商品を孤立的に観察しても見ることはできません。商品の価値としての性質は、商品と商品との交換、社会的な関係、別の商品と出合うことで現れます（①81ページ）。この価値の現れ方・表現形態を「価値形態（または交換価値）」と言います。具体的でわかりやすい価値形態は、各商品の「貨幣形態」です。「ａリットルの小麦＝ｗ量の鉄＝ｘ量の靴墨＝ｙ量の絹＝ｚ量の金」これが商品の価値を金（貨幣）の形態で表したもの、価値形態の一種、貨幣形態です。しかし、「なぜ貨幣は全ての商品の価値を表現できるのか」という疑問は永く「貨幣形態の謎」とされてきました。マルクスはこの「価値形態論」によって、貨幣の役割の基礎が一番簡単な、二つの商品の交換の中に既に存在しており、貨幣の機能は簡単な商品交換の仕組みが発展したもの、「貨幣形態の謎」は簡単な商品交換の中に潜んでいることを証明しました。価値形態論の目的は、いかにして商品交換の仕組みの中から内的・法則的に貨幣が生まれたかという論理的道筋を解明すること、「貨幣形態の発生を立証すること」です（①82ページ）。

◎価値形態の発展

①**簡単な、個別的な、または偶然的な価値形態〔等式１〕**

　「すべての価値形態の秘密は、この簡単な価値形態のうちに潜んでいる」（①82ページ）。この等式(1)において二つの商品はまったく異なる役割を果たして

等式（1）

20 エレのリンネル（麻布）＝1 着の上着

等式（2）

20 エレのリンネル＝ { 1 着の上着
（麻布） 40 ポンドのコーヒー
10 ポンドの茶
1 クォーターの小麦
1/2 トンの鉄
2 オンスの金
等々

います。ここでは20エレのリンネル（麻布）の価値のみが表現されており、1着の上着はリンネルの価値を表現する材料になっています。リンネルは自分の価値を上着で相対的に表現している「相対的価値形態」にあります。上着はリンネルの価値に等しいものとして、価値を表現・映し出す「鏡」のような役割「等価形態」にあります（①83ページ）。なぜリンネルは上着で自分の価値を相対的に表現できるのでしょうか。それは、上着が価値としてリンネルと等しいので、上着の「使用価値」（自然形態・目に見える形）がその反対物（リンネル）の、価値を表す形、現象形態になることができます（①86、96ページ）。さらに、商品を作る労働の性格にまで掘り下げてみると、「上着に潜んでいる労働がリンネルに潜んでいる労働に等置される」（抽象的人間的労働として量的に等しい）故に、上着を作る裁縫労働という具体的有用的労働がその反対物（リンネル）の、抽象的人間的労働を表わす形、現象形態になるという関係に還元されます（①100ページ）。結論は、リンネルと上着とは価値として等しく、さらに価値実体、抽象的人間的労働として等しいから、上着が自らの使用価値（外観）でリンネルの価値を表現できる、ということです。

②**全体的な、または展開された価値形態〔等式2〕**

　先の「簡単な価値形態」は、リンネルが上着と関係するだけで他の多くの商品とは関係していないという「不充分さ」をもっています。また等式(1)の右辺（等価形態）はどんな商品でもよいはずです。よって等式(2)で表される「ⅱ全体的な、または展開された価値形態」に発展します。この「価値形態ⅱ」は「簡単な価値形態ⅰ」の等式を無数に並列した形になります。ここでは、リンネルが商品世界の全ての商品を自分の等価形態、価値を表現する「鏡」にしています。

　しかし、「価値形態ⅱ」は価値表現として次のような欠陥を有します。その

第一は、「商品の相対的価値表現は未完成」で、新たな商品の追加により無限に続くことです（①109ページ）。第二は、無数にある等価形態が互いに関連しない「特殊的等価形態」だということです。つまりN個の商品の価値表現にはN個の式をつくらないといけません。

ここで「リンネルの価値をN個の商品の使用価値で表現するということ」は「N個の商品それぞれもリンネルの使用価値で自らの価値表現が行えるということ」という「逆の関連」により次の「価値形態ⅲ」が生まれます（①110ページ）。

等式（3）

1着の上着
40ポンドのコーヒー
10ポンドの茶
1クォーターの小麦 } ＝20 エレのリンネル
1/2トンの鉄 　　　　　　　（麻布）
2オンスの金
等々

等式（4）

20エレのリンネル
1着の上着
40ポンドのコーヒー
10ポンドの茶 } ＝2オンスの金
1クォーターの小麦
1/2トンの鉄
等々

③一般的価値形態〔等式３〕

　この「価値形態ⅲ」は、商品世界のすべての商品の価値を「商品世界から分離された」一つの商品、例えばリンネルで統一的に表現します。ここですべての商品の価値は「リンネルとの同等性によって」表現されます（①113ページ）。この「一般的価値形態」は、「商品世界の共同事業として」成立します（同ページ）。つまり商品世界全体からリンネルという商品を選び出して「一般的等価形態」として役立たせます（①114ページ）。その結果、リンネルという自然形態・目に見える形がこの商品世界の共通な価値の表現となり、「他のすべての商品と直接に交換されうるもの」「いっさいの人間労働の化身」となります。リンネルを作る織布労働は人間的労働一般を表すものになります（①114～115ページ）。しかし、等式(3)において、右辺の一般的等価形態はリンネル以外でもかまいません。

④貨幣形態〔等式４〕

　マルクスは、商品社会全体がある商品の自然形態・外観を活かしてその商品

に一般的・普遍的な等価形態としての性格を与えることで、その商品が「貨幣商品」になるとしています。その「貨幣商品」は商品世界において一般的等価物の役割を果たし、貨幣商品として独自な社会的機能を担います。「この特権的地位を歴史的にかちとったのは、……すなわち、金」でした（①118〜119ページ）。「なぜ貨幣はすべての商品の価値を表現できるのか」という「貨幣形態の謎」は商品が貨幣になる価値形態論の論理を経てここで解決されました。

（4） 商品論3　商品の交換過程

◎交換過程論の目的と方法

つづく「交換過程論」の目的は歴史的、現実的に商品所有者が商品交換を行う中から、「なぜ人間は貨幣を必要とするか」を解明することです。「すべての商品は、その所有者にとっては非使用価値であり、その非所有者にとっては使用価値である」という理由から、商品が「全面的に持ち手を変換」する交換過程の分析が必要になります。それは、商品所有者が交換過程において直面する矛盾とその解決のあり方の解明を通して、貨幣の必要性を証明することです（①146ページ）。

◎交換過程の矛盾「使用価値と価値の矛盾」

交換過程は商品の使用価値としての実現の過程であるとともに、同時に価値としての実現の過程でもあります。一方で、使用価値として商品は他の商品所有者の個人的欲望の対象です。他方で、価値としての商品は同じ社会的実体（抽象的人間的労働）の入り込んだものとして、あらゆる他商品と交換可能なもの、社会的なものでもあります。この商品の二要因は、他商品との交換において同時に実現されなければなりません。

しかし、この交換過程において商品所有者は二段階にわたる矛盾に直面します。

①まず商品所有者は自分の欲望を満足させうる使用価値を持つ他商品と自分の商品を交換しようとします。しかし、自分の商品が他人のための「使用価値として実現しうるまえに」、あらかじめ商品が互いに「価値として実現しなけ

れば」(等しくなければ) なりません (①146ページ)。たとえ欲しい物でも等価でなければ交換できません。

②次に商品は、みずからを価値と

図1 交換過程の矛盾と貨幣による解決

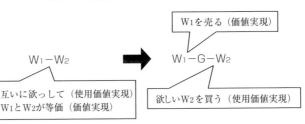

して実現（等しい物として交換）するまえに、あらかじめその商品の使用価値が他人の欲望を満足させるものでなければなりません（①147ページ）。たとえ等価であっても欲しくない物とは交換できません。

つまり偶然、価値が等しくかつ、両当事者が同時に使用価値を認める（互いに欲する）ケース以外は「価値実現」と「使用価値実現」がぶつかって交換が進みません（図1左側）。

◎貨幣の登場による「交換過程の矛盾」解決

ここで商品所有者たちの「社会的行為」が商品世界からある特定の商品を何とでも交換できる一般的等価物として選び出し、一般的等価物としての機能をもつこの商品が貨幣となります（①148ページ）。この一般的等価物商品を価値の鏡として商品世界の統一的な価値表現がなされ交換が媒介されます。直接的商品交換 $W_1—W_2$ の矛盾、困難は、商品流通 $W_1—G—W_2$ として貨幣に媒介され、矛盾が解決されます。商品所持者は、ひとまず自分の商品を価値として実現することによって貨幣に転化し、次に、この貨幣を用いて使用価値を実現するわけです（図1右側）。

◎貨幣のおもな機能

発達した商品社会になると、貨幣は価値尺度の機能、流通手段の機能など、五つの機能をもちます。すべての商品の価値は、○×△円というように、貨幣をもって量られ、価格で表されます。商品の価値は、このように貨幣の助けをかりて価格で表されます。また、商品交換は、すべて貨幣をなかだちとして行われます。商品交換は互いに結びついていて、社会のすべての商品の価値の運

動の総体を、商品流通といいます。貨幣は、金または銀の地金が流通手段となりましたが、やがて鋳貨におきかえられ、また国家によってその価値が保証され、それ自体は単なる紙である紙幣も、流通手段としてはたらくようになりました。貨幣は、蓄蔵貨幣として、支払手段として、また世界貨幣として、機能をもちます。貨幣機能については紙幅の関係で詳しくは説明しませんので、ぜひ『資本論』に触れてください。

（5） 剰余価値論1　貨幣の資本への転化

◎資本の一般的定式

ただの「貨幣」と「資本」とは何が異なるのでしょうか。マルクスは、「貨幣としての貨幣」と「資本としての貨幣」とは、流通のありかたが異なるとしています（②250ページ）。

まず「貨幣としての貨幣」とは、循環「W―G―W」の媒介であり「買うために売る」ことに用いられます。その目的は、消費、欲求の充足、使用価値です（②255ページ）。

次に「資本としての貨幣」は、循環「G―W―G」を担い「売るために買う」ことに用いられます。その動機、目的は価値そのものです（②255ページ）。

ここで「G―W―G」が意味を持つためにはGの大きさが増加して「G―W―G′」である必要があります。このG′は、G+$\triangle$Gのことで、この増加分こそが「剰余価値」です。価値は流通のなかで剰余価値を生み、増殖することをつうじ資本に転化します（②256ページ）。

資本とは自己増殖する価値の運動体です。資本の直接の目的は使用価値ではなく、個々の利得でもなく、ひたすら利得しつづけることです（②261ページ）。

価値は、貨幣と商品とに形をとりかえながら剰余価値を生み、自己増殖します。「G―W―G′」はこの運動を表す「資本の一般的定式」と呼ばれます（②265ページ）。

◎一般的定式の矛盾

先に流通形態の分析から「資本とは自己増殖する価値の運動体」という規定

7 《解説》マルクスの剰余価値論

を得ました。しかし商品論で分析したように、商品交換とは等価交換であり、価値を増やす手段ではないはずです（②270ページ）。これは資本の一般的定式「G─W─G′」という流通形態と等価交換という商品流通の法則（価値法則）との間の矛盾です。資本はどうやって自己増殖するのでしょうか。「貨幣の資本への転化」は商品交換に内在する等価交換の法則、価値法則に則らねばなりません。しかし同時に、資本家はこの交換過程の終わりにはより多くの価値を引き出さなければなりません（②284ページ）。これは「等価交換（価値法則）」と「貨幣が資本に転化するための価値増殖」との矛盾です。この矛盾こそ「剰余価値の源泉を発見すること」により克服せねばならない「資本の一般的定式の矛盾」です。

◎労働力の売買

この価値増殖の秘密、剰余価値の源泉は、「G─W─G′」の中のWに求められます。その商品の使用価値が新たな価値の創造であるという独特な性質をもつ商品がただ一つ存在します。それは「労働力」です（②285〜286ページ）。労働力とは「生きた人格」のうちに存在し、使用価値を生産するときに運動させる肉体的、精神的な諸能力です（②286ページ）。この労働力商品が流通過程において価値どおり交換され、資本家により生産過程において消費されます。この生産過程における消費に伴い、「価値以上の剰余価値を生みだす」という労働力商品の使用価値が発揮され、結果として価値が増殖します。

資本にとって必要な「労働力」商品が存在するためには、「二重の意味で」「自由な」労働者が必要です。第一にそれは、自由な人格として自分の労働力を自分の商品として自由に売ることができる労働者です。そのためには封建的な身分制度が廃止され職業選択の自由が保障されなければなりません。第二にそれは、「売るべき他の商品をもっておらず」、労働力を商品として売ることを思いとどまらせる何物もないという意味で「自由な」労働者です（②289ページ）。そのためには、労働者が土地や生産設備など富を生みだす手段の所有から切り離されていなければなりません。

労働力も商品として流通する以上、その価値が量られなければなりません。労働力商品の価値は、他の商品の価値規定と同じく、「労働力の生産に必要な労働時間」によって決められ、それは労働者の生活の「維持に必要な生活諸手

段の価値」に帰着します（②292ページ）。

そのうえで「労働力商品の価値」は次のような三つの事情を反映します。

(1)労働力の価値を規定する「労働力の再生産に必要な生活諸手段」の範囲は、歴史的で文化的かつ社会慣行的な要因から決まります（②292ページ）。

(2)労働力の再生産に必要な生活諸手段とは、労働者の家族、子どもたちの生活諸手段を含みます（②293ページ）。

(3)労働力の価値は特定の技能や熟練に達した複雑労働を行うための養成・教育費用を含みます（②294ページ）。

◎労働力商品「発見」の意義

マルクス以前の経済学者は、労働者が資本家に「労働」を売り対価・報酬を得ている、資本家も「労働」の全体に対して支払っているという現象形態からどうしても抜け出すことができませんでした。マルクス以前の社会主義者も資本家の強欲を批判することはできても、資本と賃労働との取引関係から法則的に剰余価値が生産される仕組みを解明することはできませんでした。

マルクスによって、労働者が資本家に売るのは「労働」ではなく「労働力」であること、労働力の価値は、労働者が生きていく（労働力を再生産する）うえで必要な生活諸手段の価値で決まること、それは、資本家が労働力商品の使用価値として働かせることで作り出す価値の量とは別個のものであり、労働力商品の価値だけでなく剰余価値まで生産されること、などが解明されました。この「労働力の価値どおり支払われても、労働の全体には支払われない」という剰余価値の発見、資本主義的搾取の解明はマルクスの経済学、社会主義論を科学に高めた一大発見となりました。

(6) 剰余価値論2　絶対的剰余価値生産

◎資本主義的生産過程の分析　労働過程と価値形成・増殖過程

いよいよ剰余価値の生産そのもののメカニズムを解明する資本主義的生産過程の分析です。資本主義的生産過程は二つの側面から構成されます。その第一が「労働過程」です。

7 《解説》マルクスの剰余価値論

　労働過程は、人間が自然に働きかける「物質代謝」の過程で、いつの時代、社会にも共通な営みです（②314ページ）。労働過程は、①労働そのもの、②労働対象（原材料）、③労働手段（機械、設備、建物等）から構成されます（②304〜306ページ）。労働手段と労働対象の両者は合わせて「生産手段」とも定義されます（②309ページ）。この労働過程において「生きた労働」（具体的有用的労働）は、生産手段を「合目的的に消費し」、生産手段の使用価値を最終生産物の使用価値に移転させます（②313ページ）。

　資本主義的生産過程の第二の側面は「価値形成・増殖過程」です。これは資本主義市場経済に特有の側面です。「商品そのものが使用価値と価値との統一である」ことに対応して、「商品の生産過程は労働過程と価値形成過程との統一」をなしています（②318〜319ページ）。

　マルクスは、「価値形成・増殖過程」の運動を紡績業の事例をあげ、資本家が1日に6時間操業するケース(1)と、資本家が1日に12時間操業するケース(2)から分析します。

　(1)の費用は「生産手段（労働手段としての紡錘＋労働対象としての綿花）12」と「1日分の労働力価値（労働者が1日生活するための生活諸手段の価値）3」、合計15となります。(1)で生産された綿糸の価値は「生産手段から移転した価値12」と「6労働時間で新たに生産された価値3」、合計15です。よって6時間操業・労働では費用15、生産した価値15で「もうけ・剰余価値」は生まれません。

　(2)の費用は「生産手段（労働手段としての紡錘＋労働対象としての綿花）24」と「1日分の労働力価値（労働者が1日生活するための生活諸手段の価値）3」、合計27となります。(2)で生産された綿糸の価値は「生産手段から移転した価値24」と「12労働時間で新たに生産された価値6」、合計30です。よって費用27、生産した価値30で「もうけ・剰余価値3」が生まれます（②319〜332ページ）。

　この例では、前半6時間という価値形成過程は延長され、後半6時間の価値増殖過程に転化されます（②333ページ）。労働力商品は、価値どおり（1日分の労働力価値〔労働者が1日生活するための生活諸手段の価値〕）交換された後、その消費（生産過程で労働すること）において「その価値以上の価値を生み出す」、価値形成過程を超えて価値増殖過程まで労働する、という使用価値を発揮し、剰余価値を生産します（②332ページ）。

◎不変資本と可変資本

マルクスは、生産過程で資本家が投下する資本の二大部分を整理します。

「不変資本」。これは資本のうち、生産手段、つまり労働対象である原材料、および労働手段に投資される部分です。この不変資本は生産過程でその価値の大きさを変えません。不変資本で購入された生産手段の価値は量として「不変」のまま生産物に移転します。

「可変資本」。これは資本のうち、労働力に投資される部分です。この可変資本は生産過程でその価値の大きさを変えます。「可変資本」で購入された労働力商品は、労働することで労働力商品の価値を超える剰余価値を生産します（②356ページ）。

（注）　不変資本（constante）をｃ、可変資本（variabel）をｖ、剰余価値（mehrwert）をｍの記号で表現します。

◎労働日　絶対的剰余価値生産

マルクスは、１日の労働時間（労働日）中、「賃金として支払われる労働力商品の価値に相当する価値形成を行う時間」を「必要労働時間」と定義しました。またそれを超える「剰余価値が増殖される時間」を「剰余労働時間」と定義しました。そして労働時間が「必要労働時間」を延長し「剰余労働時間」に剰余価値が生み出されることを「絶対的剰余価値生産」として分析しました。そのメカニズムを図２を使いながら解明してみましょう。

賃金として支払われる「労働力の価値」とは他の商品と同じく「その生産に必要な労働時間」によって規定されます。それは「労働者が生活するための生活諸手段の価値」のことです。この価値は「生活諸手段の生産に必要な労働時間」によって規定されます。この労働力の再生産に必要な価値を生みだす労働時間は「必要労働時間」と呼ばれます。この部分は、図２における「線分ａ─ｂ」という最初の６労働時間のことです（②392ページ）。

しかし、資本家は「労働日（１日の労働時間の長さ）」を「必要労働時間（労働力の再生産に必要な価値を生みだす労働時間）」に限定したりはしません。図２の「労働日Ⅰ」「労働日Ⅱ」「労働日Ⅲ」における「線分ｂ─ｃ」のように１時間、３時間、６時間と「必要労働時間」を超える労働時間の延長とそこでの剰

余価値の生産が追求されます。この剰余価値を生みだす労働時間は「剰余労働時間」と呼ばれます。ここで剰余労働時間と必要労働時間の比率（線分 bc/ab）は「剰余価値率」と呼ばれます（②393ページ）。

剰余労働の延長は、休息、睡眠、食事等の「肉体的制限」、知的・社会的諸欲求充足の「社会慣行的な諸制限」を抱えるものの、弾力的で変動の余地の大きいものです（②394ページ）。

よって資本家の立場からは、労働力商品を買った以上、自由に消費する「権利」があり、労働時間を最大限延長して剰余労働を増やそうとする「魂」「本能」が働きます（②395ページ）。

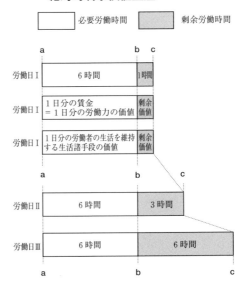

図2　低賃金長時間労働で剰余価値生産。絶対的剰余価値生産

他方で労働者の立場からは、労働力を価値どおりに売る「権利」があり、労働力を再生産するために、労働時間を一定の標準的な長さに制限する「標準労働日」の要求が強まります（②398ページ）。

よって、「権利対権利」の「二律背反」が生じます。結果的に、労働日の標準化は、その制限をめぐる資本家と労働者との階級闘争により決定されるのです（②399ページ）。

（7）　剰余価値論3　相対的剰余価値

◎絶対的剰余価値生産と相対的剰余価値生産の相違

絶対的剰余価値とは必要労働時間を超えて剰余労働時間を絶対的に延長することにより生産される剰余価値のことでした。それにたいして「相対的剰余価

値」とは必要労働時間の短縮による剰余労働時間の相対的延長により生じる剰余価値のことです（③550ページ）。

◎本来的な相対的剰余価値

この相対的剰余価値が生み出される基本メカニズムを図３も使いながら明らかにします。

これまで見たように「１日分の賃金」とは「１日分の労働力の価値」です。それは「１日分の労働者の生活を維持する生活諸手段の価値」で規定されます（価値法則）。そして労働者は「１日分の賃金＝労働力の価値」を受け取って労働をすると、必ず「受け取った賃金＝労働力の価値」を作り出す「必要労働」を超えて資本の儲け・剰余価値を作り出す「剰余労働」をしなければなりません（図３①②③、貨幣の資本への転化）。

そして資本が法則的に「必要労働時間を相対的に減らし剰余労働時間を相対的に増やす」ためには、ただ賃金を引き下げるだけ（労働力の価値以下への低下）ではダメです。それでは労働力商品を再生産し法則的に剰余価値生産を継続することができません。したがって賃金を引き下げてもこれまでどおり生活諸手段が買える、つまり生活諸手段が安くなることで「労働力の価値そのもの」が安くなる必要があるのです（③548ページ）。

図３　安い生活必需品で安い賃金。相対的剰余価値生産

つまり必要労働時間が１/10だけ、すなわち10時間から９時間に減少し、剰余労働が２時間から３時間に延長されるためには、労働力の価値は、現実に１/10だけ低下しなければなりません（③548ページ）。したがって法則的に賃金を切り下げる（図３⑥必要労働時間を短縮する）ためには、労働

力の価値を引き下げることが必要で（図3⑤）、そのためには労働力の価値を規定する生活諸手段を安く作れるよう労働生産力の増大が必要なのです（図3④）。

労働力の価値が1/10だけ低下するためには、以前に10時間で生産されたのと同じ分量の生活諸手段が、いまでは9時間で生産されること、そういった労働生産力の増大が必要なのです（③549ページ）。

以上のような生活諸手段の価格引き下げ（図3④）が賃金・労働力の価値を引き下げ（図3⑤）、かわりに剰余価値を増やすこと（図3⑥）、労働者の1日の労働時間で見れば、賃金部分を作り出す必要労働時間が短くなり、資本の儲けを作り出す剰余労働時間が長くなることが、相対的剰余価値生産の法則です。

◎特別剰余価値生産と相対的剰余価値生産

個々の資本家は、他の資本家に先んじて技術革新による生産性の向上を実現し、「自らの作る商品の『個別的価値』」を「多くの同業他社の作る商品の平均的な『社会的価値』」より安く生産し、同業他社と同じ社会的価値で販売することで、「社会的価値－個別的価値」の差額分、「特別な儲け」を獲得しようと競争します。このような個々の資本家にとっての「商品の個別的価値を安く作り特別な儲けを獲得する」競争の結果、やがて多くの同業他社も生産性を向上させより安く生産できるように追いつきます。すると、その商品の社会的価値自体が安くなり「社会的価値－個別的価値」の差額分、「特別な儲け」は消滅します。このような「特別な儲け」の実現と消滅が社会全体で繰り返されることで、「生活諸手段の価値の低下」、さらに「労働力商品の価値の低下」が結果としておこり、相対的剰余価値生産につながります。

このような結果としての相対的剰余価値生産につながる、直接の推進的動機、「特別な儲け」は「特別剰余価値」と呼ばれます。

（8） 資本蓄積論1　相対的過剰人口または産業予備軍の累進的生産

次に、資本蓄積論の話にすすみましょう。剰余価値は蓄積され追加的資本を

形成し、資本蓄積が進行します。その上で資本蓄積論が問題にすべきことは「資本の増大が労働者階級の運命におよぼす影響」であり、さらにその「労働者階級の運命」が「資本の増大」におよぼす影響、その相互作用です（④1053ページ）。

「労働者階級の運命」に直接影響する資本蓄積の影響は「資本の構成」、投資における不変資本（機械、原材料など生産手段購入に向かう部分）と可変資本（賃金・雇用など労働力購入に向かう部分）の組み合わせ比率およびその変化をとおして解明されます。「資本の構成」は「技術的構成（充用される生産手段の総量と必要な労働量との構成比率）」にしたがった「価値構成」（生産手段の価値と労働力の価値との構成比率）としての「資本の有機的構成（ c と v の比率）」で表現されます（④1053ページ）。

マルクスは『資本論』第一部第7篇第23章において、資本蓄積とそれによる資本の有機的構成の変化の分析を通して、「相対的過剰人口または産業予備軍」と呼ばれる失業者、半失業者の増大、およびその「相対的過剰人口または産業予備軍」を梃子とした資本蓄積の促進を次のように明らかにしました。

最初に「資本の増大」において、資本の有機的構成不変のまま、生産手段・不変資本と労働力・可変資本とが同じ割合で比例して増加する蓄積が分析されます。そしてそのような資本構成不変の場合、資本が急速に増加すれば労働需要もそれだけ急速に増加することになります（④1054ページ）。すると、時間とともにより多くの労働者が就業させられるので、そのままでは蓄積の進行が賃金上昇を引き起こすことになります（④1054〜1055ページ）。

しかし、このような「資本の有機的構成不変」による「労働需要増大」、それによる「賃金上昇」は、資本主義制度の基礎を脅かす前に調整されます。「労働需要増大」「賃金上昇」は、より拡大された規模での資本蓄積や資本主義制度そのものの再生産を保証するような範囲でコントロールされるのです（④1069ページ）。その理由は、資本どうしが競争しながら蓄積をすすめる過程で、技術革新、生産性向上、それによる「資本の有機的構成の高度化」が資本蓄積の「もっとも強力な梃子」として作用するからです（④1071ページ）。したがって「資本の有機的構成の高度化」を伴う資本蓄積は、資本の大きさに比べ相対的に少数の労働者を活用し、これまで就業させていた労働者を失業者として排出するようになります（④1081ページ）。

このような資本蓄積は、可変資本部分の相対的大きさを減少させますが、可変資本部分の絶対的大きさの増加を排除するわけではありません（④1073ページ）。

　資本蓄積が急速な場合、「資本の有機的構成」が高度化しても、その影響を上回る追加的資本の絶対量が投資されると、可変資本（それにより雇用される労働力）部分は相対的には減少しても絶対的に増加します。しかし、そのような急速な資本蓄積は「資本の有機的構成」の一層の高度化を促し、可変資本部分の絶対的増大を一層困難にします。

　また資本蓄積が緩慢で停滞的な場合、「資本の有機的構成」の高度化は可変資本部分を相対的にも絶対的にも減少させることになります。

　このように「可変的構成部分を犠牲にしての不変的構成部分の不断の増加」が「産業現役軍（正規労働者）」のリストラをすすめ、相対的に「過剰な労働者人口」（失業者や半失業者）を絶えず生産することになります（④1083ページ）。このような資本蓄積による相対的過剰人口の生産こそが「資本主義的生産様式に固有な人口法則」です（④1084ページ）。

　この「人口法則」に基づき、資本が剰余価値・利潤を増殖しつづける条件、すなわち「資本主義的蓄積の槓杆」「資本主義的生産様式の実存条件」として生み出される「いつでも使える搾取可能な人間材料」こそ「産業予備軍（相対的過剰人口）」です（④1087ページ）。

　資本は、この「人間材料（産業予備軍・失業、半失業者）」を利用して「産業現役軍（正規労働者）」を圧迫し、「求人・労働力需要、賃金」を抑制します。そして「産業現役軍（正規労働者）」に過労・長時間労働を促すことで、また新たなリストラ、産業予備軍（失業者、半失業者）を生み出します。そして結果的に「産業現役軍（正規労働者）」「産業予備軍（失業者、半失業者）」の両方に資本の命令への服従を強制します（④1093ページ）。

　結果的に、「産業現役軍」の過労（過度労働）と「産業予備軍」における不安定雇用、不規則就業、頻繁な失業（強制的怠惰）の増大とは互いを圧迫し、資本蓄積をすすめ、次の蓄積に必要な「産業予備軍」を生み出します（④1093～1094ページ）。

（9）　資本蓄積論2　資本の蓄積とそれに照応する貧困の蓄積

　これまで見たように、「資本主義的蓄積の槓杆」としての相対的過剰人口（産業予備軍）は一層の資本蓄積を促進し、そのことは一層の「資本の有機的構成の高度化」、それに伴う産業現役軍の「過度労働」、「他の部分の強制的怠惰への突き落とし」つまり「産業予備軍の生産」を速めることになります。

　このような相対的過剰人口を「槓杆」とする資本蓄積の進行は、本質的に、労働者階級に蓄積・成長に伴った富をもたらさず、「貧困の蓄積」をもたらすことになります。マルクスは、労働者階級の貧困や失業を槓杆として利用する資本の蓄積が、さらなる貧困や失業をもたらす現象を、「資本の蓄積とそれに照応する貧困の蓄積」の法則と捉え、資本主義にとって本質的な格差であると考えました。この法則の展開は次のように説明されます。

　第一に、産業予備軍の存在を「資本主義的蓄積の槓杆」「資本主義的生産様式の実存条件」とする資本蓄積の方法は、一層の富・資本の蓄積とそれに合わせた一層の産業予備軍の増大を生みだします（④1106ページ）。

　第二に、このような生産力の増大の結果としての相対的過剰人口・産業予備軍の増大はさらなる「資本の蓄積過程の槓杆」となります。多くの失業者・半失業者が生み出されると「生存条件が……それだけ心もとなく」なり、悪条件でも無理に働こうとする労働者が増大します。結果、資本の支配と搾取は一層増大し、資本の蓄積過程をいっそう進行させます（④1107ページ）。

　第三に、資本蓄積における技術革新、新設備の導入、労働生産性の改善が労働者を楽にするためでなく「個々の労働者の犠牲として」利潤のために行われる以上、資本家階級の側では富、資本の蓄積をもたらし、労働者階級の側では「貧困の蓄積」（「機械の付属物」としての歪んだ労働内容、労働苦、生活時間の労働時間への転化、妻子の貧困と労働苦等）をもたらすことになるとしています（④1108ページ）。

　最後に資本蓄積促進の条件として相対的過剰人口・産業予備軍を維持し利用するという法則は、労働者を資本の支配のもとに縛り付け「資本の蓄積に照応する貧困の蓄積」の条件となります。「一方の極における富の蓄積は、同時に、その対極における、……貧困、労働苦、奴隷状態、無知、野蛮化、および道徳

7 《解説》マルクスの剰余価値論

的堕落の蓄積」を意味します（④1108ページ）。

このように資本蓄積論は、剰余価値の法則的生産とそれによる資本蓄積が資本家階級に富を、労働者階級に「相対的過剰人口」という名の失業・半失業と貧困を、同時に、また相互に固く結びついた関係として、もたらすことを明らかにしました。

（10）　資本蓄積論3　資本主義的蓄積の歴史的傾向

最後に明らかにされることは、「資本主義的蓄積の歴史的傾向」です。資本蓄積がどのように生まれて、どのように成長、成熟し、そしていかなる必然性をもって死滅するのか、その趨勢的変化の法則が明らかにされます。

◎生産手段の個人的所有と自己労働にもとづく「小経営」

前資本制社会の「小経営」において、労働者（手工業者や農民）は自分の生産手段を個々ばらばらに私的に所有していました（④1303ページ）。そこでの生産は、協業や分業を通じた社会的な生産力の自由な発展を妨げるような限界をもつものでした（④1304ページ）。そして生産物は「自分の労働にもとづく個人的な私的所有」、つまり自分の労働の成果は全て自分個人のものという「小経営」のルールでした（④1306ページ）。このように、自ら生産手段を所有し自分のために労働するという小経営の社会は、社会的生産力と労働者自身の自由な個性とを発展させるための一つの必要条件をなしていました（④1303ページ）。

◎「小経営」から資本主義への変革（自己労働にもとづく個人的所有の否定）

しかしより豊かな生産力を実現するため、生産手段の所有は「多数者による小量的所有」から「少数者による大量的所有」に変わります。この変化の中で、人民からの土地や生産手段、生活手段の「恐るべき、かつ非道な」収奪が最初の資本を形成します（「資本の本源的蓄積」）。この過程において、「小経営」の自己労働にもとづく私的・個人的所有は他人労働の搾取にもとづく資本主義的私的所有により「否定」、駆逐されます（④1304～1305ページ）。

◎資本主義の発展（他人労働にもとづく資本主義的私的所有の発展）

　資本主義的生産様式が本格的に発展すると、「私的所有者」の収奪の対象は「自営的労働者」から「多くの労働者を搾取する資本家」へと変化します。この過程は、資本主義的生産の「内在的諸法則」つまり諸資本の競争・淘汰による生産手段の集中・集積により推し進められ、少数の資本家による多数の資本家の収奪が進行します（④1305～1306ページ）。その結果、一方では、労働過程の協業の発展、科学の意識的な技術的応用、土地の計画的利用、労働手段の巨大化、世界市場の成立など生産力の巨大化、社会化が進みます。他方では、労働者の「貧困、抑圧、隷属、堕落、搾取の総量は増大する」ことになります（④1306ページ）。

◎「資本主義的私的所有の弔鐘」

　このような生産力の巨大化、社会化の下での労働者の貧困化は、資本主義的な蓄積の機構により「訓練され結合され組織される労働者階級の反抗」を増大させることになります（④1306ページ）。つまり一方での「資本主義的な外被」、少数の資本家による生産手段の独占的所有（「資本独占」）と他人労働の搾取、労働者の貧困と、他方での「生産手段の集中と労働の社会化」、生産の巨大化・社会化とは調和できなくなります。「この外被は粉砕される。資本主義的私的所有の弔鐘が鳴る。収奪者が収奪される」（④1306ページ）。

◎未来の「個人的所有の再建」（他人労働にもとづく私的所有の否定、「否定の否定」）

　「資本独占」が資本主義的な生産様式の「桎梏」と化した理由は、生産力は巨大化、社会化しているにもかかわらず、生産手段が少数の資本家による私的所有とされ、生産は社会全体を豊かにするためではなく、利潤のためだけに行われるところにあります。これでは社会化した巨大な生産力を、貧困を無くすことに活かすこともできず、全ての人が豊かさを享受できるような水準へ生産力がさらに発展することもできません。

　しかし、資本主義時代に発展した生産手段を社会的に「共有」することで、再び生産者が自己労働の成果を所有できる「個人的所有の再建」が展望されま

す。「小経営」の下での「自己労働にもとづく個人的な私的所有」は「資本主義」の下で「否定」され「他人労働にもとづく資本の私的所有」となりますが、それは再び「否定（否定の否定）」され生産手段の共有の下での「自己労働にもとづく個人的所有の再建」が展望されます（④1306ページ）。

ここに人類は、「生産力の巨大化、社会化」という役割を担い歴史的必然として生まれた資本蓄積がその歴史的役割を終えること、その先に「生産手段の資本主義的私的所有」「利潤第一主義」という「桎梏」を克服した未来社会への道筋が存在することを知ったのです。

むすび

ここまで、マルクスの剰余価値原理の発見とその展開（資本蓄積論）を体験しました。この『資本論』第一部において、商品から貨幣、そして資本へと「発生論的」「弁証法的」に分析を積み重ねることで、資本主義の生成と発展、そして死滅へ向かう基本法則が解明されました。

しかし、『資本論』は第一部で終わりではありません。第二部は、資本の流通過程の諸条件、特に流通の円滑化（短縮）による資本回転の効率化や異なる産業部門の間での資本の連携・均衡が資本主義的蓄積全体へおよぼす影響を詳しく解明します。また第三部は、異なる産業部門の間で、また同じ産業部門のなかで行われる様々なタイプの諸資本の競争が資本主義的蓄積へおよぼす影響、さらに商業資本や銀行資本が産業資本に信用（貨幣の貸借・債権債務関係）を提供することによる資本主義的蓄積への影響を解明します。特に現代につながる金融危機と恐慌の具体的な運動を解明するために、第二部、第三部は固有の重要な理論的価値を持っています。

『資本論』全三部を念頭においた幅広く、末永い学習によって、貧困が自己責任ではなく資本主義の経済法則に起因することを見抜き、展望をもって生き抜く学問を提案したいと思います。

8 『資本論』の源流をたどる
――スミス、リカードからマルクスへ

平野喜一郎

◎現代に求められている経済学

　経済学にはいろいろな経済学があります。大筋で、マルクス経済学と近代経済学とに分けられています。いまの日本では、近代経済学のなかでも主流派とよばれている新古典派経済学が支配的になっています。その流れに、「構造改革」の理論にもなっている「新自由主義」があります。「新自由主義経済学」は新古典派経済学原理主義というべき、市場＝資本主義を理想化し絶対化した経済学です。「構造改革」をすすめ、資本主義を美化してきた新自由主義的新古典派経済学は、貧困と格差の広がりでその破たんが明らかになっています。しかし、日本では、政府のなかにも、少なくない自治体首長のなかにも思想・政策として生きのびています。だからこそ、新自由主義と対決しこれを克服するために、資本主義を根底から批判したマルクス経済学が出番をむかえているのです。

　なお、近代経済学の流れのなかには、新古典派経済学から批判されてきたケインズ派とかポスト・ケインズ派という経済学の流れもあります。この流れは第二次大戦後、近代経済学の主流でしたが、1970年代のスタグフレーション（スタグネーション〔不況〕・プラス・インフレーション）によっておおきく揺らぎました。インフレーションというコスト（犠牲）でスタグネーションが買い取れる（無くせる）というのがケインズ派の主張でしたから、二つの災難が同時におこったことがこの経済学の無力を証明したというわけです。さらに、ケインズの提唱した財政政策が各国に膨大な財政赤字をうみました。この弱点を突いて、大恐慌の1930年代に「自由放任の終焉」としてケインズによって葬られたはずの市場原理主義の亡霊が70年代に復活してきたのです。ケインズにかわって新古典派が主流派に返り咲きました。しかし、2008年の金融危機にはじ

まる恐慌で、復活したはずの新古典派も理論的には破たんしたのです。

マルクスの『資本論』は、かれに先行する経済学についての理論的研究と現実分析との結論でした。そしてまた、かれの理論的研究はかれの現実への問題意識とこれにたいする態度、すなわちかれの思想の結果でもありました。かれの思想と理論は、かれに先行する多数の思想家・理論家の批判と継承によるものです。

したがって、『資本論』に結実した理論を理解するためにも、マルクスに至る経済学の歴史を知ることが大切です。マルクスは『資本論』第四部として、未完におわった『剰余価値学説史』を書いています。ここに登場する人びとは、みずからは解決できなかったにせよ、重要な課題を出しました。マルクスがこれを重視したのは、先行する経済学者たちの問題提起を知ることなしには、マルクスの答えが理解される事ができないからです。かれらが問いを発し、マルクスがこれに答えているのです。

◎いま古典派経済学を検討する理由

それでは、マルクスはそれまでの経済学の何を継承し、どう発展させたのでしょうか。経済学の流れをみることで、『資本論』の経済学の魅力もみえてきます。

近代経済学の諸派のなかでも、新古典派経済学とケインズ経済学とが対立しています。その対立点がわかれば、どちらの経済学もよくわかります。諸学説の科学と思想の流れのなかで、かれらが流れのどこに位置するのか、が大切です。諸説の対立点と継承関係、さらに、かれらの学説を生みだしたものは何かが明らかにされると、『資本論』の意義と魅力もよくみえてきます。

マルクスの盟友フリードリッヒ・エンゲルスは『空想から科学への社会主義の発展』のなかで、「二つの偉大な発見、すなわち唯物論的歴史観と、剰余価値による資本主義的生産の秘密の暴露とは、マルクスのおかげである」と書いています。剰余価値の発見はそれまでの経済学が発見できなかった資本主義のからくりの根本を解き明かした、文字通りの大発見です。そして、この発見のためには、マルクスに先行する二人の大経済学者、アダム・スミス（1723～90年）とデービッド・リカード（1772～1823年）がおおきく貢献しています。かれらは剰余価値の真理を最終的に発見できなかったとはいえ、問題解決のち

かくまでは迫っていました。しかし今一歩のところでとまり、挫折しました。それはかれらの生きた時代、かれらの立場と思想によるところがおおきいのです。

科学としての経済理論をはらみ、これを生みだしたイデオロギー、これを経済思想とよびます。経済理論の根底にある経済思想を見なおし、現代にふさわしい理論を形成する思想としてとらえなおし、マルクスの経済学をふかめることが現代にもとめられています。

ここではなによりも、マルクスの剰余価値論の源泉になった、アダム・スミスとデービッド・リカードをとりあげることにしましょう。スミスとリカードの検討は、労働価値説、剰余価値説との関連以外にもいま必要です。価値論だけではなく、かれらが時代の課題と格闘した問題、たとえば、農業、貿易、軍事費、公債などは、現在の問題でもあるからです。

また、新自由主義がかれらの言説を自分たちの誤った説の根拠として利用しているので、その批判も必要です。かれらは自由放任と弱肉強食の思想の根拠にスミスの自由主義を利用しています。しかし、スミスの自由主義は新自由主義とはまったく別のものです。「新」がついていても、古典派が新古典派とは別の経済学であるのと同じです。

いま、日本経団連と政府は「自由貿易」をうたいTPP（環太平洋連携協定）参加を強行しようとしています。また両者は「国際競争力」を労働条件の悪化のいいわけに利用しています。自由貿易や国際競争力を正当付けるために、かれらはリカードの外国貿易理論を利用します。かれらの誤った行動や考えを打ち破るためにも、とりわけスミスとリカードの検討がいま必要なのです。

（1） アダム・スミス

◎18世紀、マニュファクチュア時代に誕生

古典派経済学における思想と科学との結合を、典型的に実現したのはアダム・スミスでした。かれの経済学は、資本主義的生産の第一段階であるマニュファクチュア（工場制手工業）時代を代表するものです。したがって、そこに機械はでてきません。

8 『資本論』の源流をたどる

　スミスは、18世紀にスコットランドで生まれ育ちました。そこでは商工業が発達し、古い封建的な経済体制はすでに崩れていました。スミスが14歳の時に遊学したグラスゴーは造船の町で、アメリカなど植民地との貿易でさかえた港町でした。スミスは、進歩的なグラスゴー大学で、自然法思想家で「スコットランド啓蒙」の主要なメンバーであった、フランシス・ハチスン教授（1694～1746年）の影響をうけ、学問の世界にすすむ決意をします。

　17歳になるとスミスは、オックスフォード大学へすすみました。しかし、この大学は、英国教会などの「無知で恣意的」な統制が行われていた反動的な大学でした。スミス自身もこの大学での禁書であったヒューム『人間本性論』を読んだことをもって、無神論者だと非難され、本を没収されています。この大学にたいするかれの失望は大きいものがありました。よほど腹に据えかねたのでしょう、スミスの『諸国民の富』第五編の「青少年教育のための施設の経費について」では、教授たちが互いになれ合った怠惰な状態をつぎのように非難しています。

　「自分が任務の怠慢を許されさえするなら、隣人が任務を怠っても、それに同意するだろう。オクスフォード大学では、大学教授の大部分は、このところ多年にわたって、教えるふりをすることさえまったくやめているのである」（『国富論』④岩波文庫、水田洋監訳、17ページ）。

　英国教会の支配する大学は腐敗している、そこでの規律などの目的はすべての場合に教師の権威を維持する事である、とスミスはいいます。しかし、グラスゴー大学の体験からでしょう、「ほんとうに出席に値する講義には出席を強制する必要はない」し、そのことはそうした講義が行われていることはどこでもよくしられている、ともいっています。イングランドでもパブリック・スクールは「大学よりもはるかに腐敗していない」ともいっています。

　スミスは不本意な６年間の留学を終え、故郷に帰り、エディンバラの大学で文学の講義をした後、母校グラスゴー大学に招かれ、道徳哲学の教授となります。スミスは、その後、1764年、革命前夜のフランスへわたり、そこで唯物論者や啓蒙主義者、ケネー（1694～1774年）ら重農主義者たちと交流する機会を得ました。その途中にはスイスのジュネーブに亡命中の啓蒙思想の代表者ヴォルテール（1694～1778年）をたずねています。

　帰国後、産業革命の開始とアメリカの独立運動のたかまる新しい時代の鼓動

を感じながら、スミスは生涯の大作『諸国民の富』の執筆にとりかかったのです。この著作が出版されたのは、アメリカ独立宣言が発布される４ヵ月前の1776年３月でした。18世紀の新しい時代に、市民のための学問が誕生したのです。

スミスの『諸国民の富』の構成は、次の五編から成っています。
第１編　労働の生産力の改良、および労働の生産物が民衆のさまざまな階級のあいだに自然に分配される順序について
第２編　貯え(ストック)の性質と蓄積と用途について
第３編　さまざまな国民における富裕の進歩について
第４編　政治経済学の諸体系について
第５編　主権者または国家の収入について

今日の大学での科目名で表現すれば、第１編・第２編は経済原論、第３編は経済史、第４編は経済学史・経済政策、第５編は財政学・社会政策ということになります。

◎商品生産社会を反映した科学的分析（『諸国民の富』第１編）

スミスは労働こそあらゆる富を生む決定的な要素だとしました。スミスは『諸国民の富』の冒頭でつぎのように述べています。

「あらゆる国民の年々の労働は、その国民が年々消費するいっさいの生活必需品や便益品を本源的に供給する元本(フォンド)」である。

労働はまた交換価値、さらには価値の規準である。「さまざまなものを獲得するために必要な労働量のあいだの割合が、これらのものをたがいに交換するためのある規準になりうる唯一の事情」である、と。

スミスの労働こそが価値を生むという説は、封建制とたたかっていた当時の進歩的なブルジョアジーの主張をあらわしていました。労働をしない階級、不生産的階級であった貴族や地主を批判する武器として、労働価値説は有効でした。

スミスの学説のすぐれた点は、それがたんなるブルジョア・イデオロギーにとどまらないで、商品生産社会の現実を反映した一つの科学であったことです。

スミスが商業社会（commercial society）とよんだ社会、それはまた市民社会

(civil society）ともよばれます。実際には、それは資本主義に性格づけられた商品生産社会でした。不十分さをのこしながらも、スミスはこの商品生産社会を科学的に分析しました。経済現象の根底にひそむ法則の究明がかれの課題でした。スミスは、「天文学史」という論文に「一見ばらばらにみえる自然現象を結びつける事象のかくされた鎖」があり、その鎖＝法則は自然のばあいと同様に社会にも発見される、と書いています。

◎商品生産社会と社会的労働

　スミスの議論は経験的で具体的です。マルクスの『資本論』のようながっちりと組み立てられた体系とちがって、『諸国民の富』は「体系なき体系」といわれるように、一見随筆風なところさえあります。もともとかれは文学研究者で、修辞学（感動をあたえる表現方法を研究する学）を専門にしていました。だからこの著書はどこから読んでもいいとか、第五編から逆に読んだ方がわかりやすいとかいわれています。

　スミスの商品社会論を、マルクスの考えにもとづいて先に説明しておきましょう。つぎのように理解しておいた方が、スミスの考えがわかりやすいのです。

　商品生産社会は、人類史の最初から存在したわけではありません。ある事情と条件のもとで歴史的に発生しました。その事情と条件とは、社会的分業と私有財産制です。

　社会の生産力がたかまるにつれ、社会的分業が発展します。人間の欲求が多面化し、人間は自分のつくった労働生産物だけでは満足できず、他人の労働をあてにし、自分もまた他人のために労働するようになります。しかし、社会的分業がいかに徹底しておこなわれたとしても、生産手段が社会的所有であり、一人の労働がみんなのための労働であるならば、労働生産物は商品にはなりません。生産手段が私的所有であり、一人の労働が自分のための私的労働である場合に、商品は生まれるのです。

　ある商品の生産者が他の生産者と価値にもとづく交換をするならば、結果としては、両者は互いのために労働したことになります。また、すべての生産者が自分の利益だけのために勝手に生産しても、価値にもとづく交換をすれば、社会の労働がすべての生産部門に均衡よく配分されることになります。これが

価値法則の作用です。この法則によって、分業と私的所有の共存する商品生産社会においても、一人の労働が結果的に社会的な労働になります。

◎科学的分析とブルジョア的思想の両側面

こうした商品生産社会のしくみを、スミスはつぎのように述べています。

「労働の生産諸力における最大の改善」とその場合の熟練・技巧・判断は分業の結果である。そして、その分業をひきおこすものは「人間の本性のなかにある一定の性向」、あるものを他のものと交換する性向＝性質である。この性向を刺激するものは人類愛ではなく、「自分自身の利益に対する配慮」である自愛心（self love）＝利己心である。こうして分業がひきおこされるのであるが、分業は人間の性格や才能までつくる。だから、さまざまな人の生まれつきの才能の差異も、われわれが思っているよりもはるかに小さいものである。つまり、人間は生まれつき平等なのだというのです。

分業が効果を発揮するためには、生産物が市場において交換されねばならない。「生活必需品や便益品」は商品でなければならない。ここで、商品の交換はその自由が保障されれば、自然にうまくおこなわれる。この際、交換者は「自分の利得だけを意図するにすぎぬ」が、神の「見えない手に導かれ、自分が全然意図してみなかった目的を促進する」のである。すなわち、価値法則という「見えない手」は、結果として、自愛心をして生産力を促進させることになるのだというのです。

このスミスの論理には、現象の背後に作用する価値法則を究明しようとする科学の目と、私的所有とそこから生じる利己心を当然のことだとするブルジョア思想の両側面がありました。ただし、スミスが人間の本性だといっているのは交換する性質です。自愛心については、商業社会における資本家や商人の考えと行動をいっているのですから当然のことです。また、当時自愛心をすてて神を愛せよと説く国教会が支配的でしたから、市民の自愛心の主張には積極的な意味がありました。

◎階級論と再生産論（『諸国民の富』第２編）

分業は工場の中だけにあるのではなく、社会全体の中にもあります。スミスは、「労働の賃金について」「資本の利潤について」「地代について」の三つの

章を書いて、社会構造は労働者、資本家、地主の三階級からなることをあきらかにしています。他方、階級を無視して社会構造を供給者と需要者とから成るとする新古典派はスミスから大きく後退しています。「新」古典派ではなく古典派「以前」です。スミスの三階級はリカードの場合のような敵対関係にはありません。かれの時代はまだ階級が未分化で、資本家といっても自営の生産者でした。現代日本の中小企業家のようにみずから労働に従事していました。

図1 さまざまな労働における生産的・不生産的の区分

		労働過程から見た本源的規定	
		〔生産的労働〕	〔不生産的労働〕
価値増殖過程から見た形態的規定	〔生産的労働〕	製造労働、運輸労働 など	商業労働、サービス労働、金融労働 など
	〔不生産的労働〕	自営の農業労働、林業労働、漁業労働 など	公務労働 など（以下は本来はこの欄ですが、現在の日本ではこの上の欄に入る場合が多い）教育労働、福祉労働、医療労働

　階級論にもとづいて、第2編では、生産的階級と不生産的階級が論じられます。それは第1編で分析された商業社会が存続・発展する条件を検討するためです。もちろん生産的階級が有意義で、不生産階級は社会のお荷物なのです。かれは主権者である君主をはじめとして、支配階級すべてを不生産階級だと断じます。「主権者は、彼の元に仕えるすべての司法および軍事官僚、全陸海軍とともに、不生産的労働者である」と。軍事官僚や軍人を不生産階級だと断言していることは、第5編の、植民地維持のための軍事費増大に反対することの伏線になっています。また、第2編の不生産的労働論は、第5編の主権者＝君主とおなじく僧侶も不生産的であり、したがって僧侶の取得する十分の一税は有害である、という主張につながります。

　スミスの生産的・不生産的労働論は、農業者だけを生産的と考える重農主義者ケネーの狭さを克服し、工業者も生産的と考えました。この点はスミスの功績でした。ところがかれのいう生産的の概念は、混乱していました。マルクスの〈労働の二面性〉の視点にたてば、この混乱を克服して科学的な生産的・不生産的労働を考えることができます（図1）。労働を、使用価値に表現される本源的規定なのか、交換価値に表現される資本制的形態規定なのかを区別すればいいのです。本源的に規定すれば使用価値をつくる労働が生産的であり、つ

くらない労働が不生産的です。資本主義的に規定すれば剰余価値を生む労働が生産的であり、生まない労働は不生産的です。

◎重商主義批判と自然的自由の思想（『諸国民の富』第3、4編）

スミスの敵は重商主義でした。第3編では、ローマ帝国没落後のヨーロッパの歴史をふりかえり、いかに農業の発展が商業によって阻害されてきたかをあきらかにします。とりわけ、近世いらい、ヨーロッパ諸国の貿易偏重の重商主義が富裕の自然的発展をさまたげてきたことを非難しています。

『諸国民の富』は全編が重商主義批判の書なのですが、そのうちでもスミスの主張がもっとも強くうちだされているのは第4編「政治経済学の諸体系について」です。重商主義、すなわち、「商業的、あるいは商人の体系」は輸出促進政策としての制度をつくります。それは払い戻し税、奨励金、独占などによる輸出促進です。重商主義は毛織物生産業者のような国内の一部の資本家の高価な商品の大量輸出を企図している、とスミスは批判します。それは富裕の自然的発展をゆがめ、その犠牲者は製品を高く買わされ、原料などを安く売らされる植民地の人びとであり、輸出促進のための安全保障の費用を負担させられる本国の人びとです（※）。

スミスは〈諸国民の富〉wealth of nations を問題にしたのであって、イギリス一国 a nation の富だけを考えていたのではないのです。

※　重商主義は現在の日本に生きています。輸出で貿易黒字を稼ぐことが国富を増やすことだと資本家階級は主張します。日本経団連は労働者に低賃金と長時間労働を押し付ける口実として「国際競争力」を口実にしています。輸出によって企業の内部留保金をためこむことを国が豊かになることだと強弁し、途上国にクルマや電化製品を高く売り、食料などを安く買う事が目的なのです。
　　スミスが重商主義に対置する自由主義は、今日でいえば輸出者と輸入者が対等で価値にもとづき適正な価格で継続的に売買する〈フェアー・トレイド〉です。まだ量は少ないですが、ＮＰＯがコーヒーなどの輸入でこころみています。

そこでスミスが述べていることは、重商主義がいかに不自然で誤っているかということです。スミスはつぎのように述べています。

重商主義は、一部の特権的商人や製造業者の利益のために、自由な貿易をさまたげる。国民の消費こそ生産の目標であるのに、重商主義は消費者の利益を

犠牲にして、生産と生産物の輸出を目的にしてしまう（現代日本のクルマ・電化製品などの輸出主導産業そのままです！）。重商主義体系は、「実質的富と偉大さにむかう社会の進歩を加速させるどころか減速させるもの」である。重商主義体系が完全に撤廃されれば、「自然的自由という自明で単純な体系がおのずから確立される」。あらゆる人々は、正義の法を犯さぬかぎり、自分の方法で自分の利益を追求し、「完全に自由に放任される」（第9章）と。

自然的自由（natural liberty）というのは、スミスの経済学をつらぬく基本思想です。それは、個人の自由な活動がつねに社会全体の利益につながるとする考えです。自由とは封建的・絶対主義的束縛からの自由です。自然的とは、それが自然の法にかない実現するのが当然だということを意味しています。その内容は、市民階級＝ブルジョアジーの経済的要求ではありましたが、当時、その要求は全人類の利益を代表していたのです。

◎スミスは自由放任ではない（『諸国民の富』第5編）

新自由主義は、スミスは自由放任主義者であったかのようにいいます。自分たちの「小さい政府」、つまり、政府や自治体が減税する代わりに教育・福祉などへの支出をけずる政策の正当化のため、スミスの〈安価な政府〉を利用するわけです。しかしスミスは強者のやりほうだいを放任する自由放任ではありません。重商主義者は、当時の通説によって、貧困は個人の怠惰によるものだ、という個人の自己責任論を主張しました。この説にスミスは反対しました。

第5編の財政論では国家の支出と収入が論じられ、公道のような公的施設には支出すべきだといいます。社会の成員を他人の不正や抑圧から保護するための司法の施設、弱者をまもる施設などには支出すべきなのです。教育についても、国民のさまざまな階層の中で、教育のさまざまな分野のどれに配慮すべきかを考察しています。

そこでまずあげられるのは、劣悪な労働条件のもとで「国民大衆がほとんど全面的に腐敗し堕落するのを防止するために、政府の何らかの配慮が必要である」（前掲書④、49ページ）ということです。

ところで分業は第1編の冒頭で論じられたスミスのキーワードでした。分業こそ生産力をたかめ社会を発展させるものでした。ところがここでは、大衆を

腐敗し堕落させる分業の弊害を述べ、政府の防止策の必要を強調しています。

「一生を少数の単純な作業の遂行に費やし、その作業の結果もまたおそらくつねに同一あるいはほとんど同一であるような人は、困難を除去するための方策を見つけだすのに自分の理解力を働かせたり、創意を働かせたりする必要がない」。「そのため彼は自然に、そのような努力の習慣を失い、一般に、人間としてなりうるかぎり愚かで無知になる」。「私生活のふつうの義務でさえ、その多くについてなにも正当な判断をくだせなくなる」。「だがこれこそ、政府がそれを防止するためにいくらか骨を折らないかぎり、改良され文明化したすべての社会で、労働貧民すなわち国民の大部分が、必然的におちいるにちがいない状態なのである」（前掲書④、49〜50ページ）。

身分や財産のある人びとは多くの暇をもっているので、その教育はかれら自身にまかせたらよい、しかし、貧しい民衆の教育はそうではない、とスミスはいいます。

◎植民地放棄論と公債廃止論

スミスの重商主義批判は植民地放棄論とむすびついています。第4編第7章「植民地について」でスミスはつぎのようにいっています。

「ヨーロッパ各国は、自国の植民地との貿易の全利益をその一手におさめようとしてあらゆる不正な企てをしてきた」。その結果、どの国も、平時には圧制的権力を維持し、戦時には防衛のための膨大な経費をかけただけである。かれは、こんな経費には断じて財政支出すべきでないというのです。貿易を独占する東インド会社など排他的な会社は、「どう考えても厄介物」であり、「不つごう」であり、「破壊的」である。アメリカのことはアメリカ人にまかせるべきで、そうすればアメリカ人たちは「いっさいの圧制からたやすく自分たちを擁護しうるであろう」と述べています。

『諸国民の富』の最終章は第5編第3章「公債について」です。ここでスミスはつぎのように主張します。

公債は将来の租税を担保にした戦費調達のための借金である。「国民はひじょうに巨額の増税が突如としておこなわれると、まもなく戦争を嫌悪するようになる」、しかし、「借入金によるなら、あまり増税をしないでも政府は戦争を継続するのに十分な貨幣を年々に調達することができる」。政府は公債によっ

8 『資本論』の源流をたどる

て国民をあざむきながら、戦争費用を国民に負担させている。そして、ばく大な軍事費は植民地を維持するためのものである。したがって、「植民地貿易の独占の結果は、人民大衆にとっては利益ではなくて、まったくの損失にほかならない」。いまこそ、イギリスが「属領を防衛するための経費」からみずからを解放すべき時期である、と。

本書はつぎの文章をもって全巻のおわりとなります。

「いまこそグレート・ブリテンが戦時にそれらの領域を防衛する費用、平時にその民事的軍事的施設のどの部分をも維持する費用から、みずからを解放し、自分の将来の展望と計画を、自己のまったくふつうの境遇に適合させるようにつとめるべきときである」(前掲書④、359ページ)。

戦時の植民地防衛のための軍事費の廃止、平時の民事的軍事的施設の維持費の削減、これらの軍事費捻出のための公債の廃止、これが『諸国民の富』の結びです。スミスの思想は、堂々たる反独占主義、反帝国主義、反植民地主義、反軍国主義であったのです (※)。

※　スミスの言葉の一部分を利用し、軍事費増大を正当化する「新自由主義経済学」の主張はまったくの見当ちがいであることがわかります。それどころか、スミスの自由主義は新自由主義と正反対の位置にたっているのです。
　　スミスの植民地批判・軍事費批判・公債批判はそのまま現在のアメリカ批判と日本批判としても通用します。アメリカのイラク侵略の目的のひとつは、イラクの石油を確保することと、イラクをアメリカ的市場にすることでした。イスラム教では、カネを貸して利子をとることは禁じられています。利子を取らないイスラム銀行も多いのです。これではアメリカの金融資本が入り込む余地がないので、アメリカのイラク占領中、イラク人のあいだにアメリカ的市場を広めるための措置を講じています。イラクの前には、エジプトがアメリカによる植民地主義的支配の拠点でした。エジプトはアラブ世界の統一を妨げる、アメリカによって打ち込まれた楔であったわけです。今回の民衆によるエジプト革命は、アラブ世界を分裂させて支配するという植民地主義的支配の中心が崩れたことであり、画期的な意義をもっています (その後アメリカの介入で軍事政権が支配しています)。
　　これまでのエジプトの役割を東アジアで果たしてきたのが日本でした。アメリカは日本をTPPに参加させようと懸命になっています。このままでは、EUのようなアジア共同体がうまれることを危惧するアメリカが、東アジアの統一を妨げるためみずから乗り込んでこようとするのがTPPです。東アジアの

143

米作地帯には、農作業を無償で互いに力を貸し合う習慣があります。フィリピンなどには今でも健在です。日本にも以前には結(ゆい)とよばれる制度がありました。こういう習慣や制度は市場原理主義にとっては邪魔者なのです。市場原理主義か、東アジアの人びととの価値観か、どちらを尊重するのか、これからの日本の進路がかかっています。

その日本はいま、すでに「国債及び借入金残高」で1000兆円を超える債務残高（2016年11月では1369兆円以上）に苦しんでいます。一般会計のほぼ10倍、ＧＤＰの２倍以上です。財政法（1947年）第四条では「国の歳出は、公債又は借入金以外の歳入を以て、その財源としなければならない」と赤字国債は原則的に禁止されています。これは国民が戦争中に戦費のための国債を買わされ、戦後紙くずになったという苦い経験があったからです。ところが、自民党政府は、財政法の公共事業などの例外規定を悪用して国債発行を増やしつづけ、ギリシャやポルトガルにならぶような、ＧＤＰ比で世界一の借金国にしてしまったのです。借金をへらす第一歩は、スミスのいうように軍事費の削減、とりわけ米軍基地の撤去です。アメリカがその権益を防衛するための費用、その軍事施設を維持する費用から日本人自らを解放する事が、日本の将来と展望をきりひらくのです。

◎自愛心と同感、道徳感情論の意義

スミスが『諸国民の富』で自愛心（self love）つまり利己心を論じていることをもって、スミスが利己心だけが人間の本性だと考えていたかのような言説があります。これが新自由主義者・市場原理主義者の人間観にもなっています。

しかし、スミスには、もうひとつの重要なキーワード、同感（sympathy）があります。同感は著書『道徳感情論』（初版1759年）で論じられます。

同感について、この著書の冒頭につぎのように書かれています。

「人間がどんなに利己的なものと想定されうるにしても、あきらかにかれの本性のなかには、いくつかの原理があって、それらは、かれに他の人びとの運不運に関心をもたせ、かれらの幸福を、……かれにとって必要なものとするのである」（『道徳感情論』〔上〕岩波文庫、水田洋訳、23ページ）。

同感は必要なだけではありません。それは喜びでもあるのです。

「同感の原因がなんであろうとも、……他の人びとのなかに同胞感情を観察すること以上に、われわれを喜ばせるものはない」（前掲書、36ページ）。

同感する人は、また、愛すべき人なのです。

「ある人の同感的な心が、かれと交際する人びと、自分の災厄について悲嘆にくれる人びと、自分がうけた侵害について憤慨する人びと、自分の幸運に歓喜する人びとの、すべての感情に反響するように見えるとき、かれはなんと愛すべきものに思われることだろうか！」（前掲書、61ページ）。

旧制高校の寮歌の一節「友の憂いに我は泣き、我が喜びに友は舞う」を思い出させる感情ではありませんか。

このように同感は愛すべき徳、尊敬すべき徳なのです。地震などの災害の時には、多くの人がボランティアとして救援のため被災地にかけつけることは、世界でも日本でもよくみられます。また、被災者も同感しあい助けあいます。

一般には『諸国民の富』のほうがはるかに有名ですが、スミス本人にとっては、どちらも重要でした。かれの後半生はこの二つの著書の改訂・増補についやされたといってもいいほどです。

『道徳感情論』は、かれが永年大学で講義した道徳哲学がその対象でした。道徳といえば儒教のそれや、反動的な道徳教育を考えがちですが、そうではありません。モラルには社会という意味があります（機械の道徳的摩滅という言葉があります）。だから道徳哲学とは社会哲学、社会思想、さらには社会科学のことであり、経済学はそこから派生し独立していった科学なのです。経済学は、法学、政治学等も含んだ社会科学の一部なのです。

経済学の世界は、確かに生産者たちが利己心にかられて競争し、市場メカニズムや価値にもとづいて等価交換する法則が支配する世界です。しかし道徳哲学の世界では同感が個人の自愛心を公正なフェアプレイのなかにつつみこんでいます。つまり、普遍的な人間社会では同感が支配し、特殊な商業社会では自愛心が支配しているのです。自愛心は同感からはみだすことはできないのです。

以前、同感が憐れみの情と誤解されたことがありました。そのうえで、利己心はまったくの自己中心主義、同情は利他主義、と二つの原理を対立させる誤った見解がありました。

同感とは「中立的な観察者がかれの行動の諸原理にはいりこめるような」「他の人びとがついていけるような」感情です。人は富と名誉と出世をめざす競争において競争者を追い抜くため力走してもいい、自愛心を発揮してもい

い、しかしそれは他人の同感を得る限りのことだ、とスミスはいうのです。
　「しかし、かれがもし、かれらのうちのだれかをおしのけるか、投げ倒すかするならば、観察者たちの寛容は、完全に終了する。それは、フェア・プレイの侵犯であって、かれらが許しえないことなのである」。「かれらは、かれがこの他人よりも自分をこれほど優先させる自愛心に、はいりこまないし、かれが後者に害をあたえる動機に、ついていくことができないのである」(前掲書、217〜218ページ)。
　商業社会に生きる人間にはもちろん利己心はありますが、それを放任するのでなく抑制すべきだとスミスはいいます。放任すべきは仁愛の徳なのです。
　「他の人びとのために多くを感じ、自分たちのためにはわずかしか感じないこと、われわれの利己的な意向を抑制し、われわれの仁愛的な意向を放任することが、人間本性の完成を形づくり、そのことだけが人類のなかに諸感情と諸情念の調和を生みだしうるのであって、かれらの品位と適宜性の全体はそこにあるのだ」(前掲書、63〜64ページ)。
　この思想は、後にみる若きマルクスの理想主義的な文章とつながっています。「利己心のスミス」と「協同心のマルクス」を対立させるのは筋違いの論法だとおもいます。

(2)　デービッド・リカード

◎資本家と機械の時代の経済学

　スミスの労働価値論はリカードを経てマルクスへ、私的所有の肯定はすべての近代経済学へ、資本主義に均衡をみて自由主義を説くイデオロギーはケインズ以外の近代経済学へ、そして、民主主義思想はJ・S・ミルとマルクスへと、それぞれ継承され発展していきました。
　産業革命は、スミスの『諸国民の富』発刊とアメリカ独立の時期を前後して始まり、進行していきました。時代はマニュファクチュアの時代から機械制大工業の時代へと移行していきます。その時代にデービッド・リカードが登場します。
　スミスの時代は、自然法思想にもとづいて、理想の自然的自由をたかくかか

げ、現実の人為の秩序を批判しました。ところがリカードの時代になると、資本主義的生産が現実に支配的となり、しかも、この生産様式自体の矛盾はまだはっきりと現れてはいません。ラダイト運動（1811〜16年）という労働者階級の最初の組織的蜂起はありましたが、まだこの生産様式をゆるがすほどのものではありませんでした。資本主義最初の恐慌も、兆候はありましたが、実際の恐慌勃発はリカードが没してから2年後のことです。

リカードの経済学は、支配的階級になりつつあった資本家階級の立場にたって発展しました。その立場の科学としては最高の頂点に達したのです。資本主義にたいする強固な自信にささえられて、現実を支配する諸法則の解明が課題となったのです。あるべき〈理想的秩序〉ではなく、現実の〈経済の諸原理〉（principles of political economy）の解明が課題になったのです。

◎スミスの労働価値説をまもりぬく

デービッド・リカードは、ユダヤ人の証券仲買人エイブラハム・リカードを父に、1772年ロンドンで生まれました。彼は早くも14歳の時から証券取引所で働き財をなした後、1817年ごろには証券仲買人の仕事から引退し、経済学研究に専心します。そのきっかけは温泉地でたまたまスミスの『諸国民の富』を読んだことでした。また、1819年からは無党派の国会議員にもなっています。

リカードの経済学への最大の貢献は、スミスの労働価値論をいっそう純化したことです。彼の主張は『経済学および課税の原理』（1817年、以下『原理』）の最初の八つの章に集約されています（以下32章までありますが省略します。ただし第31章は重要です）。

第1章　価値について
第2章　地代について
第3章　鉱山地代について
第4章　自然価格と市場価格について
第5章　賃金について
第6章　利潤について
第7章　外国貿易について
第31章　機械について

第1章、冒頭の第一節には次のような長い題がついています。

「一商品の価値、すなわち、この商品と交換されるなにか他の商品の分量は、その生産に必要な労働の相対量に依存するのであって、その労働にたいして支払われる報酬の多少には依存しない」（『リカードウ全集　1』堀経夫訳、雄松堂書店、13ページ）。

この前半部はスミスへの共感であり、後半部はスミスへの批判です。スミスは、ある場合には前半部の投下労働説にたちながら、他の場合には後半部の支配労働説にたっていました。

支配労働説というのは、商品の価値はその商品の購買・支配する労働の分量によって決まるとする説です。この説によれば、商品によって購買または支配される労働が価値の尺度だということになります。しかし、商品と労働が購買され交換されるということは、それぞれが価値をもっているからできるわけです。支配労働説は価値を説明するのに価値を前提としていますから、それでは少しも価値を説明したことになりません。

リカードは、この支配労働説が労働を金銀のような価値尺度とする点を批判して、「商品が支配する労働」の分量は比較される商品と同様に千変万化すると述べています。リカードはスミスの混乱を捨て去り、労働価値説をまもりぬいたのです。

スミスが混乱したのには理由がありました。スミスは、商品生産によって、私的労働が社会的労働に転化することを感づいていたのです。商品生産のもとでは商品の使用価値を決定するものは投下された個人的労働の分量ではなく、その労働が社会的労働の資格によってもつところの分量だと考えていたのです。

資本制大工業の時代へと時代が移る移行期に生きていたスミスは、商品生産以前の社会と商品生産社会とを区別し、後者の分析が経済学の課題だと考えていました。しかし、商品生産社会を当然のこと、永遠のことと信じたリカードはその歴史性をまったく考えることができませんでした。したがって、リカードは、スミスの理論を純化させたとはいえても、発展させたとはいえないのです。

リカードは、他方で、スミスを擁護して、使用価値と価値との区別をあいまいにする同時代の経済学者Ｊ・Ｂ・セー（1767～1832年）を批判しています。

リカードは、その50年後に登場する新古典派の効用価値説をきっぱりとしり

ぞけています。「効用は、交換価値にとって絶対に不可欠ではあるけれども、その尺度ではない」と。

◎リカードの成果と限界

リカードは、労働価値論にたいしていつの時代にも生じる批判、芸術作品などの稀少商品を例にあげた批判に明確に反論しています。

「われわれは、つねに、人間の勤労のはたらきによって分量を増加させることができ、またその生産には際限なく競争がおこなわれるような、そのような商品のみを考えているのである」(前掲書、14ページ)。

リカードは、複雑な労働をもちだしての批判にたいしても、複雑な労働を単純労働に還元することでそれに答えています。

かれは労働価値論を貨幣論にも貫徹させようとしました。労働価値論の「一般法則が、金属にも適用されうる」こと、貨幣に使用される金属の価値は「金属を取得してそれを市場にもたらすのに必要な総労働量に依存する」と、述べています。

さらに、リカードは、穀物商品の価値が最劣等地の投下労働量によって決まるといって、地代を労働価値論から説明することに成功しました。ただし、リカードが注目したのは差額地代だけであって、絶対地代については無視してしまっています。

しかし、商品や貨幣について首尾一貫したリカードの労働価値論も、資本についてはあいまいなものになっています。資本とは「蓄積された労働」だとか、賃金とは「供給の需要にたいする割合の自然作用から実際に労働にたいして支払われる価格」であるというように、俗流的見解が平気で述べられています。

また、利潤論については、利子や地代を利潤に還元するという、すぐれた成果をあげながら、利潤と剰余価値とを混同してしまいました。剰余価値概念を確立することができなかったのです。

こうしたリカードの限界は、資本が利潤を生むことに疑いをもたず、当然の前提にしていたことにあります。また、かれが商品生産社会・資本主義社会の歴史性を理解することができず、資本主義社会を永遠の超歴史的な社会と考えたからです。

しかし一方で、かれは、機械によって「必然的に労働にたいする需要の減少が起こり、人口は過剰となり、そして労働階級の境遇は困窮と貧困とのそれになるであろう」(前掲書、448ページ)といいます。労働階級の現実をよく見ているのです。

また、「機械の使用はしばしば自分たちの利益にとって有害である、という労働者階級の抱いている意見は、偏見や誤謬(ごびゅう)に基づくものではなく、経済学の正しい原理に一致するものである」(前掲書、450ページ)ともいっています。しかし、マルクスのように〈資本主義のもとでの機械〉とは考えずに、〈機械そのもの〉と考えていたのです。

◎外国貿易論、比較生産費説

リカードの貿易論といえば、比較生産費だといわれ、今日でもTPP推進者が自由貿易論を正当化する根拠になっています。比較生産費説は次の例によって説明されています。

イギリスは、服地を生産するのに1年間に100人の労働を必要とし、もしブドウ酒を醸造しようとすれば120人の労働を必要とするかもしれない、とします。たしかに、その事情のもとでは、イギリスはブドウ酒を輸入し、それを服地の輸出によって得たカネで購買するのが利益でしょう。

他方、ポルトガルはブドウ酒を醸造するには1年間に80人の労働を必要とするにすぎず、また、ポルトガルでは服地を生産するには90人の労働を必要とするかもしれない。それゆえにポルトガルにとっては服地とひきかえにブドウ酒を輸出するほうが有利であろう。

ここまでは絶対的生産費として当然のことです。ところが、ここからは相対的な比較生産費です。

「ポルトガルは服地を90人の労働を用いて生産されうるにもかかわらず、それを生産するのに100人の労働を要する国(イギリス)からそれを輸入するであろう。なぜならば、その国(ポルトガル)にとっては、その資本の一部分をブドウの樹の栽培から服地の製造へ転換することによって生産しうるよりも、イギリスからひきかえにより多量の服地を取得するであろうブドウ酒の生産にその資本を使用するほうが、むしろ有利だからである」(前掲書、157〜158ページ)。

リカードはこのように労働量を生産費とみなして比較します。両国をくらべると、どちらの生産物もポルトガルのほうが生産費が低く、絶対優位にたっています。ところがそれぞれの国の内部における生産物を比べると事情はちがってきます。ブドウ酒の方は問題なくポルトガルの方が有利です。ところが服地ではちがってきます。それぞれの国の服地／ワインは、イギリスにおいては、100／120＝0.83、ポルトガルにおいては90／80＝1.13です。

　比較生産費はイギリスのほうが0.83で1.13のポルトガルより低くなります。そこで、イギリスは服地をつくり、ポルトガルはブドウ酒をつくって、交換すれば互いに利益になるということになります。

　しかし、この説はおおくの条件が満たされないと成立しません。まず、ポルトガルのほうが、両製品ともに生産費が低いのですから、両方ともポルトガルで生産するということが考えられます。

　また、この理論は、特種な分野を取り上げ、これを一般化しています。ブドウ酒は嗜好品です。服地はここでは、ラシャ（羅紗）という毛織物です。しかもラシャはポルトガル語の「raxa」からきていますから、ポルトガルの特産品です。例として取り上げるのも適切ではありません。事実、リカードの提案に反して、ポルトガルではその後服地生産が発展し、多数の労働者を雇用する大工場が建設されました。

　この抽象論は、現実の問題、たとえば農地は移転できないし、簡単に増やすこともできないという地代論の視点が欠如しています。現地での生産費だけが計上されますが、輸送費は無視されています。スミスは、ヨーロッパ諸国は植民地貿易によってあらゆる不正をしたと非難していますが、リカードには、植民地貿易は不等価交換だというスミスの視点はありません。現代でも、先進国と発展途上国との間の貿易においては、つねに前者が有利です。先進国の要求で食料自給をやめてコーヒーなどの換金作物の生産に特化した国々はおしなべて貧困で飢餓さえ生じています。比較生産費説を根拠にしたＴＰＰも日本の農業を壊滅させ、国民の食料主権を奪ってしまいます。

　しかも、この第７章の主要な論旨は少し別のことです。この章はつぎの文章ではじまります。

　「外国貿易の拡張は、商品の数量したがって享楽品の総量を増大させるにはきわめて有力に貢献するであろうが、しかしけっしてただちに一国の価値

額を増大させるものではない」(前掲書、150ページ)。

享楽品の総量 (the sum of enjoyments) をふやしても一国の価値額 (the amount of value in a country) すなわち国富を増大させない、とリカードは正直にいいます。それでは外国貿易の目的はなんでしょうか。これもリカードは正直に、それが食料と必需品を安くし、したがって労働者の賃金を低くし、利潤を上昇させることだとはっきりといっています。

「利潤率は賃金の低下による以外には決して増大しえない、そして賃金の永続的低下は、賃金が支出される必需品の下落の結果として以外には起こりえない、ということを本書をつうじて証明するのが、私の努めてきた点であった。それゆえに、もしも外国貿易の拡張によりあるいは機械の改良によって、労働者の食物と必需品が低減された価格で市場にもたらされうるならば、利潤は上昇するであろう」(前掲書、154ページ)。

「いくら繰りかえしてもしすぎることはないが、利潤は賃金に依存する、しかも名目賃金にではなくて、実質賃金に依存する」(前掲書、166ページ)。

以上であきらかなように、この章でのリカードの強調点は次の二つです。第一に、なによりも労働価値説を外国貿易の理論においてもつらぬくこと、第二に、マルクスの相対的剰余価値の論理(生産力をたかめ食料などを安くすれば賃金を安くできる)を資本家の立場からのべることです。後者の主張は現在、日本経団連が農産物輸入の完全自由化をさけぶ理由をあきらかにしています。

ここでもまた労働価値説をまもろうとする科学的態度と、資本家の立場の並存というリカードの特徴がよくあらわれています。

◎賃金論に影響を与えたマルサスの人口論

リカードの経済学は階級理論が大前提です。『原理』の「序言」は次の文章ではじまります。

「地表から得られるすべての物は、社会の三階級、すなわち、土地の所有者、その耕作に必要な資本つまり資本(ストック)の所有者(キャピタル)、およびその勤労によって土地が耕作される労働者のあいだに、分割される」。「この分配を左右する法則を決定することが、経済学における主要問題である」(前掲書、5ページ)。

リカードは、地主・資本家・労働者の三大階級の利益が調和するものではなく、敵対することを見ぬいていました。地代と利潤の関係も、利潤と賃金の関

8 『資本論』の源流をたどる

係も、一方が増えれば他方が減る対立関係があることを明らかにしています。資本主義社会を階級の対立する社会とみたことは、リカードのすぐれた点です。

しかし、資本家階級の立場に立つリカードは、利潤の減少が事業の運営の困難や危機をもたらす時には、資本家は事業を中止しても当然だと考えました。資本家が利潤を増加させるのは正当だけれども、労働者の賃金の増加についてはそうではないというのです。

リカードは賃金についても労働価値論にもとづいて説明しようとしました。

「労働の価格」すなわち賃金の自然価格（貨幣で見積もった額）は、一般の商品と同じように、これを生産するのに必要な労働の分量によって定まる。すなわち、労働者の生活を維持し、かれの子孫を永続させるに必要な費用である。そして、労働者の生活費の主要部分である食料の価格は社会の進歩とともに上昇するから、賃金の自然価格は上昇する傾向をもつ、このようにリカードは考えるのです。この点では、マルクスの賃金論とほぼ同じです。

ところが、リカードは他方で、賃金の市場価格（実際に労働者に支払われる報酬）を決定するものはその価値ではなく労働にたいする需要・供給の関係であると考えています。その場合、需要は資本の数量によって決定され、供給は労働者の人口によって決定されるというのです。

この点でかれに影響をあたえたのはT・R・マルサス（1766～1834年）でした。マルサスは、「人口の増加力は、土地が人間の生活資料を生産する力よりもはるかに大きい。人口は、妨げられることがなければ、幾何級数的に増加するが、生活資料は算術級数的に増加するだけである」という命題をたてました。そこから、貧困は人間社会から根絶することができない、貧困の根本原因は社会・経済組織の欠陥によるものではなく、自然法則の作用によるものだという結論を導きだしました（※）。それは、フランスの進歩的な啓蒙主義者の社会改革論に反対するためでした。

※ この誤った説は広く流布し、すぐれた科学者までも洗脳されてしまいました。ダーウィンは彼の名著『種の起源』（1857年）の生存競争論を、「これこそは、全動植物界に適用されたマルサスの学説である」と著書の第5版序文に書きました。ところがマルクスは「ダーウィンは、かれのすぐれた著書において、自分が、動植物界のうちに『幾何比的』級数を発見したことによって、マルサス

の理論をくつがえしたことに気づかなかった」(「剰余価値学説史」第9章)と指摘しています。つまり、人間は2倍、4倍、8倍と急増するのに、食料つまり動植物はなだらかな線を描いてしか増えない、というのがマルサス人口論でした。ところが、ダーウィンはマルサスの学説の適用だといって、動植物も幾何級数的に倍々で増えるといったのです。人口も食料も同じように増えるということですから、飢餓や貧困はおこらないということです。ダーウィンによってマルサス人口論はひいきの引き倒し・誉め殺しにあってしまったのです。

リカードはマルサスの人口論にしたがって、人口は資本よりも速い速度で増加する、だから、労働の供給が需要をうわまわり実質賃金はつねに下落すると考えました。そして賃金は市場の競争にまかされるべきであり、政府はこれに干渉してはならない、救貧法はこの原則に正反対であるから有害である、と主張したのです。

かれは「貧民の安楽と福祉」は、貧民の人口を調節し、早婚を少なくしようとする貧民の顧慮と立法府の努力なしには確保されない、それは「疑うことのできぬ真理」だと考えました。

労働者は賃金の上昇に努力するな、政府も労働者の福祉向上に努力するな、自由に放任するのが最上である。しかし、人口調節については労働者も政府も努力せよ、この点では放任せず個人に干渉せよ、これがリカードの経済学がもつイデオロギーの一面です。

リカードの科学的な認識を曇らせ歪めてしまったものは、もちろんかれ自身の資本家的イデオロギーであることは明白です。しかし、リカードの賃金論を誤った結論に導かせるうえで、マルサスの人口論のあたえた影響は決定的でした。

リカードは「星から来た人」といわれたほど頭のいい人でした。スミスが混乱しているような問題も一刀両断に解明しました。かれの科学的な分析力は俗流経済学やセーや効用説などの誤りをするどく指摘しました。

ところが、マルサスのたわいもない人口論には簡単に負けてしまいました。労働価値論をめぐる論争では、時間も価値をつくるというマルサスに完勝していたのに、残念なことです。

マルサスの人口論は科学ではなく、スミスを苦しめた英国国教会に属するマ

ルサスの反動的な悪しき思想、イデオロギーでした。この思想にとらわれたリカードは科学的な分析力にすぐれていても、思想面では弱く、スミスのような進歩的な啓蒙主義思想、自覚的な民主主義思想をもちあわせていませんでした。スミスの経済学にはその基礎にリカードにはない道徳哲学がありました。この例からも科学と思想との結合の大切さがわかります。

　そして、スミスとリカードを批判的に継承し、科学的な経済学を弁証法と史的唯物論という思想の岩盤のうえに打ち立てたのはほかならぬマルクスでした。かれが、その時代に人類の到達した最高の科学と思想の継承者であったからこそ、『資本論』という「生涯の事業」が可能であったのです。

（３）　カール・マルクス

◎"人間の解放"こそ一貫した信念

　「経済学批判」という副題のついた『資本論』を著したカール・マルクス（1818～83年）は、この著作にその生涯のすべてを捧げました。マルクスの歩みに沿いながら、『資本論』に至る経過をみてみましょう。

　ドイツ生まれのマルクスは、17歳のとき、ギムナジウム（ドイツの大学入学準備のための中等学校）卒業時に「職業の選択にさいしての一青年の考察」と題する作文を書きました。彼はそこで、職業選択の基準が「人類の幸福」と「われわれ自身の完成」だといい、「人間の本性というものは、彼が自分と同時代の人々の完成のため、その人々の幸福のために働くときにのみ、自己の完成を達成しうるようにできている」と述べました。生涯をつうじてつらぬいた自己の信念をつぎのように述べています。

　　「ぼくらが人類のため最もよく働くことのできる地位を選んだとき、重荷もぼくらを屈服させることはできないであろう。なぜなら、この重荷は万人のための犠牲にすぎないからである」。「ぼくらの幸福は幾百万もの人びとのものであり、ぼくらの行為は静かに、だが永遠に生きつづけ、そしてぼくらの遺骨は気高い人びとの熱い涙で濡らされるであろう」（『マルクス・エンゲルス全集』〔以下『全集』〕40巻、大月書店、519ページ）。

　〈人類の幸福〉と〈人間の完成〉は生涯を通じてマルクスの一貫する信念で

あり思想でありました。この信念をより確固とした不動のものにする科学的認識は、青年マルクスの時期から『資本論』執筆の時期へと深められ、とぎすまされていったのです。

◎『資本論』への長く険しい道

マルクスは、大学では法学を専攻し、哲学と歴史を学びました。学位論文は「デモクリトスの自然哲学とエピクロスの自然哲学の差異」であり、〈人間の自由〉がテーマです。やがて社会に出て現実問題に遭遇し、経済学こそ〈人類の解放〉〈人間の自由〉の道すじを示すものと確信するようになりました。その経過は、後に『経済学批判』（1859年）の序文に簡潔に書かれています。

「1842年から1843年にかけて、『ライン新聞』の編集者として、はじめて私は、いわゆる物質的利害関係に口だしせざるをえないという困惑状態におちいった」（『全集』13巻、5ページ）。

青年マルクスがとりくんだ、木材窃盗・土地所有の分割・農民の状態についての論争、自由貿易と保護関税との討論は、経済問題にたずさわる最初のきっかけをあたえました。さらに、当時のフランス社会主義との論争のなかで、マルクスは、自分の経済学の知識の不足を知らされました。「私のそれまでの研究では、フランスの諸思潮の内容自体についてなんらかの判断をあえてくだすことはできないことを、率直に認めた」。この時から『資本論』への長く険しい道がはじまりました。スミスとリカードの著書を中心にした経済学文献の研究に没頭したのです。

『資本論』体系へのマルクスの経済学研究において、つぎの五つの時期に書かれ、あるいは発表された著作が重要な意味をもっています。

① 1844年――『独仏年誌』掲載の諸論文、「経済学・哲学草稿」など
② 1846〜48年――「ドイツ・イデオロギー」、『共産党宣言』
③ 1859年――『経済学批判』
④ 1867年――『資本論』第一部
⑤ 1867〜83年――『資本論』第二部以降の草稿

ここでは、これらの五つの時期を念頭において、マルクスの科学と思想を、とくに疎外と物神性のことばに注目し、紹介することにしましょう。

8 『資本論』の源流をたどる

◎労働者階級の形成に人間解放の条件

　1843年、「ライン新聞」社辞職（3月）、イェニーとの結婚（6月）、パリへの移転（10月）を経て、マルクスは、翌44年、25歳のときフランスにおいて本格的な経済学研究をはじめました。

　1844年6月に発行された『独仏年誌』に、マルクスは前年執筆した「ユダヤ人問題によせて」と「ヘーゲル法哲学批判序説」という二つの論文を発表しています。

　前者で、マルクスは、ブルジョア革命による「政治的解放」はたしかに一大進歩ではある、しかし、市民社会（資本主義社会）を克服する革命によってしか「人間的解放」は実現しない、と述べています。そしてつぎのようにいいます。

　「ユダヤ教の基礎は元来なんであったか？　実際的な欲望、利己主義である」。それは市民社会の原理であり、市民社会が政治的国家を生みだすと同時にあらわれてくる。「実際的な欲望と利己主義の神は貨幣である。……貨幣は、人間の労働と存在とが人間から疎外されたものであって、この疎外されたものが人間を支配し、人間はこれを礼拝する」（『全集』1巻、411ページ）。

　「ヘーゲル法哲学批判序説」で、マルクスは、「ドイツの解放の積極的な可能性はどこにあるのか？」と問います。そしてそれは「社会のあらゆる領域から自分を解放し、それを通じて社会の他のあらゆる領域を解放することなしには自分を解放することのできない」プロレタリア階級の形成のうちにある、と答えたのです（『全集』1巻、427ページ）。

◎新しい経済学が必要

　『独仏年誌』には、エンゲルスの経済学上最初の著作「国民経済学批判大綱」が掲載されました。ここでエンゲルスは、私的所有を肯定するブルジョア経済学をきびしく批判します。「自由主義的経済学の成しとげた唯一の積極的な進歩は、私的所有の諸法則を展開したことである」というのです。さらに、重商主義は「天真らんまんなカトリック的な率直さ」をもって、「商業は合法的な詐欺」であることをすこしもかくさなかったが、「経済上のルター」であるア

ダム・スミスの登場とともに、「プロテスタント的な偽善」があらわれた、と述べています。この頃の古典派経済学への批判はきびしいのです。

エンゲルスは、スミスが商業は「結合と友誼(ゆうぎ)のきずな」だ、商業は人間的だと賞賛したことを批判しました。しかしそれ以上にエンゲルスが非難しているのはマルサスです。「この下劣で軽蔑すべき学説。……ここにいたって、経済学者の不道徳性はついに絶頂に達している」と。

『独仏年誌』に発表された二人の諸論文は、こうして、人間の解放のために市民社会とブルジョア経済学を克服しなければならないこと、市民社会の解剖学としての新しい経済学が必要であることを宣言したのです。

◎古典派経済学の前提から出発

「経済学・哲学草稿」(1844年)は、新しい経済学の創造をめざすマルクスの最初の成果でした。マルクスは序言に、「私の成果は、国民経済学の良心的な批判的研究にもとづいた」と述べ、国民経済学＝古典派経済学と対決してこれをつくりかえようとする試みを書いています。そこではまた、それまでの哲学と対決し決別する決意が述べられています。

『経済学・哲学草稿』の第一手稿は、労賃・資本の利潤・地代についての古典派経済学の結論からはじまっています。そこにはつぎのように書かれています。

「労賃は、資本家と労働者とのあいだの敵対的闘争によってきまる」。「資本、すなわち他人の労働の生産物にたいする私有は、何を基礎とするのか？」、「資本は労働とその生産物とにたいする支配力である」。「地代は、借地人と地主との闘争によってきまる。国民経済学の至るところで、諸利益の敵対、あらそい、たたかいが社会組織の土台としてみとめられているのが見られる」(『全集』40巻、390～419ページ)。

この作品は、古典派経済学の前提から出発し、その用語と概念をもちいて書かれました。さらにそこには、労働者がみじめな商品になること、労働者のみじめさは生産に反比例すること、競争の結果が資本の蓄積であること、社会全体が所有者と無所有の労働者という両階級に分かれること、これらのことを古典派経済学は暴露した、と指摘されています。

8 『資本論』の源流をたどる

◎「疎外された労働」論と古典派経済学批判

しかし、マルクスは、古典派経済学は私的所有のきびしい現実をみとめはするが、その事実が「どのようにして私的所有の本質から生じるかを証明しない」とも指摘しています。現実の矛盾の根源である生産手段の所有形態にはふれない、というのです。古典派経済学は、資本家の私的所有という説明すべきことを当然の前提として放置してしまったのです。

マルクスは、「われわれは、……この疎外全体と貨幣制度との本質的連関を把握する必要がある」（前掲書、431ページ）と述べます。

疎外とは、ヘーゲルやフォイエルバッハによれば、自分がつくりだしたものが自分から独立し、自分に対立し、自分を否定するものとなることです。その結果、人間は自分本来の姿を失ってしまいます。青年マルクスも、人間の自己疎外という見地から資本主義社会の現実を批判したのです。すなわち、矛盾にみちた疎外現象全体を貨幣体制＝資本主義体制との関連で把握し、その体制のなかに位置づけなければならない、と指摘しました。

マルクスは、「疎外された労働」論によって古典派経済学を批判します。古典派の前提する私的所有こそ疎外された労働であり、古典派の依拠する市民社会は疎外された共同体であり、そして古典派経済学は疎外された経済学である、というのです。マルクスの経済学はその出発点から"経済学批判"という内容をもっていたのです。

◎物質的生産の矛盾のうちに

マルクスは、労働者の状態から研究を出発し、「疎外された労働」を解明するために、「疎外」を四つに分類しています。一つは、人間が労働生産物から疎外されること、二つは、人間が労働過程において疎外されること、三つは、人間が類的本質から疎外されること、すなわち、人類の本質である労働からの疎外です。四つは、人間からの人間の疎外、それは資本家による労働者の疎外を意味します。

このように、「疎外された労働」は、人間を不幸な状態におとしいれます。後に述べる物神性はこの点で疎外とは別の問題です。物神性におちいったからといって人間は不幸だと感じるわけではありません。

疎外された人間は労働や労働生産物をコントロールすることができずに、逆に何ものかにふりまわされ支配されているのです。この、人間の意志をこえて人間を支配するものは何か、そのことを人間社会の歴史の研究から体系的に明らかにする理論が史的唯物論です。疎外論のテーマは史的唯物論の確立によって人間と社会についての科学となったのです。

　マルクスは、疎外状況を資本主義社会における物質的生産の矛盾のうちに求めています。そこからマルクスは、資本主義的生産関係の科学的解明へすすむことができたのです。そして史的唯物論と剰余価値論との確立によって、疎外状況などを克服する理論的基礎があたえられたのです。

◎「私的所有」という隷属状態からの解放

　「疎外された労働」の課題は、何よりも、それによって国民経済学＝古典派経済学を批判することでした。疎外された労働は、労働者の労働にたいする関係を生み、その関係は資本家の労働にたいする関係を生み出します。マルクスは、古典派経済学が当然の前提にして疑わなかった私的所有の本質を、疎外された労働の分析によって明らかにしようとしました。そのことによって、労賃が労働の疎外の必然的帰結であることもみぬくことができるのです。また、「資本とは私的所有であること」、資本とは「私的所有の発達した矛盾の関係」であり、「解消へ駆りたてる関係」であることも明らかにできるのです。

　古典派経済学は、私的所有の本質を労働にみました。古典派に先だつ重商主義が、私的所有を商業という人間の外部にみたのにたいして、スミスは、私的所有を労働という人間の内部に移して考えました。これはおおきな前進ですが、しかし私的所有は当然の前提でした。マルクスの疎外論は、資本主義的生産関係からの労働者階級の解放をつうじてのみ、「私的所有」という隷属状態から人間と社会を解放することができるととらえました。マルクスは、「人間の自己疎外としての私的所有の積極的な止揚としての共産主義」こそ人間どうしの抗争の真の解決であり、人間らしさの回復である、と述べています。

　こうした立場にたって、マルクスは本格的に経済学研究をすすめ、新しい科学的な経済学の形成をめざしてすすむことになったのです。

8 『資本論』の源流をたどる

◎史的唯物論の確立

1845年2月、青年マルクスはフランス政府によってパリから追放されて、ベルギーのブリュッセルへ移りました。マルクスはその前年にパリでエンゲルスに会い、二人の見解が一致したことを知り、共同の仕事を開始しています。その最初の成果が共著『聖家族』（45年2月出版）です。つづいて、二人は共同の仕事として「ドイツ・イデオロギー」を書きます。しかし、この作品は公刊されることなく、1933年に旧メガ（マルクス・エンゲルス全集）として刊行されるまで人目にふれることはありませんでした。

「ドイツ・イデオロギー」は、社会の発展法則を明らかにすることによって、社会の土台と上部構造についての科学を確立しました。そこでは、物質的生産が社会とその発展の基本であるとする史的唯物論の立場を表明して、つぎのように述べています。

「意識が生活を規定するのではなくて、生活が意識を規定する」のであり、経済生活が人間の全社会生活の土台である（科学的社会主義の古典選書『〔新訳〕ドイツ・イデオロギー』服部文男監訳、新日本出版社、28ページ）。

経済とは、生産にさいしての人間と人間との関係、すなわち生産関係なのです。

この作品では生産関係を「交通様式」「交通形態」「交通関係」などと表現しています。

「生産諸力の発展のなかで、現存の諸関係のもとでは害をおよぼすだけで、もはやなんらの生産諸力でもなくて、むしろ破壊諸力（機械と貨幣）である」（前掲書、49ページ）。「歴史上のあらゆる衝突は、われわれの見解によれば、その起源を生産諸力と交通形態との矛盾のなかにもっている」（前掲書、81ページ）。

資本的関係のもとで生産力は「もはや統御することもできない」ようになり、逆に、その力のほうが人間の意志や行動を支配することを明らかにしたのです。

◎客観的法則から資本主義を見通す

確立した史的唯物論の立場で、マルクスとエンゲルスが著したものが『共産党宣言』（1848年）です。そこで二人は、社会の歴史を階級闘争の歴史ととら

えたうえで、ブルジョアジーが歴史に果たした革命的な役割を強調しています。ブルジョアジーは封建的な諸関係を破壊し、巨大な生産力をつくりだした、と書いています。

マルクスとエンゲルスは、資本主義は生じるべくして生じ、また、生産力を高めるという歴史的役割を果たし、そして亡ぶべくして亡ぶことを明らかにしました。

「巨大な生産手段および交易手段を魔法で呼びだした近代ブルジョア社会は、自分が魔法で呼びだした地下の魔力をもはや制御することができなくなった魔法使いに似ている」（科学的社会主義の古典選書『共産党宣言／共産主義の諸原理』服部文男訳、新日本出版社、58ページ）。

彼らは、この数十年の歴史は近代的所有関係に近代的生産力が反逆した歴史である、と述べています。

人間社会に客観的な法則が支配しているからこそ、これを予見しコントロールする可能性があるのです。そしてそれは革命によって現実となります。『共産党宣言』には、革命の第一歩は「プロレタリアートを支配階級に高めること、民主主義をたたかいとること」である、と書かれています（前掲書、84ページ）。

◎経済学研究の開始から『資本論』へ

二月革命は敗北に終わり、1848年の夏、マルクスはパリから追放されてロンドンへ亡命します。この時からマルクスはその生涯をとじるまでの35年間をロンドンで暮らすことになりました。二月革命は、それまでのブルジョア革命の限界をこえて、支配者となった資本家階級にたいする労働者階級の革命に発展していきました。しかし、そのたたかいの理論的武器としての経済学は未だ確立されていませんでした。マルクスは、二月革命敗北の教訓から、科学的経済学の必要性を痛感し、本格的な研究をはじめます。

1850年の秋、マルクスは中断していた経済学研究を再開し、53年にかけて膨大なノートを書きます。51年、彼はエンゲルスに会って、経済学の著作プランをつくりあげました（第1巻「経済学批判」、第2巻「社会主義者の批判」、第3巻「経済学の歴史」）。

病気や生活苦によって研究の中断がありましたが、56年には研究を再開し、

翌年、7冊のノートからなる『経済学批判要綱』を執筆します。この過程でさまざまな著述プランが考えられていますが、1850年代末には6部からなる「経済学批判体系」のプランを書いています（第一部「資本」、第二部「土地所有」、第三部「賃労働」、第四部「国家」、第五部「外国貿易」、第六部「世界市場」）。

1859年6月、このプランの第一部の第1編（資本一般）のうちの最初の2章（商品論と貨幣論）だけをふくむ『経済学批判』が発刊されました。さらに61年から63年にかけての23冊のノート、63年から65年の草稿をへて、1867年9月、『経済学批判』とは別の独立した著作として『資本論』第一部が完成します。

マルクスが『資本論』第一部を仕上げ、さらに第二部以降を準備していた時期は、第一インターナショナル（国際労働者協会、1864〜72年）の時期でもありました。マルクスはその創立の時からずっと、創立宣言や規約の起草をはじめ、世界の労働者階級のたたかいの前進のために力を注ぎました。科学的な経済学を完成させる努力と、労働者階級解放の組織の強化のための努力とは不可分のものであったからです。

◎資本主義の搾取の仕組みの発見

エンゲルスがいうように、史的唯物論と剰余価値論はマルクスの二大発見と呼ばれるものです。前者は、最初、人間の歴史と社会にたいして科学的な態度をとるための"仮説"でしたが、剰余価値論を基礎とする経済学の確立によって証明された科学となりました。

資本家が手にいれる剰余価値は、スミスら古典派経済学の努力にもかかわらず、永い間正体がわかりませんでした。それがどこから生じたものなのか、その源泉のわからぬ正体不明のものであったのです。この難問をはじめて解決したのがマルクスだったのです。それが『資本論』です。

マルクスは、賃金が〈労働の価値〉ではなく〈労働力の価値〉であることを明らかにしました。マルクスはおおよそつぎのように分析します。

労働力という商品も価値と使用価値とをもっている。労働力商品の価値は、ふつうの商品の価値と同様、その商品を生産するのに社会的に必要な労働の量によって決まる。そして、労働力の価値とは、労働力を保持する労働者が生きていくのに必要な生活手段の価値である。この価値にたいする支払いが賃金である。

他方、労働力商品の使用価値は労働そのものである。労働力が使用され労働がなされると新しい価値が生じる。この新しい価値は労働力商品がもともともっていた価値よりもはるかに大きい。そして、労働力本来の価値と新しく生まれた価値の差が剰余価値である。
　このように、賃金が〈労働力の価値〉であることを明らかにすることによって、マルクスは、労働者の労働に、賃金として支払われない部分があること、不払い労働が剰余価値を生み出すことを発見し、剰余価値が資本家のもうけの源泉となる資本主義の搾取のしくみを明らかにしたのです。
　マルクスが剰余価値論を完成するためには、その前提となる価値論を完成しなければなりませんでした。彼は、古典派経済学の成果を受け継ぎながら、これをさらに徹底させ、また発展させていったのです。
　古典派が剰余価値論をうちたてられなかったのは、労働価値論という理論と、もうけを生む資本という事実との矛盾の解明に失敗したからです。労働価値論は等価交換を大前提にしているのに、資本という事実は外見上は等価交換ではないのです。この矛盾をまえに、現実重視のスミスは労働価値論をおろそかにし、他方、理論重視のリカードは、労働価値論を重視するあまり、資本という事実に目をつむります。この両者の対立を解決したのがマルクスです。かれは、資本家が買うのは〈労働〉ではなく〈労働力〉だという発見によって、労働価値論の基礎のうえに剰余価値論を確立することができたのです。
　歴史の移行期に、世の中の有為転変(ういてんぺん)をしっかりみつめたスミス、すでに確立した資本主義のもとで、その経済現象のうちに不動の本質を究めようとしたリカード、矛盾の噴出する資本主義のもとで、両者をこえて、両者を統合し発展させたのがマルクスでした。

◎労働の二面的性質を明らかに

　マルクスは、古典派経済学にならって、商品を分析し、その二つの要因が使用価値と価値とであることを明らかにしました。かれは、価値を分析し、その実体が労働であることを明らかにし、価値の大きさが商品の生産に必要な労働時間に規定されることを明らかにしています。ここまでは、古典派経済学とほぼ同じですが、この先の分析は古典派経済学をのり越えて大きな飛躍をしています。

マルクスは、使用価値と価値とを生む労働を分析し、商品にふくまれる労働の二面的性質を明らかにしました。マルクス自身、「使用価値に表現されるか、交換価値に表現されるかにしたがっての労働の二面性」の解明が『資本論』の最良の点だと書いています（1867年8月24日、エンゲルスへの手紙）。すべての労働が、一面では使用価値を生産する具体的有用労働であり、他面では、価値を形成する抽象的人間労働であることを明らかにしたのです。さらに具体的有用労働の場である労働過程と抽象的人間労働の場である価値形成過程とをはっきりと区別し、分析しました。この分析は『資本論』全体をつらぬいています。この分析、自然的な側面と社会的な側面とをはっきり区別できなくて、しばしばそれぞれの側面を混同したことが古典派経済学の限界でした。

しかもマルクスの分析は、ここで止まるものではありませんでした。商品についての解明をさらに深めていきます。それが「商品の物神的性格とその秘密」の解明です。

◎人と人との社会的関係が物と物の関係に

古典派経済学は、不十分ながらも、価値と価値の大きさを分析して、価値という形態のうちに隠された労働という内容を発見しています。価値というものの実体（正体）が労働であることを明らかにしたのです。しかし、なぜ労働が価値という姿をとって現れるのか、また、なぜ、この商品の生産にかかった労働時間の長さがそのままあらわれずに、商品の価値の大きさであらわされるのかは明らかにできませんでした。商品の不思議さ・神秘さは、その使用価値によるものではありません。使用価値には何の不思議もないのです。また、価値についても、その内容に関しては何の不思議さも神秘さもありません。価値の内容とは抽象的人間労働にほかなりませんが、この労働そのものは人間の脳髄や筋肉などの支出です。人間は、労働の量・労働時間について、いかなる時代にも関心をもってきました。

ところが抽象的人間労働が価値という形態をとると、労働生産物は謎的性格をもちます。すなわち"人間労働の同等性"は「労働生産物の同等な価値対象性」という物的形態をとり、"継続時間による人間的労働力の支出の測定"は「労働生産物の価値の大きさ」という形態をとり、"生産者たちの諸関係"は「労働生産物の社会的関係」という形態をとるようになります。

人間の労働はどんな社会体制においても社会的労働です。人間と人間とが社会的に協力しあうという関係は、私的所有にもとづく商品社会では生産物と生産物との交換というかたちでおこなわれています。この場合、生産物と生産物との価値関係は、商品社会に特有な歴史的な社会的関係であり、労働生産物のもっている色や硬さなど自然的・物理的性質とはまったく無関係に存在します。ところが、商品形態は、労働の社会的性格を、あたかも生産物が生まれながらにもっている自然的属性であるかのように反映させるのです。
　こうして、人間と人間との社会的関係は、物と物との関係という幻影的形態をとるようになります。このことを、人間の頭脳の産物である宗教が自立的な姿をとるように見えることになぞらえて、商品の物神性（フェティシズム）と呼びました。

◎物神性の完成、三位一体的定式

　『資本論』第三部の最終篇、第7篇「諸収入とその源泉」は、この著作全体のひとつの総括といえるでしょう。この篇は第48章「三位一体的定式」（新日本新書版『資本論』⑬）からはじまりますが、ここでマルクスは、資本の物神性の完成された「定式」をきびしく批判し、つぎのように述べています。
　「三位一体的定式」というのは、資本—利潤、土地—地代、労働—労賃です。資本—利潤は資本—利子に還元され、後者の形式のほうがいっそう物神化された形式です。この範式は社会的生産過程のいっさいの秘密をおおいかくします。なぜなら社会の諸収入の源泉ということで、資本・土地・労働という実際には無関係の三つのものが本質において一つだとみなされているからです。土地は無機能的自然であり、労働は超歴史的にあらゆる社会に共通な人間の活動です。他方、資本は物ではなく、資本主義社会という特定の社会関係、人間と人間との関係です。ところが社会関係が、ある物（一定量の貨幣、土地、建物、機械、原料など）によって自らをあらわし、この物に独自の性格をあたえます。こうして、自己増殖するという資本独特の性格が、永遠の昔からもっていた性格であるかのような外観をもつようになります。これを資本の物神性といいます。土地や労働と並べられることによって、あたかも鶏が卵を生むように、資本が利潤、さらには利子を生むかのようにみえます。こうして資本の物神性は完成していきます。

「この経済学的三位一体においては、資本主義的生産様式の神秘化が、社会的諸関係の物化が、素材的な生産諸関係とその歴史的・社会的規定性との直接的な癒着が完成されている」（前掲『資本論』⑬1452ページ、原838ページ）。

この定式は、資本主義的生産諸関係を当然の前提とするブルジョアジーの意識をそのまま表現したものでした。資本主義を意識的に粉飾し弁護し、その矛盾をおおいかくすことを目的として、経済現象の科学的認識を表面だけの記述にすりかえる経済学を、マルクスは俗流経済学と呼びました。それは、支配階級の利益とも一致し、支配階級の収入を正当化し、「魔法にかけられ、さかさまにされ、さか立ちさせられた世界」をそのまま是認する経済学でした。

◎古典派経済学の功績と不徹底

マルクスは、古典派経済学は俗流経済学とはちがう、と断言しています。

「この偽りの外観と欺瞞、富のさまざまな社会的諸要素相互のこの自立化と骨化、この、諸物件の人格化と生産諸関係の物件化（ザッヘン・フェルザッハリッフング）、日常生活のこの宗教、これらを打ちこわしたことは、古典派経済学の大きな功績である」（前掲『資本論』⑬1453ページ、原838ページ）。

古典派経済学は、現象の外見上の記述に終始する俗流経済学とは異なり、資本主義的生産諸関係の内的連関を探求しています。古典派経済学は、商業利潤や利子を利潤の一部分に還元し、地代を平均利潤以上の超過分に還元したのです。剰余価値概念は確立できませんでしたが、事実上、諸収入を剰余価値にまで還元し、剰余価値と価値を労働にまで還元しました。社会の諸収入は、労働者の労働が直接的生産過程においてつくりだしたものであることを明らかにしたのです。

けれども、古典派経済学は、その資本家的立場のゆえに、資本主義的生産諸関係の歴史的性格をみぬくことができず、多かれ少なかれ物神性にとらわれていました。そのため、分析は不徹底であり、中途半端で未解決におちいってしまったのです。

◎徹底した分析と展開

古典派経済学は、価値論を徹底させて、その基礎のうえに剰余価値論をうちたてることができませんでした。そのために、古典派経済学は剰余価値と利潤

とを混同し、これをはっきりと分離することができなかったのです。

　古典派経済学が解決できなかった課題を、マルクスが最終的に解決したのです（図2）。

　マルクスは諸収入を平均利潤に、平均利潤を利潤に、利潤を剰余価値に、剰余価値を価値に、価値を労働に一貫して還元しました。だが、マルクスは、商業利潤や利子や地代という具体的な諸収入から、普遍的な剰余価値へと分析をすすめただけではありませんでした。マルクスは、労働がなぜ価値という形態をとるのか（物神性論）、商品からどのように貨幣が発生するのか（価値形態論）、価値からどのように剰余価値が生じるのか（剰余価値論）、剰余価値がどのようにして利潤に転化するのか、また、利潤がどのようにして平均利潤に転化するのか、さらに、平均利潤からどのように商業利潤や利子生み資本が生じるのか、平均利潤以上の超過分からどのように地代が生じるのか、を発生的に

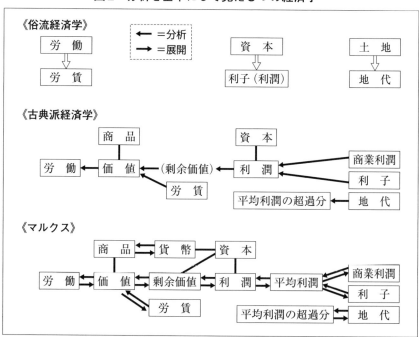

図2　分析を基準にして見た3つの経済学

※俗流経済学には分析がなく、外見上の記述にとどまっています。古典派には鋭い分析がありますが、剰余価値は分析できませんでした。マルクスには徹底した「分析」とともに「展開」があります。

展開したのです。

　こうしてマルクスは、商品・貨幣・資本の物神性を解明し、資本制という「さか立ちさせられた世界」の内的連関・本質をつかむことができました。物神性の解明は、物神崇拝におちいった非科学的な諸説の批判と結びついています。この意味で、"経済学批判"としての『資本論』の課題のひとつは物神性の解明にあったのです。

◎未来への展望と確信を

　古典派経済学の功績を正しくうけつぎ、古典派が明らかにできなかった剰余価値理論の究明をはじめ、資本主義社会の根底をつらぬく法則を解明した経済学こそ、マルクスの経済学なのです。かつて久留間鮫造先生は、もしスミスやリカードが自分たちで問題提起しながらも解決できなかった問いにマルクスが答えているのを知ったら、かれらは泣いて喜ぶだろう、といわれたことがあります。先人たちが提出した難問に正解を与えたこと、『資本論』とマルクス経済学の最大の魅力はこの点にあります。

　21世紀は、私たちの予想を超えて大きく変わる時代になるでしょう。この移行期に経済学を学ぶことは、私たちが未来を予測し、どんな出来事が起きても事態の本質を的確に理解する科学の目を養ってくれるでしょう。激動する世界のなかで、今は一人一人の生き方が問われる時代です。先行する科学と思想を発展させてその最高峰にたつマルクス経済学は、未来への展望と確信をもって生きる道を示してくれるのです。

〈付〉マルクス、エンゲルスの革命的生涯と主要著作［略年表］　（『経済』編集部）

1818年	マルクス誕生（5月5日、プロイセン・ライン州トリールで）。
1820年	エンゲルス誕生（11月28日、同・ライン州バルメンで）。
1835年	マルクスの大学時代、ヘーゲル哲学に熱中。
1841年	マルクス、ベルリン大学卒業。イエナ大学で哲学の学位取得。
1842年	マルクス、革命的民主主義者として「ライン新聞」（ライン州ケルン）で活躍（〜43年3月）。
1843年	マルクス、結婚（6月）後、パリへ移る（10月）。
1844年	マルクス、『独仏年誌』創刊。エンゲルス「国民経済学大綱」を寄稿。マルクス、「経済学・哲学草稿」を執筆。経済学研究を始める。
8月	マルクスとエンゲルス、生涯にわたる共同の活動開始。『聖家族』を共同執筆。
1845年	マルクス、パリを追放され、ブリュッセル（ベルギー）へ移る。エンゲルス、『イギリスにおける労働者階級の状態』刊行。
1846年	『ドイツ・イデオロギー』を共同執筆（45年〜）。
1月	マルクスとエンゲルス、ブリュッセルで共産主義通信委員会を結成。
1847年	マルクスとエンゲルス、正義者同盟に加盟（6月共産主義者同盟に改組）。マルクス『哲学の貧困』を著す。　　　［イギリスで経済恐慌（47〜48年）］
1848年	マルクスとエンゲルス、『共産党宣言』を発表（1月）。
	［仏・2月革命、独・3月革命］
4月	エンゲルスとともに革命のドイツに帰国（48年革命に参加）。
5月	ライン州ケルンで「新ライン新聞」発行。マルクス、「賃労働と資本」を連載。
1849年	ドイツ革命敗北後、ロンドンに亡命（8月。エンゲルスは11月にロンドンへ）。
1850年	ドイツ向け革命雑誌『新ライン新聞　政治経済評論』発行（1〜10月、5冊）。
9月	マルクス、大英博物館を拠点に経済学研究（『ロンドン・ノート』24冊）。
11月	エンゲルス、マンチェスターの工場経営の仕事に転身。
1851年	マルクス、アメリカの日刊紙「ニューヨーク・デイリー・トリビューン」やヨーロッパ各紙への寄稿（62年末までに600余篇の論説を発表）。マルクス、『ルイ・ボナパルトとブリュメール一八日』を執筆（〜52年3月）。
1857年	マルクス、経済学草稿の執筆を開始。『57〜58年草稿』（ノート7冊）。
	［欧米諸国で経済恐慌（57〜58年）］
1859年	『経済学批判』第1分冊刊行（同・序言を執筆）。
1861年	マルクス、『61〜63年草稿』の執筆開始（ノート23冊）。
	［アメリカの南北戦争。65年終結］
1863年	マルクス、経済学の著作の表題を『資本論』と改め、第一部草稿の執筆開始（8月〜64年夏）。
1864年	［国際労働者協会（インタナショナル）発足］

	マルクス、インタナショナルの評議員になり、「創立宣言」「暫定規約」を起草。マルクス、夏〜年末に、『資本論』第三部第1〜3章〔篇〕を執筆。
1865年	『資本論』第二部第1草稿を執筆。
6月	マルクス、インタナショナルの会合で「賃金、価格および利潤」の講演。
後半	『資本論』第三部第4〜7章〔篇〕を執筆。
1866年	『資本論』第一部完成稿の執筆開始（1月〜67年4月）。
8月	マルクス、インタナショナル・ジュネーヴ大会での一連の決議（「労働日の制限」、「協同組合労働」、「労働組合。その過去・現在・未来」）を執筆。
1867年	『資本論』第一巻（第一部）刊行（9月）。
	『資本論』第二部第2〜4草稿の執筆（〜70年）。
1869年	〔ドイツで社会民主労働者党〔アイゼナハ派〕創立〕
1870年	〔7月、フランス＝プロイセン戦争。9月、パリで共和制革命〕
9月	エンゲルス、工場経営から身を引きロンドンに帰還（二人の間の往復書簡は1388通。これ以後で158通）。10月からインタナショナルの活動に参加。
1871年	〔パリ・コミューン（3〜5月）〕
5月	マルクス、インタナショナルの声明「フランスにおける内乱」を執筆。
1872年	『資本論』フランス語版刊行開始（〜75年）。
1873年	『資本論』第一部第2版刊行。
1875年	マルクス、ドイツの党（ラサール派とアイゼナハ派）の合同綱領・『ゴータ綱領批判』（3月）。
1876年	エンゲルス、ドイツの党機関紙に『反デューリング論』を連載(78年刊行)。
1877年	『資本論』第二部第5〜8草稿執筆再開（〜81年）。
1878年	〔10月、ドイツで弾圧法・社会主義者取締法成立〕
1880年	エンゲルス、『空想から科学へ』刊行（マルクスが序文を執筆）。
1883年	マルクス、ロンドンで死去（3月14日）。エンゲルス、「カール・マルクスの葬儀」で演説。
	『資本論』第一部第3版刊行
1884年	エンゲルス、『家族、私有財産および国家の起源』を執筆（刊行は10月）。
1885年	エンゲルス、『資本論』第二部を編集・刊行（7月）。
1886年	エンゲルス、ドイツの党理論誌に『フォイエルバッハ論』掲載（88年刊行）。
1887年	『資本論』英語版刊行。
1891年	エンゲルス、『1891年の社会民主党綱領草案の批判〔エルフルト綱領草案批判〕』執筆（6月）。
1894年	エンゲルス、「フランスとドイツの農民問題」を執筆（1月）。
12月	エンゲルス、『資本論』第三部を編集・刊行。
1895年	エンゲルス、マルクスの『フランスにおける階級闘争』を編集し、その「序文」を執筆（3月）。
8月	エンゲルス、ロンドンで死去（8月5日）。

【Ⅲ】世界を変えるマルクスの目

9　マルクスの目で見て社会を変える

石川康宏

（1）　カール・マルクスという人

◎革命家だからこそ冷静な研究者

　カール・マルクスは1818年に、今でいうドイツで生まれ、1883年にイギリスで亡くなった革命家です。生まれた場所を「今でいうドイツ」といったのは、当時、あの地域には、統一されたドイツという国がなかったからです。マルクスは後の1871年にドイツ帝国がつくられる時に中心的な地位を占めていく、プロイセンという王国に生まれたのでした。

　亡くなった場所がイギリスだというのは、イギリス旅行の最中に亡くなったということではありません。若い頃から革命運動を行い、君主制の政治体制を、議会のある国民主権の政治につくりかえようとし、さらにその道をすすんで資本主義から共産主義へと社会のしくみをつくりかえることを目指したマルクスは、権力者たちから抑圧されて、プロイセンに住めなくなっていたのです。プロイセンを出た後、パリやブリュッセルなどを転々とした後、結局、長くイギリスのロンドンでくらすことになりました。

　マルクスは革命家であると同時に、人間社会のしくみや歴史、社会改革の可能性を根本から探求した巨大な学者でもありました。この「同時に」というところが大切なのですが、もう少しつっこんでいうと、マルクスは革命家である

がゆえに学者でもあらねばならなかった、そういうタイプの人でした。ややこしいいい方ですが、それはこういうことなのです。

マルクス以前にも、貧困や差別をなくすために社会改革を訴えた人たちはたくさんいました。その人たちの多くは、「理想的な社会」の設計図をあたまの中でつくり、その社会づくりに賛成してくれる、特に富裕者の財力にたよって改革を行おうとしていました。それに対してマルクスは、そうした改革は貧困や差別に苦しめられている当の労働者が、知的にも政治的にも成長して実行するしかないし、そもそも、いわゆる「理想的な社会」は、あたまの中で自由に構想できるものではなく、いまある社会の実際の発展の中に見つけ出さねばならないものだと考えました。

ちょうどお医者さんが病気を治すために、からだのしくみについての正確な知識を必要とするのと同じように、マルクスも貧困や差別といった社会の病気を治すには、そういう症状を生み出す社会のしくみを大本から正確にとらえることが必要だと考えたのです。ですからマルクスにとって、革命家であろうとすることは、現実社会の徹底した研究者であろうとすることと完全に一体のことでした。

マルクスに対するひとつの誤解として、マルクスは「革命をせねばならない」というある種の「思い込み」にとらわれたので、人間の社会を偏った一面的な見方でしかとらえることができなかったというものがあります。しかし、社会のしくみをとらえ損なえば、どんなに崇高な社会改革への願いも、決して実現させることはできません。それがマルクスの考え方でしたから、反対に、予断をもたず、偏見なく、あるがままに人間社会を冷静にとらえる努力をつづけねばならないというのがマルクス本人の精神でした。

マルクスは65年間の生涯で、社会改革の運動の面でも、人間社会の研究の領域でも、多くの人が認める大きな実績を残しました。ですから、亡くなって130年以上もたっているのに、ノートや草稿をふくめた初めての本格的な全集が、国際的な共同事業として現在進行形で出版され、代表的な著作である『資本論』の新訳が、日本でも最近も出版されているのです。

◎閉じた教義でなく開かれた発展の理論

マルクスが残した学問は非常に多面的なものですが、その成果は、大きく

は、世界観あるいは哲学、特に資本主義社会についての経済学的な解明、資本主義の発展方向の先に見えてくる未来社会の探求、未来社会への変革の道を究明した革命論という主に四つの領域からなっています。それらは互いにばらばらにあるのでなく、相互に、密接にからみあってひとつの体系的な全体をつくるものとなっています。

　それが、今日「科学的社会主義」と呼ばれるものの出発点です。「出発点」というのは、それがマルクスによってすべてが完成されたとする「閉じた体系」ではなくて、そうなるとマルクス原理主義になってしまいますけれど、マルクス以後の科学の究明により、今も発展をつづけている「開かれた」学問体系であるからです。科学的社会主義は、マルクスを注意深く研究しますが、その成果を絶対視するものではありません。

　この点については、マルクスの終生の友であり、社会改革の同志であり、頼りになる共同研究者でもあったエンゲルスが「われわれの理論は発展の理論であり、まる暗記して機械的に反復するような教義ではありません」(エンゲルスからケリーウィシュネウェツキへの手紙、1887年1月27日、大月書店『マルクス・エンゲルス全集』36巻、525ページ）と端的に述べています。マルクスに学びながらも、マルクスにとどまってはならない。そういう発展的な学びを誰に対しても要求するのが、他ならぬマルクスの学問なのです。

(2) 日本社会内部の客観的な対立

　現代日本の社会に目を向けてみましょう。私はこの数年、ゼミの学生たちと福島県の原発被災地を訪れています。東電の事故から5年半がたちましたが、いまも8万以上の人が自分の家にもどれずにいます。復興の成果に目を見張り、嬉しく思うところもありますが、しかし、いまだに8万を超えるというこの避難者の数は異常というしかありません。事故を起こした東電は、原発を国策として推進してきた国（政府）は、一体何をやっているのでしょう。

　政府の動きを見ていると、そもそも「復興」の方向自体がピントはずれになっています。私は、復興というのは、一人一人の人間らしい暮らしの再建を、最優先にめざすべきものだと思っています。しかし、政府がおこなう政策の柱は、自分たちが震災前に決めていた経済政策を、「復興」のためだからという

言葉を利用して、いわばドサクサまぎれにすべて実行してしまえというものになっています。

詳しいところは『人間の復興か、資本の論理か　3・11後の日本』(2011年、自治体研究社) に書きましたが、東北の農漁民を苦しめることにしかならないＴＰＰ (環太平洋連携協定) への固執や、法人税を減税しながら消費税を増税し、さらに社会保障を細らせる「税・社会保障の一体改革」などは、どう考えても納得できるものではありません。また、これ以上の原発被災はごめんだと、福島県民は東電の福島第一だけでなく、第二原発をふくめた原発10基の廃炉を求めていますが、東電も政府もいまだに明快な回答を避け続けています。

震災の年に、ナオミ・クラインの『ショック・ドクトリン』(2011年、岩波書店) という本が翻訳されましたが、副題は「惨事便乗型資本主義の正体を暴く」でした。その後、日本政府がやってきたことは、この指摘のとおり、「大震災」という惨事に「便乗」して、大資本に新しい経済的利益をもたらすことを常に優先的に組み入れようとする犯罪的なものになっています。

「復興」の実際がこのようですから、震災後1年ほどの世論調査には、「震災後の日本政治」や「震災復興と原発事故」への対応に、7～8割の人が「不満」「評価しない」と回答しました。そして、原発の再稼働については、2016年におこなわれた鹿児島や新潟の県知事選挙にもあらわれたように、いまも反対の声が全国で多数となっています。

多くの市民が、2016年の熊本地震の被災者もふくめ、もっとすみやかに、手厚い支援が行われるべきだと考え、またこれまでの原発推進という政策からの脱却を望んでいるのに、なぜ、市民の代表であるはずの政治がその声に応えられないのでしょう。それは端的にいって、資本主義の社会が、必ずしも善意と連帯の精神でひとつにまとまった協同の社会ではないからです。さらに突っ込んでいえば、残念ながら、経済的な権力をにぎった一部の人々が自分たちの利益のために政治を大きく左右する社会になっているからです。

(3) 疑いようのない事実——階級・階級闘争

社会が必ずしも連帯と共同を基本にすえたものになっていないとすれば、それはいったいどういう仕組みになっているのでしょう。そうした人間社会の構

造の究明は、マルクスの仕事の重要な一部となっています。マルクスは、封建社会から資本主義社会への転換をすすめた政治革命、つまりブルジョア革命や、成立した資本主義のもとでの資本家と労働者のはげしいたたかいの経過などを研究し、社会内部の大きな集団同士の長期にわたる対立が、経済的利害の対立にもとづくことを明らかにしました。

マルクスは、社会や政治のあり方に対するものの考え方の相違が、そうした分裂や対立を生むのではなく、逆に、各人の意識から独立した各人の客観的な経済的立場の違いが、彼らのものの考え方の違いを生み、それが時に内乱や革命と呼ばれるほどの大きなたたかいや社会の変革をもたらすことを明らかにしたのです。それがマルクスのいう社会の「階級」への分裂や、階級間のたたかい、すなわち「階級闘争」ということでした。

現代の日本資本主義を見ればわかるように、この社会の経済活動の根底的な推進力は、トヨタ、ＮＴＴ、ソニー、三菱ＵＦＪなど個々の資本による、自分たちの経済的な利益の追求です。それは高い利益を追求するからこそ、新しく便利な製品やサービスをつくりもするし、他方で、同じ高い利益の追求を原動力に、労働者を低賃金に追い込んだり、下請企業をいじめたり、自然環境を破壊するなどの大きな社会問題を生み出しもします。その内容については後で、もう一度ふれるとして、このような大規模な利益の追求を行うことができるのは、それに必要な巨大な施設や設備（工場や建物や店舗など）を所有して、たくさんの人を雇い、はたらかせることのできる人だけです。マルクスはそれを資本家と呼びました。

それに対して、現代日本では、労働力人口の８割が労働者と呼ばれる人に占められています。労働者というのは、誰かに雇われてはたらき、その「対価」として賃金を受け取って暮らす人のことですが、この人たちがなぜ資本家でなく労働者にならねばならないのかは、彼らが大規模な経済活動をするのに必要な施設や設備をもっていないことから説明されます。

マルクスはこのような施設や設備を「生産手段」と呼び、これを所有しているか否かの違いにもとづいて、経済的な地位の異なっている人々の集団を、「階級」という言葉で表現しました。社会は誰もが経済的に同じ立場にある均一で平板なものではなく、資本家階級とか労働者階級といった、ずいぶんと経済的地位が異なる大きなグループにわかれているというのです。そしてマルク

スは、人間社会の歴史に刻まれるような社会内部の大きな対立とそれを通じた社会構造の大きな転換は、経済的利害の衝突を根底にもつ階級間の争い、つまりは階級闘争を内実とするのだと述べました。

じつは、「階級」や「階級闘争」の発見やその「経済学的解剖」はマルクスが初めて行ったことではありません。それについては、マルクス自身の説明があります（※）。それは資本家と労働者が手をつなぎ、貴族や地主の階級とたたかって、封建社会から資本主義社会への転換を押し進めたブルジョア革命を目の当たりにした当時の歴史学者や経済学者には、すでに疑いようのない事実なのでした。

※　「近代社会における諸階級の存在を発見したのも、諸階級相互の闘争を発見したのも、別に僕の功績ではない。ブルジョア歴史家たちが僕よりずっと前に、この階級闘争の歴史的発展を叙述したし、ブルジョア経済学者たちは諸階級の経済的解剖学を叙述していた。僕が新たにおこなったことは、⑴諸階級の存在は生産の特定の歴史的発展諸段階とのみ結び付いているということ……を証明したことだ」（マルクスからヴァイデマイヤーへの手紙、1852年3月5日、『全集』28巻、407ページ）。

（４）　日本の労働者たちよ、団結せよ

さきほど、資本家が労働者を低賃金に追い込むという問題にふれましたが、長時間労働や過密労働の強制などもふくめて、それは必ずしも資本家個人の悪意を出発点としたものではありません。それを資本家たちに強いるのは、資本主義社会の客観的な構造です。

労働者の賃金や福利厚生費をふくめた人件費を抑制すると、資本家の利潤は拡大します。そういう経済的な関係が労資のあいだに客観的に存在し、その下で資本家同士の競争に勝ち抜き、自分の資本を強く、大きくしていこうとすれば、労働者の賃金を積極的に押さえ込み、サービス残業を拡大し、あるいは労働組合をつくってたたかう労働者を排除するなどの方向へ、多くの資本家は引き寄せられずにおれなくなります。だからこそ、そこには社会的な介入と制御が必要になり、実際、労働基準法をはじめとする労働法は、資本によっておかされてはならない労働者の権利を定め、不十分ながらも、それによって労資関

係の「公正」を保とうとするものになっています。

　マルクスは、資本主義における経済的な利害対立の中心が、資本家と労働者の間にあるとして、それは一面で相互に依存しあう関係であり、同時に他面で相互に排除しあう「矛盾」した関係なのですが、その両者の闘いこそが資本主義における階級闘争の核心なのだと述べました。そういうマルクスの目から見れば、公務労働者と民間労働者、正規労働者と非正規労働者、若い労働者とベテランの労働者、男性労働者と女性労働者など、労働者同士が互いの処遇の格差のみに目を奪われ、足を引っ張りあうといったことが、資本家たちを利するものでしかないことは明らかです。

　たとえば、メディアの煽りもあって、一時、熱狂的に行われた公務員へのバッシングは、実質的には、住民のくらしに必要な「公務」、たとえば保育所の設置や運営を、なんでも民営化（営利化）してしまえという「構造改革」路線にもとづいて解体し、くわえて公務員の賃金を引き下げることで、政府に法人税減税など大資本に奉仕するための財源を新たにつくり、他方で、異常な低賃金を民間労働者たちに納得させようとするものになっていました。こんな動きに、同じ労働者が同調してよいわけがありません。

　マルクスがこんな日本の現状を目にすれば、「日本の労働者よ、何をそんな見えすいた手にのせられているのだ」「すべての労働者は団結せよ」「団結して何より資本家たちとたたかえ」とただちに檄をとばすでしょう。ここには日本の労働者の階級的な成熟に向けた大きな課題があると言えるでしょう。

（5）　政治権力と経済権力のむすびつき

◎天下公認の大資本家団体

　資本家階級と政治権力（政府）との結びつきですが、現代日本の主な大資本家は、日本経済団体連合会（日本経団連）、経済同友会、日本商工会議所（日商）という、いわゆる財界3団体に集まっています。彼らは堂々とホームページに組織の目的や方針を示し、代表者はマスコミにも頻繁に登場し、安倍首相がアベノミクスの司令塔とよぶ「経済財政諮問会議」をはじめ、そこには日本経団連の榊原会長が出席しているのですが、政府の様々な会議に代表を派遣し

9　マルクスの目で見て社会を変える

てもいます。隠れもしない、天下公認の大資本家団体であり、政府に対する圧力団体あるいは政権党のスポンサーとしての役割を果たしているのが実情です。

マルクスの時代には、このように社会的に強い影響力をもった資本家団体はありませんでした。個々の資本の規模がまだ小さく、それらがはげしく競い合うのが資本間の関係の主な側面だったからです。

そこに変化が起こるのは19世紀から20世紀への世紀の転換の頃でした。特にヨーロッパ社会に、全国的な規模での資本家団体ができ始めるのです。たくさんの資本が互いに競い合う自由競争の資本主義から、少数の大資本が部分的に手をつなぎ（カルテルやトラストといった業種別団体がまずつくられました）、その一方で労働者だけでなく、中小の資本を経済的な支配下におさめる大資本中心型の資本主義に、資本主義経済のしくみが変化したことの結果でした。

日本の政府や財界団体、また彼らと親しい学者の中には、「資本主義は自由競争があたりまえ」「競争のじゃまになる規制は緩和せねばならない」と主張する、新自由主義者とよばれる人たちがいますが、彼らは19世紀と20世紀でのこうした資本主義の質の変化を無視しています。同じような規模の資本が横並びで競争していた時期と、経済構造全体の頂点に少数の巨大な資本が君臨するようになった時期とでは、自由競争が果たす役割はまったく違ったものになってきます。現代における自由競争推進の主張は、強者が自由に弱者を飲み込むことを可能にするものでしかありません。新自由主義というのは、そのわかりきった弱肉強食をあえて押し進め、大資本の利益をますます拡大させようとするものでしかありません。

◎政治権力と経済権力の密接な結合

20世紀初頭に少数の大資本家が、大きな資本家団体をつくるようになると、彼らは政治にも直接、強い影響力を及ぼし始めます。人脈と金の力が主な手段です。レーニンが1916年に書いた『帝国主義論』を読むと、20世紀初頭のヨーロッパ社会で「金融寡頭制」ということばが広く使われていたことがわかります。寡頭制というのは少数者による政治の支配ということですから、「金融寡頭制」というのは当時急成長した銀行資本をふくむ少数の大資本による政治の支配ということでしょう。実際『帝国主義論』には、現代日本と同じような、

大資本による政治家の買収といったスキャンダルも紹介されています。

　また1914年に開始された第一次世界大戦の中で、政府と軍需産業の一体化や、政治による経済全体への介入が進みます。いわゆる戦時統制経済の形成です。しかし、それは戦争に勝つために政府や軍が経済界を一方的に統制したというものではありません。特にアメリカやヨーロッパでは、大資本の利益が拡大するような統制の方法、資源や資金、労働力の配分などを経済界が政府に求めるといった相互の関係を含むものでした。

　現在の日本経団連（2002年に経団連と日経連が統合して発足）の前身となる経済団体連合会（経団連）は、敗戦直後の1946年に設立されましたが、さらに、その源流を遡れば、1922年に日本経済聯盟会が結成されています。日本が革命後のロシアの政権を倒すという名目で、シベリアに7万人をこえる軍隊を派遣していた頃です。シベリアからの撤退の後、日本は1931年に中国東北部への侵略を本格化させ、32年には日本の傀儡国家である「満州国」を建国し、37年には中国への全面戦争に入っていきました。

　この流れの中で、1940年には日本経済聯盟会が中心になり、戦時経済の統制をすすめる重要産業統制団体懇談会がつくられます。日本でも大資本家は軍や政府の命令に一方的にしたがうだけでなく、同時に、鉄鋼・石炭・石油などの資源や、低賃金あるいは無償の労働力や市場の確保を求め、侵略と植民地拡大を積極的に推進する役割を担いました。

◎敗戦後の政治と大資本家たちの復権

　大資本家団体＝財界団体と政治権力との関係に新しく大きな変化が生まれるのは、20世紀前半とくに第二次大戦直後のことでした。天皇制の権力が崩壊した後で、大資本家団体の前に、男女共通の普通選挙権や国民主権という新しい「敵」が登場してきたのです。性別や納税額など一切の条件を必要とすることなく、成人男女の誰もが選挙権をもつという普通選挙制度の確立と、それを通じて政治権力をつくるという民主的な議会主義の確立です。これは封建制の身分社会に「自由・平等・博愛」のスローガンを対峙させた、ブルジョア革命以来の長い市民のたたかいの成果でした。多くの市民にとって、これは新たな人権の獲得を意味するものでした。

　しかし、財界にとっては、これは大きな脅威です。市民は大資本家に都合の

9　マルクスの目で見て社会を変える

いい政治家ばかりを選ぶわけではなく、反対に大資本中心の政治や経済を市民本位につくりかえようとする政治家を選ぶ可能性も生まれてきます。これは財界人にとって危機的状況以外の何ものでもありません。特に日本では、それが戦時期まで「現人神」とされていた天皇から主権を奪い取る形で行われたため、日本の支配層にはかなりの混乱が生まれました。

その混乱を収拾する上で大きな役割を果たしたのは、当時、連合国を代表して日本全土を軍事占領していたアメリカ軍でした。アメリカ軍は、当初、ポツダム宣言にもとづき日本の民主化を進めましたが、米ソを中心とした戦後の「冷戦」体制が確立し、それがアジアにも広がる中で、ポツダム宣言を一方的に投げ捨てて、また自ら草案を書いた日本国憲法（47年5月3日施行）の精神をも投げ捨てて、アメリカいいなりの軍事大国として日本を復興させる方針に転換します。1947年から48年にかけてのことです。そして、この方針に従うことを事実上の条件に、政財界の大物たちの戦争犯罪や戦争協力を理由にした公職追放を解除します。

その後、50年に始まった朝鮮戦争をきっかけに、アメリカ側の要請にもとづいて自衛隊の前身となる警察予備隊が創設され、これが52年に保安隊、54年に自衛隊に改組されます。そして51年には、国民に内容を知らせないまま、日米安保条約が調印されます。朝鮮戦争によって、アメリカ軍に協力する日本の軍需産業の復活も公然と進められ、財界団体からは日本再軍備のための独自のプランも出されました。アメリカ軍の占領が公的に終了したのは、あえて公的というのは、実質的には多くの基地がおかれる「半占領」状態が今日まで継続するからですが、52年4月のことでした。

55年になると、A級戦犯容疑者として「スガモプリズン」に拘束されながら、48年にアメリカ軍によって釈放された岸信介が初代幹事長となって、自由民主党を結成します。当時の自由党と民主党を合同してつくられたこの政党は、「自主憲法制定」による9条の改定、つまりアメリカと一緒に戦争のできる国づくりを最大の目標としたものでした。その後の選挙で、自民党は改憲の発議に必要な国会の3分の2の議席を得ることはできず、それがはじめて実現するのは2016年のこととなります。岸信介が57年に首相となり、60年には新たに日米共同作戦の義務を負う安保条約の改定を強行しました。

こうした戦後の激動の中で、日本の財界は、アメリカによる日本の労働組合

運動の弾圧や公務労働者からのスト権の剝奪、さらには朝鮮戦争による戦争特需などを背景に、アメリカ占領軍の庇護の下で、アメリカ政府への忠誠とひきかえに戦後も支配勢力の一翼として復活することをゆるされ、その後もアメリカの対日政策、対日経済政策に身をそわせることで急速な成長を達成するのでした。

（6） 現代日本の財界による政治の支配と世論操作

◎日本経団連と「財界いいなり」政治

　話を現代にもどすと、日本経団連をはじめとする財界団体は、国民主権の下にあっても「財界いいなり政治」が実現するよう、岸等がつくった自民党を全力で支援しています。1955年の結党から今日まで、93〜94年と2009年から12年までの一時期をのぞいて、自民党は半世紀を超えて政権の座を維持し続け、財界はこれをつうじて、時には市民の取り組みに対する一定の譲歩もおこないながらも、全体としては安定して大資本の意向を政治に反映させてきました。

　その方法の基本は、自分たちの主張を「意見書」という名の文書にまとめ、これを首相や大臣に渡しながら、その実現のためにはたらく政党や政治家に「政治献金」という名の賄賂を渡し、さらに政府の各種会議に代表者を送り込んで政府の政策決定を直接左右し、また市民に向けては、マスコミや教育をつうじて、財界が望む政治や社会への支持と同意を調達していくというものです。

　ごく最近も経団連は「主要政党の政策評価 2016」（2016年10月18日）で自民党に高い評価を与えながら、同じ日に発表した「政治との連携強化に関する見解」で、加盟の企業や団体に自民党への「政治献金」を公然と呼びかけました。

　「政治寄附については、経団連はかねてより、民主政治を適切に維持していくためには相応のコストが不可欠であり、企業の政治寄附は、企業の社会貢献の一環として重要性を有するとの見解を示してきた」「経団連は、会員企業・団体に対し、自主的な判断に基づき、自由主義経済のもとで企業の健全な発展を促進し、日本再興に向けた政策を進める政党への政治寄附を実施するよう呼

びかける」といった具合です。これは政策買収以外の何ものでもありません。

現在の日本経団連には1496人の大資本家や資本家団体の代表が集まっていますが（2016年6月2日現在）、かれらは60を超える各種の委員会にわかれて活動し、日常的に政策立案作業を行っています。法人税減税と引き換えの消費税増税や、社会保障財源をすべて消費税でまかなう、原子力発電を基幹エネルギー源とする、被災地復興を大資本本位の日本改革のモデルと位置づける、軍需生産を活性化し武器輸出を促進する等、これらの政策はいずれも財界団体から出てきたものです。

こうして一方の手で政策文書を渡し、他方の手で金を渡すのですが、長年のこういうやり方は、「財界いいなり」政治家たちを、自分のあたまで政治の大局やこの国の進路を考えることのできない、財界のイエスマンあるいは政治活動を自分の金儲けの手段としか考えない「政治屋」に堕落させてきました。

◎マスコミや教育を活用した世論操作

財界団体の国民・市民に対するはたらきかけについては、たとえば電力10社で構成する電気事業連合会の広報部長が書いた『電力産業の新しい挑戦』（日本工業新聞社、1983年）が、巨額の広告料を武器に「朝日」「読売」「毎日」などの大手紙を、「原発安全神話」を国民に浸透させる手段として抱き込んでいく経過を自慢話として書いていることは有名です。また、それ以前に、日本に原発を導入するにあたって、原子力エネルギーの「平和利用」をすすめるキャンペーンが、正力松太郎の「読売」や同系列の「日本テレビ」などを中心に、様々な形で行われたことも、広く知られるとおりです。

日本のメディアは、世界に例を見ない巨大な規模を誇っていますが、それは決していつでも「公正・中立」であるわけではありません。安倍内閣はNHKの会長や経営委員に、自分たちの政権を擁護してくれる「おともだち」を就任させ、自分たちの気に入らないテレビキャスターを降板させ、多くの新聞・テレビの経営陣と頻繁に夕食を共にしています。消費税を5％から8％に引き上げるときには、政府の財源は消費税しかないかのようなテレビ報道がたくさん行われ、各種選挙ではアベノミクスへの期待ばかりを語りました。2016年夏の参議院選挙については争点隠しや、それ以前に選挙報道の規模を縮小することで、選挙の実施そのものを隠すかのような行動もとっています。

学校教育を通じた世論操作も重要です。2012年4月から一部の中学校で使用された教科書、育鵬社版の『新しいみんなの公民』は、次のように原発を持ち上げました。
　「エネルギー供給は、原子力発電が約3分の1」「温暖化の原因となる二酸化炭素をほとんど出さず、原料となるウランをくり返し利用できる利点があり」「安全性や放射性廃棄物の処理・処分に配慮しながら、増大するエネルギー需要をまかなうものとして期待されています」（178〜179ページ）。これがテストに出されれば、子どもたちは原発は「期待されて」いると回答せねばならないしかけです。

◎階級闘争の三つの側面と前向きの変化

　このように日本の財界団体は「財界いいなり政治」をすすめるために、ありとあらゆる手段をつかっています。しかし、長期的に見ると自民党に対する国民の支持は減退し、比例代表での絶対得票率は、2016年の参院選でも18.9％にとどまるまでになりました。絶対得票率は、全有権者に占める得票数を示すものですが、その比率は5人に1人にも達していません。小泉首相が郵政民営化を掲げて闘った2005年の衆院選では25％を超えていましたから、安倍人気も実態はたいしたものではないということです。それにもかかわらず自民党の議席が多いのは、多数の「死票」を生み出し、国民の投票結果を議席にゆがめて反映させる小選挙区制によるものです。
　ここまでメディアを抱き込んで、ここまで争点隠しをして、国民だましをしているのに、なぜ有権者の支持が減るのでしょう。それはいまの政治に満足できない多くの市民の批判や抵抗の力がはたらいているからです。
　先に、資本主義社会の内部に階級間の対立をみるマルクスの議論を紹介しましたが、同時に、マルクスは階級闘争が社会発展の原動力であるとも繰り返し述べました。大資本家たちを含む政治的・経済的な支配者に、多くの労働者・市民が経済生活の「公正」を求め、あるいは政治的な民主主義を求めて闘っていく。それが、資本主義を民主的に改革する力になるし、資本主義を超える新しい進んだ社会づくりの条件をそろえるものにもなっていくのだと。ですからマルクスのいう闘争は「破壊」ではなく、逆に社会の「発展」や「充実」を目指すものでした。

マルクスの盟友だったエンゲルスは、晩年、資本主義社会における階級闘争の三つの側面について述べています。ひとつは直接的な労資の雇用関係の改善をめぐる経済闘争、ふたつは労資の対立を軸とした政治の舞台での闘争、三つは政治や社会のあり方をめぐる思想の分野での闘争です。これらの三つの分野でのたたかいがバランスよく展開されるときに、労働者階級のたたかいは前進するといったのです。

　つまり、いまは自民党の政治あるいは暴走する安倍政治の転換を求める「市民と野党の共闘」が生み出され、安保関連法の廃止や集団的自衛権の行使を容認した閣議決定の撤回にとどまらず、安倍政権にかわる新しい政治づくりを模索していますが、そうした動きは、各人がそう自覚しているか否かにかかわらず、階級闘争の一環をなしているというのです。

　選挙で選ばれる議員の多くが、たとえば原発再稼働推進、ＴＰＰ協定の批准といった「財界いいなり」を受け入れる者なのか、これを拒否する者なのかは、財界にとっては決定的に重要な問題です。ですから、財界団体は、自民党を支援するだけでなく、小選挙区制の導入を急がせたり、民主党を「財界いいなり」路線に巻き込んで自民・民主の二大政党制を実現しようとするなど、政治制度や政党のあり方にも積極的に口を出します。

　遅くても2018年末までに行われる衆議院選挙に向けて、「市民と野党の共闘」をどこまで発展させられるかは、「共闘」が財界の要望に対して、どこまで毅然とした態度をとることができるようになるかを、大きな指標とするものになるでしょう。土台をなすのは市民と市民運動の成熟ですが、ＳＮＳがそのための重要な「場」を提供するものとなっていることは、現代における階級闘争の新しい特徴といっていいでしょう。

（7）　資本主義発展の原動力としての根本矛盾

　◎資本主義を人類社会の進化の過程に

　マルクスの資本主義分析にもどってみましょう。先にもふれましたが、近現代の人間社会の本質を「資本主義」という言葉で総括したのは、マルクスが最初です。それが、今日、誰もが使う常識的な用語となっています。若い頃のマ

ルクスは、これを「ブルジョア社会」とか「商工業社会」などと呼んでいましたが、『資本論』の執筆にいたる研究の中で、次第にこれを「資本制的生産様式」と呼ぶようになりました。その後、これがより簡潔に「資本主義」という言葉に転換されて社会に広まりました。

資本主義社会についてのマルクスの研究ですが、マルクスは研究の集大成といえる『資本論』の第一部（初版1867年、その後繰り返し改訂）で、この本の「最終目的」は資本主義の誕生から、発展、死滅にいたる資本主義の「経済的運動法則」の解明にあると述べました。それは資本主義という社会を、いまある形のまま、いつまでも変化しないものととらえるのでなく、反対に、はじめもあれば終わりもある、長い人類史のなかの歴史的に過渡的な一段階としてとらえるということで、同時に、社会の歴史的な変化には、人々の意識から独立した客観的な法則があるということを前提にするものでもありました。

経済学の分野での先輩にあたる、アダム・スミスや、デービッド・リカードなどの古典派経済学者は、資本主義の社会や経済を少なくとも未来に向けては変わることのない永遠の文明社会ととらえていましたから、資本主義社会をここで終わることのない社会進化の途上にあるととらえるマルクスの見地は、それ自体が非常に独創的なものでした。

マルクスは資本主義の「経済的運動法則」の解明について、端的な回答を、『資本論』第一部の最後の部分で、それまでの議論を要約しながら与えています。

封建社会の中で進行する、一方における資本の蓄積、他方における労働者の蓄積、それは農民の手から土地が奪い取られ、他人に雇われる以外に生きるすべをもたなくなる大量の人間たちが形成されるということですが、その歴史的な経過について述べた後、マルクスは産業革命を通じて確立した独自の資本主義的な生産様式の発展を概括し、その中で、まず資本家の側に、強い資本による弱い資本の収奪が進み、そうして巨大化する強い資本が、ますます多くの労働者の共同なしにどのような生産も行うことができない生産の社会的性格を深めることを指摘します。

「ますます増大する規模での労働過程の協業的形態、科学の意識的な技術学の応用、土地の計画的・共同的利用、共同的にのみ使用されうる労働手段への労働手段の転化、そして結合された社会的な労働の共同的生産手段とし

9　マルクスの目で見て社会を変える

てのその使用によるすべての生産手段の節約……が、発展する」(『資本論』第一部第24章。以下『資本論』からの引用は章だけを記します)。

これは裏を返すと、労働者だけの共同による生産の可能性の広まり、つまり、自らが雇用した労働者を指揮し、生産の成果を一方的に享受する資本家が、次第に「無用」になっていく歴史の傾向を示すものともなっていました。

他方でマルクスは、資本主義の発展が、貧困や抑圧や搾取にさらされながら、機械制大工業のもとで結合され、組織される労働者たちが、生産を管理し、経済社会を管理する集団的な力を発展させる過程を探求しました。それは資本主義の改革をめざしてたたかう政治的な力の成長とは別に、資本主義を超える新しい共同的な社会を担う能力の発達に注目したものでした。

ここで簡潔に総括された論点の多くは、『資本論』第一部の労働日をめぐる労資のたたかいや、機械制大工業さらには資本主義的な蓄積を分析した諸章で、詳しく展開された問題でした。

◎資本主義を発展させる原動力は

もうひとつ見ておきたいのは、マルクスが、そのような資本主義の運動を生み出す原動力の探求に多くの力を注いだということです。いわゆる「資本主義の根本矛盾」の探究です。

世界のありとあらゆるものは生成、変化の過程にあり、永久不変のものはない。その変化を生み出す力の源は、そのものの内部にひそむ「矛盾」である。これはマルクスの世界観(哲学)の重要な内容のひとつですが、マルクスは人間社会の発展の研究、資本主義社会の解明にあたっても、この見地をつらぬきました。それぞれに自分の利潤を最大限に追求する多くの資本がつくる資本主義経済の発展は、また労働者・市民のたたかいがそこに一定のルールを与える資本主義経済全体の改革、発展は、一体何を原動力としているのか。マルクスはそれを、まず資本主義的な生産力と生産関係の矛盾としてとらえました。

「資本主義的生産様式が、物質的生産力を発展させ、かつこの生産力に照応する世界市場をつくり出すための歴史的な手段であるとすれば、この資本主義的生産様式は同時に、このようなその歴史的任務とこれに照応する社会的生産諸関係とのあいだの恒常的矛盾なのである」(第三部第15章)。

かみくだいて言うと、これはこうなります。資本主義の生産様式(もののつ

くり方）は、生産力（自然にはたらきかけてものをつくる力）と生産関係（ものづくりにおける人と人との関係）の両面からなるが、それは、一方で個々の資本の利潤追求を通して社会全体の生産力を発展させようとする衝動をもつが、他方で、資本主義的な生産関係は、そうした生産力の自由な発展にふさわしい形になっていない。そこに資本主義が資本主義である限り、決して解消されることのない資本主義の「恒常的矛盾」があるということです。

「矛盾」というのは、互いに依存し、促進しあう関係と、互いに対立し、排除しあう関係が、一体になっているという関係です。ややこしい話になりますが、資本主義の生産力と生産関係のあいだには、一方で、個々の資本の利潤追求を生産の動機とする生産関係が、新しい製品や技術の開発を進め、それによって社会全体の生産力を発展させ、そのような生産力の発展が資本家による労働者の搾取の度合いを深めて（相対的剰余価値の生産）、資本家の利潤拡大への欲望を満たすという相互依存の関係があります。

ところが、もう一方で、資本家による私的利潤の追求は、社会の多数派である労働者に十分な賃金を与えず、それによって社会全体の消費力を抑制し、生産力の自由な発展をゆるさぬ条件をつくるものにもなっています。そして、それでも生産力を発展させようとする衝動は、労資関係を軸とする資本主義の生産関係をのりこえて、新しい別の生産関係を求める以外の道をもちません。こちらが相互に排除しあう関係です。

このように資本主義的生産様式では、生産力と生産関係が、相互の依存と排除の両極となって、両者の矛盾を形づくっているというわけです。マルクスは、端的に、これをこんなふうにも表現します。

「資本主義的生産の真の制限は、資本そのものである。というのは、資本とその自己増殖とが、生産の出発点および集結点として、生産の動機および目的として、現われる、ということである。生産は資本のための生産にすぎないということ、そして、その逆に、生産諸手段は、生産者たちの社会のために生活過程をつねに拡大形成していくためにだけ役立つ諸手段なのではない、ということである」（第三部第15章）。

資本による生産の制限は資本そのものであり、資本が自己増殖による利潤拡大を目的とし、生産者すなわち労働者たちの生活改善を目的とするのでないということが、逆に資本による生産の拡大を制限するというのです。これは資本

主義的な生産関係と生産力の矛盾を、別の形で語ったものといっていいでしょう。

マルクスは、こうした矛盾にもとづく運動を、特に、恐慌論をふくむ産業循環の分野で、より具体的に展開しました。個々の資本による熱狂的な投機と生産の後に、それには商業資本や銀行資本が大きな役割を果たすのですが、社会全体の消費量を大きく超える過剰生産があらわになり、そこからものが売れなくなる。そして、生産の縮小が始まり、中小資本や時には大資本もが倒産し、大量の失業者が生み出される、それによって社会の消費力がますます抑制されていく。そういう悪循環が周期的に発現する過程の探求です。それが繰り返されることの根本に、マルクスは資本主義の基本矛盾を見ていきました。

なお、マルクスは恐慌の周期的発生を、当初は資本主義の歴史的限界のあらわれとしてとらえましたが、研究の深まりによってこれを資本主義発展の日常的な経路ととらえるように変わります。それは古いフランス革命型の革命論から、多数者革命型の革命論への社会改革の運動論の発展とも深くつながる前進でした。

他方で、マルクスは矛盾の現れを恐慌だけに限定したわけではありません。実際、現代の世界と日本を見ても、利潤拡大を第一義的に追求する資本主義的な生産関係は、マネー経済を拡大することで実体経済の発展を押しとどめ、実体経済の運動を攪乱しています。また兵器の生産による利潤の追求は、直接に社会と人命をふくむ生産力の破壊を求めるものともなっています。

さらに、後でもう一度ふれますが、利潤第一という資本の運動は、生産力の質についても大きな問題を生み出しています。儲けのために地球環境の大規模な破壊を進め、放射能汚染の危険を省みずに原子力発電を推進するなどは典型です。生産の目的が、個々の資本の利潤追求であるために、生産力が人間社会の安定や平和を破壊する側面をもたずにはおれないということです。

（8） 階級闘争の前進と生産力の発展、質の転換

◎階級闘争をつうじた社会と生産力の発展

こうした経済的な矛盾と、階級闘争の関係ですが、マルクスは先の資本主義

の根本矛盾が、人間の具体的な生活やたたかいから切り離されて、自己完結的に展開すると考えたわけではありません。実際、生産関係の軸をなす労資関係の具体的なあり方は、時代に応じて、地域に応じて、労資の力関係に応じて変わっていきます。またどのような製品や技術を開発するのか、電力は原発によるのか再生可能エネルギーによるのか等も、生きた人間が判断することです。つまり資本主義的な生産力も生産関係も、実際には、具体的な人間の行動や判断によって肉付けされ、あるいはそれらの中を貫くものとしてあるわけです。

この点についてマルクスが注目したことのひとつは、資本主義のもとで、互いに対立し、衝突せずにおれない資本家と労働者のたたかいが、生産力や生産様式の発展にどのような影響を与えるのかという問題でした。マルクスはこれを『資本論』第一部での、労働時間の上限規制をめぐるイギリスの労働者たちのたたかいや、機械制大工業の社会的影響を分析する諸章の中で明らかにしています。

「資本は、社会によって強制されるのでなければ、労働者の健康と寿命にたいし、なんらの顧慮も払わない。肉体的、精神的萎縮、早死、過度労働の拷問にかんする苦情に答えて資本は言う——われらが楽しみ（利潤）を増すがゆえに、われら、かの艱苦に悩むべきなのか？　と」（第一部第8章）

このような性質が資本本来のものであるということの証明として、マルクスは過労死をふくむたくさんの実例をあげました。ただし、マルクスはそれで話を終わらせず、資本がそのようであるからこそ、労働者たちは生きるために闘わざるを得ず、現にイギリスでは半世紀におよぶ「内乱」をつうじて、1833年に15時間労働法、1834年に児童にたいする8時間労働法、1847年には10時間労働法を成立させていったと話を展開します。

そして「工場立法、すなわち社会が、その生産過程の自然成長的姿態に与えたこの最初の意識的かつ計画的な反作用は、すでに見たように、綿糸や自動精紡機や電信と同じく、大工業の必然的産物である」と述べました。

つまり、このような労働者階級のたたかいは、むきだしの利潤追求の欲求を計画的に制御するという意味をもつわけですが、それを可能にしたものは、一方で資本家たちに労働時間を無限に延長させる衝動を与え、他方で労働者たちを利潤のために結合させ、組織化させた機械制大工業そのものだったというのです。

9　マルクスの目で見て社会を変える

　さらに、マルクスはこうもいいます。
　「工場立法の一般化は、生産過程の物質的諸条件および社会的結合とともに、生産過程の資本主義的形態の諸矛盾と諸敵対とを、それゆえ同時に、新しい社会の形成要素と古い社会の変革契機とを成熟させる」(第一部第13章)。
　つまり、たたかいの成果である工場立法（労働者保護法）が、どの産業でも、性別や年代をこえてすべての労働者に適用されるようになったことで、資本主義には次の三つの大きな変化が生まれたというのです。
　一つは、労働時間の上限規制が生産技術の新しい発展をもたらし、「生産過程の物質的諸条件」（機械設備）と労働者の「社会的結合」（労働組織）を発展させ、生産力を急速に発展させるものになったということです。これをマルクスは相対的剰余価値の生産として分析していきました。
　二つ目は、資本主義以前の半ば封建的な労働者への支配が法によって一掃されたことで、労働者たちのたたかいが「資本の支配にたいする直接的な闘争」に純化されたということです。資本家と労働者という具合に、相たたかう階級関係が鮮明なものになったということですが、エンゲルスはそれを産業革命の歴史的役割として述べもしました。
　そして、三つ目は、両方の総括になりますが、それらをつうじて資本主義を乗り越える「新しい〔未来〕社会の形成要素」（物質的条件と労働者の社会的結合）と「古い」資本主義の「変革契機」（労働者たちのたたかう力）が成熟します。
　労資の対立における労働者たちの前進が、生産力の発展を押しとどめるものになるのでなく、逆にそれを発展させるきっかけになるというこの指摘は、その後の歴史によっても実証されることになりました。
　20世紀以後の資本主義は急速な生産力の上昇と、たとえば社会保障制度の創設、労働時間の短縮をはじめ職場の労働環境の改善、男女平等の普通選挙権、労働者をふくむ人間の平均寿命の延長などを同時に実現させています。つまり資本は、労働者からこれらの「反作用」を重ねて強制されながら、その制約の中でさらなる利潤追求の方法を開拓し、生産力を発展させる飽くなき活力を発揮しているのです。

◎人間と自然の調和を追求しうる社会のあり方

　この点に関連して重要なのは、現代日本の「原発ゼロ」をめざす取り組みや地球環境の破壊をゆるさないとする取り組みが、大資本によってつくられた生産力を量的にではなく、質的に、人間社会の存続や発展にふさわしいものに変更させようとするものになっているということです。
　マルクスは資本主義による人間と自然の物質代謝の攪乱とその再建について次のように述べています。

　　「労働は、まず第一に、人間と自然とのあいだの一過程、すなわち人間が自然とのその物質代謝を彼自身の行為によって媒介し、規制し、管理する一過程である」（第一部第5章）。

　ここでの物質代謝には、人間にとって不要になった物の廃棄あるいは自然への返還が当然ふくまれます。
　しかし「資本主義的生産様式は……人間と土地とのあいだの物質代謝を、すなわち、人間により食料および衣料の形態で消費された土地成分の土地への回帰を、したがって持続的な土地肥沃度の永久的自然条件を攪乱する」。そして「それは同時に……その物質代謝を、社会的生産の規制的法則として、また完全な人間の発展に適合した形態において、体系的に再建することを強制する」（第一部第13章）。
　これは直接には、目の前の利潤のみを求めた農業生産力の拡大が、土地を急速に疲弊させ、そこに社会の改革をつうじて「再建」されねばならない人間と土地のゆがんだ関係を生む、ということを指摘したものです。しかし、文中の「土地」を「自然」と入れ換えるなら、それは地球環境破壊や、放射性廃棄物の処理方法を持たないままでの危険な原発の推進という、じつに現代日本的な問題にもぴたりと当てはまるものとなってきます。
　マルクスは、物質代謝のこのようなゆがみは、資本主義的な生産関係によってもたらされており、その改善は、生産関係の改革によって実現しうるものだと考えました。つまり、マルクスは生産力を、何をどれだけつくるかという量的側面からだけでなく、どのような方法を用いてつくるかという質の側面からもとらえていたわけです。

9　マルクスの目で見て社会を変える

◎生産力を制御できる「自分自身の主人」に

　最後に、生産力の質の是正に関しては、人間の自由についてのエンゲルスの議論も見ておきます。エンゲルスはヘーゲルが自由を論じた一節を引用した上で、こう述べています。

　「自由は、もろもろの自然法則に左右されないと夢想している点にあるのではなく、こうした法則を認識するという点に、そして、これによってこの諸法則を特定の目的のために作用させる可能性を手に入れるという点に、ある。このことは、外的自然の法則についても、人間そのものの肉体的および精神的存在を規制する法則についても、そのどちらにもあてはまるのである」「自由のなかみは、だから、〈自然必然性の認識にもとづいて、われわれ自身と外的自然とを支配する〉、ということである。自由は、したがって、どうしようもなく歴史的発展の一つの産物である」（『反デューリング論』）。

　科学者たちの世界に、原子力エネルギーを活用することの危険性に関する「自然必然性の認識」が、すでに十分あったとしても、資本主義の社会はそれだけでただちに適切な対策をとりはしません。その危険性をどの程度に重視し、あるいは軽視し、どのような対応をとるか、あるいはとらないかについては、「われわれ自身」つまり社会の独自の論理がかかわるというのです。とりわけそれが大資本に多くの利潤をもたらす場合、事実をゆがめ、その危険性を認めまいとする資本の力が極めて強くはたらくことは、私たちが今まさに体験しているところです。

　またエンゲルスは、こうも述べています。

　「社会的生産の無政府状態が消滅するのに応じて、国家の政治的権威もねむりこむ。人間は、彼らの独自な仕方による社会化の主人になり、それによって同時に自然の主人に、自分たち自身の主人になり――すなわち自由になる」（『空想から科学へ』）。

　これは直接には、資本主義をこえた未来社会の実現によって、人間は初めて「自分たち自身の主人」となるということを述べたものですが、注目すべきは、それが「自然の主人」になる、つまり人間と自然との関係を適切にコントロールできるようになることと「同時」の関係にあるとされ、その双方の達成によって人間は初めて「自由になる」とされていることです。

現代の日本にただちに求められていることは、そのような未来社会への直接の移行ではありませんが、しかし、人間と自然との関係を制御する自由を手にするには、両者の関係に対する知識を深めるだけでは不十分で、その科学的知識が求める行動や対策を、そのまま実行することのできる社会をつくることが必要です。そのことを指摘したエンゲルスの見地は、現代の私たちにとって、きわめて深い説得力をもつものになっているのではないでしょうか。

10 世界をつかむ──新古典派やウェーバーと対比して

上瀧真生

はじめに

　私は1977年大学入学です。以来ずっと大学のなかで過ごしてきましたから、大学40年生になります。その間、マルクスとその共同研究者であるエンゲルスがその基礎をすえた、働く者の立場に立つ経済学（以下、「マルクス経済学」と言います）を学び、その立場で研究を続けてきました。私は、この小論でマルクス経済学のどこに魅力を感じてきたかについて反省したいと思います。そのなかで、他の社会認識の立場──たとえば新古典派の経済学やウェーバーの社会学──に対して、マルクス経済学はどんな特徴をもっているのかを明らかにしたいと考えています。おつきあいください（※）。

　※　私はかつて「社会の動きを理論的につかまえよう」（和田寿博ほか『学びの一歩』新日本出版社、所収）という小論で、新古典派の経済学やウェーバーの社会学と対比しながら、マルクスの理論の特徴を論じました。興味のある方はご参照ください。

（1）　今日の世界と私たちの日常

　◎世界の大きな変動の中で

　今日の世界は大きな変動のなかにあるようにみえます。
　2008年にリーマン・ショックが起き、世界経済に大不況をもたらしました。2010年にはユーロ危機が起き、今また、イギリスのＥＵ離脱による混乱が危惧されています。この間に発展を遂げた中国をはじめとした新興国も、現在は困難な状況に陥っています。世界の資本主義は曲がり角にさしかかっているようです。

「グローバリゼーション」と称される資本の世界的な展開のなかで、先進国でも発展途上国でも貧富の差が拡大し、支配層への不満が高まっています。非正規雇用の増大、過労死にまで至る長時間過密労働、ブラック企業、ブラックバイト、世界中に広がる「１％対99％」というスローガンなど、そのことを示すことがらがたくさんあります。
　自然と人間との共生の危機も露呈しています。地球温暖化とそれが引き起こす異常気象による自然災害の増大、2011年の福島第一原子力発電所の事故などを見てください。
　「テロとの戦争」で勝利をもたらすはずだったアメリカ軍によるイラク占領は、イラクの政情不安をもたらしたのみならず、世界中にテロの火種をまき散らしました。「アラブの春」で期待された中東における民主主義も十分に前進できず、民族的・宗教的な争いが武力衝突へと発展し、多くの命が奪われ、多くの難民が生まれています。領土・領海をめぐる角逐も、世界中のそこここで噴出しています。そんな中、海外での戦争に自衛隊を加担させるための法整備が強行され、多くの市民が反対運動に立ち上がりました。

◎日常と世界の動きとのつながりは？

　このように世界を見渡すと、経済的にも政治的にも、あるいは自然環境の面でも大きな変動が感じられます。ところが、私たちの日常はどうでしょう。なんとも平凡な日々のくりかえしのようです。仕事に行って、忙しい、忙しいと言いながら、時間がアッという間にすぎていく。しかも、働いても働いてもなかなか生活は楽にならない。たいくつな講義とアルバイトとの往復のくりかえし。リタイアして自由になる時間は増えたけれど、生活のやりくりに追われる。ときおり、お酒やパチンコや車や音楽やゲームやツイッターなんかで憂さを晴らしたり、自分をなぐさめたりする。生きにくさを感じていて、どこかおかしいと思いながら、それが何によって生みだされているかをはっきり認識することなく、過ごしている。私たちの日々の世界が積み重なって世界の動きが生じているはずだし、世界の動きが私たちの日々の生活に影響を及ぼしているはずだけれど、そのことははっきり見えてこない。
　そうした日常のなかにいながら、その日常と世界の動きとのつながりをはっきりと認識したい。この生きにくさ、おかしさの根源をつきつめてみたい。こ

ういう動機から私はマルクス経済学に接近しました。今の私はそう考えます——もちろん、こんな形でマルクス経済学の魅力を総括しているのは、現在の私です。マルクス経済学を学び始めた当初は無自覚でした。これから述べるいくつかの特徴と魅力についても同様です。そういう魅力に気づいたのは多くの先輩や仲間との議論の中でのことです。この点は後でまとめて考えたいと思います——。

もう少しくわしくみると、一般に人間は日常の経験を位置づけるための認識の枠組み、つまり世界観を必要とするということがあります。人間は、自分が生きる世界についての一定の理解なしにはそれを受けいれることができない動物、意識的な動物なのです。この面からみれば、私のマルクス経済学研究の第一歩は世界観を求める人間独自の欲求に根ざしていたわけです。

しかし、自分の生きる世界を理解する認識の枠組みとしては、宗教もありますし、常識的な道徳みたいなものもあります。私は、そうしたものではなく、より合理的な世界の理解の枠組み、科学的な世界の理解の枠組みを求めたわけです。宗教や常識的な道徳で、私が、あるいは今日の世界に生きる人々が救われるとは思えなかったのです。

人間は自然の科学的な認識を発展させることによって、自然を意識的に利用し、自分たちの生きる世界を豊かにしてきました。そういう科学的な理解を社会についてもおこなうことができるなら、私たちの生きる世界ももっと生きやすいものになるのではないか。そういう科学的な社会理解の枠組みを与えてくれるのがマルクス経済学ではないか。私はそう考えたのです。

（2） 自然を認識することと社会を認識すること

◎社会は自然のようには扱えない？

それにしても、人間がいなくても存在する自然と人間が構成する社会とを同じように扱うことができるのでしょうか。この問いにたいして、マルクス経済学は自然の法則と同様に社会の法則を認識できると答えます。この答えがまた私を惹きつけたのです。

自然を認識することと社会を認識することとの関係については、それらは別

ものとみるほうが常識的な考え方でしょう。社会は多くの個人から構成されていて、個人個人はそれぞれに異なる意志をもって行動している。だから、意志をもたない物質によって構成されている自然とは異なる。あるいは、自然の法則は繰りかえし起こる法則だけれども、人間の歴史は一回かぎりのものであり、その点でちがっている。こういう考え方は、ウェーバーの社会学や新古典派の経済学、総じて実証主義的な歴史観・社会観の基礎をなしています。しかし、この考え方では、人間の社会にたいする認識は、個々の歴史的出来事をたんに叙述するか、せいぜい、その出来事を理解するための主観的な認識枠組み（理念型、あるいはモデル）をつくることくらいだということになります。私は、こういう考え方に満足できなかったわけです。

◎経済的利害のありようをとらえる

この問題について、マルクス経済学はこう考えます。

たしかに社会を構成している個々人はそれぞれに異なる意志をもって行動している。しかし、そういう個々人の意志がそのまま実現されることはない。個々の意志が歴史を動かすのは、それらが一定の方向に集約された集団の意志として現れるばあいだけだ。さらに、そういう集団的な意志を奥底で突き動かしているものをみると、経済的な利害にいきつく。人間が生きていくためには、ものをつくり、分配し、消費するという経済活動が不可欠であり、しかも今日の社会では、経済活動において利害の対立する集団（階級）が形成されている。この集団的（階級的）な利害対立に突き動かされて、それぞれの集団的な意志が形成される。もちろん、個々の歴史的な出来事は一回かぎりのものであるけれども、経済的な利害対立が奥底で大きな歴史的な動きを決めている。経済的な関係、しくみ、利害の対立のありようは自然科学と同様に科学的に明らかにすることができるし、したがって歴史の大きな動きを自然と同様に法則的に理解することができる。

マルクス経済学のこの社会観・法則観にふれて、私は半信半疑ながらも共感しました。個人の意志が直接に歴史を動かすのではなく、集団的な意志を介して歴史は動くという考え方は、世界の変動と自分の日常をつなげられないでいた私の感覚にあっていましたし、自分の日常と世界の変動とをつなぐものを教えてくれました。また、経済を基礎にして考えることで世界の動きを自然と同

じように知ることができるという考えは、科学的に世界をつかまえることを求めていた私に希望を与えたのです。

（3） 今日の社会は人間の長い歴史の一コマに過ぎない

◎今日の社会は完成した社会？

　私を惹きつけたマルクス経済学の第二の魅力は、その大きな歴史的な見方です。つまり、今日の資本主義とよばれる社会は、長い人間の歴史からすればほんの一コマにすぎないという見方です。
　私たちの日常の感覚は、今日の社会のあり方がこれまでもずっとそのまま存在してきたし、これからもずっとそのまま存在していくようにとらえます。こうした日常的な感覚は、たとえば、新古典派の経済学によって理論化されています。そこでは、今日の社会のあり方は不変の前提条件です。これはこれからも不変のものとして続いていくと考えるわけです。また、歴史的なものの見方をするばあいでも、今日の社会のあり方が最終的な到達点であり、近代以前の不自然な、あるいは不合理な社会に対して、今日の社会は自然な、あるいは合理的な社会であるととらえます。この見方では、今日の社会が歴史の終着点、あるいは人間的に完成した社会だということになります。新古典派の経済学だけでなく、ヘーゲルの哲学やウェーバーの社会学も歴史をそうとらえています。私はこういうとらえ方に満足できませんでした。今日の社会に生きにくさを感じていたからです。

◎今日の社会もやがては変わる

　それに対してマルクス経済学は、これまでの歴史はある社会のしくみが発展し、やがては没落し、新しい社会のしくみにとってかわられることの繰りかえしであり、資本主義の社会もそういう歴史の一コマであって、やがては新しい社会のしくみにとってかわられると考えます。
　私たち人類の一番古い社会のしくみは、血縁の意識で結びついた小さな範囲の共同体であって、その構成員は対等平等で、全構成員の決定にもとづいて共同体は運営された。やがて人類が農耕牧畜を知り、社会に一定の余剰が生まれ

ると、共同体のなかで貧富の差が生まれ、さらに他の共同体との争いの中で支配された人々が奴隷となる。そして奴隷を使った生産が基本の社会になる。奴隷を使った生産は、大規模な農業生産をおこなうまでになるが、奴隷の反抗を抑えつけること、奴隷を手に入れることが困難になり、やがて奴隷は解放され、土地をもった農民を領主が支配する社会になる。この領主の支配のもとで土地の開墾がすすみ、農業生産が発展するが、他方で商工業も発展し、都市の商工業者が力を蓄える。やがて領主の支配は商工業の発展にとって邪魔になり、それにとってかわったのが今日の資本主義の社会である。今日の資本主義の社会は人間の自然を利用する力を急激に発展させるが、そのなかで貧富の差は拡大し、やがては働く者が中心となる新しい社会にとってかわられるだろう。こういう歴史の大きな流れをつくる原動力は、それぞれの社会のなかで生きる人間たちの経済的な利益――その社会の人間が感じる生きにくさやおかしさの根源――をめぐる争いである。これがマルクス経済学の示す歴史の大きな流れです。

　今日の私からみると、この見方はやや平板で図式的ですが、やはり魅力的です。このようにみると、私たちが大きな人類史の流れのなかにいることが感じられます。この歴史の流れのなかでは、私たちの日々の悩み――この社会の生きにくさやおかしさの反映――はいかにもちっぽけなものです。しかし同時に、そのちっぽけな悩みが新しい社会をつくる原動力なのです。私たちの悩みは、結局その社会のしくみのなかで生みだされたものであり、そういう思いが集まって社会のしくみを変える大きな力が生じるのですから。そして、私たちの今日の日々の悩みは新しい社会のなかで解決されるだろうと展望することができます。マルクス経済学を学ぶことは、自分自身の日常的な生活を大きな歴史の流れのなかで見直すことです。それが、私にとっては魅力だったわけです。

（4）　今日の社会の生きにくさの根源を見つける

◎今日の社会は対等平等の社会？

　では、私たちがこの社会のなかで感じる生きにくさ、おかしさはどこから生

まれるのでしょう。マルクス経済学は、その根源は資本主義的な生産のしくみだと答えます。この解答が私を惹きつけた第三の魅力です。

　ふつう、私たちの社会は対等平等な個々人から構成されていると考えられています。そこには支配も抑圧もないわけです。こういう考え方を経済学の分野で純粋に理論化しているのが新古典派の経済学です。この理論では、経済を構成しているのはまったく対等平等な商品所持者であり、支配も抑圧もないとされます。そうなると、個々人が感じる悩みは、あくまでも個人の問題になります。たとえば、働いても働いても生活が楽にならないのは、勤勉さが足りないか、能力がないか、運が悪いか、等々、いずれにしてもその個人の問題だというわけです。しかし、こういうとらえ方に私は納得がいきませんでした。多くの人びとがこの社会の生きにくさやおかしさを感じているのですから、やはりこの社会自体に問題があると考えたわけです。

◎資本主義的生産のしくみのなかに生きにくさの根源がある

　マルクス経済学は、私たちが生きる社会の基礎をなす資本主義的生産のしくみのなかに、ふつう対等平等なものと考えられている経済のしくみのなかに、私たちが感じる生きにくさ、おかしさの根源をみいだします。

　ものをつくるための原材料や機械・道具や工場などの物的な条件をそろえるだけの資金力をもたない労働者が一方におり、他方にそれらをそろえる資金力をもつ資本（日常的な言葉で言えば、企業）があり、労働者が資本に雇われて商品をつくりだす。労働者が資本に雇い入れられる局面では、たしかに労働者も資本も対等平等な商品所持者として現れる。しかし、労働者が自分の商品として資本に売るのは自分の身体にそなわった労働する能力（労働力）であり、労働力を買った資本はそれを自由に消費し、つまり労働者に労働させる。こうして、労働の場で労働者は資本の指揮・命令のもとに入り、その自由を失う。また、賃金として支払われる労働力商品の価値の基礎は労働者の再生産費だが、それがきちんと支払われたとしても、労働力商品の使用、つまり労働者の労働の結果、生じた商品は資本のものとなる。そのさい、資本は必ず労働力の価値を生み出す労働時間を超えて働かせ、投下した資本の価値を超える価値をもつ商品を生産させる。この労働者の労働が生み出す投下資本価値を超える価値（剰余価値）が資本のもうけの源泉となる。資本はもうけを追い求めて、賃金

を労働力の価値以下に引き下げたり、労働時間を引き延ばしたり、労働の強度を引き上げたり、失業を生みだしたり、自然環境を破壊したりしながら、次第に大きくなる。同時に、資本主義にとってかわる新しい社会をつくる主体、働く人々（労働者階級）を育てていく。これが資本主義的生産の基本的なしくみです。

　もちろん、これは資本主義的生産の一番基本的なしくみであり、今日の資本主義的生産はさらに複雑に発展しています。また、新しい社会の建設についてもそれほど単純ではない、長い試行錯誤が必要なことも明らかになっています。これらの分析のためには、いくつもの要素を加えて考える必要があります。しかし、やはりこの基本的な分析は私たちが生きる社会の生きにくさ、おかしさの根源を摘出していると思います。私は、この基礎のうえでこそ、今日の社会の生きにくさ、おかしさを分析できると考えたのです。

（5）　事実をどのように分析するか

◎事実を何重にも分析する

　同時に、この資本主義的生産の基本的なしくみの概要を、これが真理だと言ってポンと与えられるのなら、私は今ほどマルクス経済学に惹きつけられなかったと思います。それでは、なにか宗教的な教義と同じに思えるからです。ところがマルクスが書いた『資本論』は、資本主義的生産のありふれた事実から出発して、何重にもわたる分析の結果として、その基本的なしくみを明らかにします。その分析の結果だからこそ、私はそこに今日の社会の生きにくさ、おかしさを分析するための基礎を見いだしたのです。そして私は、マルクスの分析からこの社会を分析する方法を学ぼうと考えました。これがマルクス経済学の第四の魅力です。

◎マルクスの分析方法に学ぶ

　『資本論』の分析は、資本主義的生産の事実から出発して、余分なものを取り除き、純粋化して、そこからそのものをそのものにする本質的なものを取り出す分析と、明らかにされた本質的なものから資本主義的生産のさまざまなこ

とがらを説明していく分析の二つに分けられます。

　商品をその有用性（使用価値）と交換される性質（交換価値）に分け、交換価値の変動のなかにその中心点（価値）を見いだし、その価値の実体が人間の労働であることを明らかにする。あるいは、価値どおりの交換をくりかえしながら、なぜかその価値を増大させていく資本の運動を分析して、価値どおりの交換をつうじて手に入れた労働力商品の使用によって資本が剰余価値を手にする過程を明らかにする。これらは、事実から出発して本質的なものを取り出す分析の典型です。その分析過程は、まるで推理小説で犯人を突き止めていく過程を読んでいるようで、ワクワクします。

　さらに、労働時間が長くなりがちなのはなぜか、機械の使用によっても労働条件が良くならないのはなぜか、失業が生まれるのはなぜか、資本はどうやって大きくなるか、資本の再生産が社会的におこなわれるための条件は何か、好況と不況が繰りかえすのはなぜか、商業や金融業で資本はどのようにもうけをあげるのか、株式や土地に価値がつくのはどうしてか、自然環境の破壊がすすむのはなぜか、等々、これらの問題がすべて資本の本質から説明されていきます。その論理の展開は、犯人の犯行動機から個々の犯罪の様相を説明していく名探偵のようです。そのうえ、この論理の展開は事実を分析することをつうじておこなわれています。

　私は今も、マルクスの分析の方法に学びながら、新しい社会の現実を分析していきたいと思っています。

（6）　経済的基礎から政治や文化をつかまえる

　◎経済しか見ない「経済還元主義」？

　ところで、マルクス経済学は経済だけしかみない、社会のすべてのことを経済的関係に還元してしまう「経済還元主義」だという批判があります。ウェーバーもそう言って、社会的なことがらを考えるための方法として、文化や宗教、法や政治などの社会の他の諸要素と経済的関係とを同列において、それらの相互関係について考える主観的な枠組み（理念型）をつくり、それをもとに事実を整理する方法を提示します。しかし私は、やはり社会の基礎には経済的

関係があるし、また、マルクス経済学は社会のことがらをすべて経済に還元するものではなく、法や政治、文化や宗教をめぐる諸関係を分析するための基礎を与えるものだと考えています。

◎文化や宗教、法や政治の独自性を経済の基礎上に位置づける

人間は、ものを生産する。つまり、自然を意識的に変える。それも共同作業によって変える。このものの生産と分配の関係が経済的関係であり、この生産と分配の関係を発展させるために、人間の意識は発展し、その意識の産物であると同時にその意識をつくりだす文化や宗教、法や政治が発展する。したがって、経済的関係は、文化や宗教、法や政治のあり方を究極のところで規定する要素である。しかし、これは究極においてのことであって、他方で、文化や宗教、法や政治は人間の意識を媒介にした関係であり、人間の意識はこれまでの文化や宗教、法や政治のあり方を材料にして発展する。そこには経済的関係だけに還元できない独自性があり、独自な研究が必要である。つまり、究極において経済的関係が社会の土台であって、その上に文化や宗教、法や政治の諸関係が成り立つということと、上部構造である文化や宗教、法や政治の相対的に独自な発展があるということとの両方をみる必要がある。これがマルクス経済学の立場であると私は考えます。

こうとらえることによって、たんに経済だけをみるのではなく、文化や宗教、法や政治のあり方を視野におきながら、それらの基礎として経済的なことがらを研究することができます。経済還元主義ではないマルクス経済学の立場が私を惹きつけた第五の魅力です。私はそういう立場で研究したいと思っています。

(7) 開かれた体系

◎現実の分析を大切にし、先人の理論を超えようとする

さらに、マルクス経済学に対して、それは科学ではなく、一種の宗教のようなもので、マルクスやエンゲルスやレーニンの言ったことをありがたがっているだけだという批判がよくなされます。たしかにそのような研究に陥る場合も

あるでしょう。しかし、そういう宗教を信じるような態度はマルクス経済学の本来の研究姿勢とはまったく異なるものです。むしろ、マルクス経済学がなにより現実の分析を大切にし、先人の理論を超えようとするところに私は惹かれたのです。これがマルクス経済学の第六の魅力です。

マルクスやエンゲルスは、自分たちの理論が宗教の教義のように扱われることを厳に戒めました。それも、そうあってはならないことを理論的に明らかにしているのです。彼らはヘーゲルの哲学体系を批判的に研究し、自らが最終的な真理に到達したと考え、その時代の歴史段階と理論を全面的に肯定してしまうことこそ、その最大の欠陥であることを明らかにしました。

◎理論はたえず発展させなければならない

人間の歴史は常に発展しているのであって、それに終わりはない。だから、その歴史を分析する理論はどんなものであっても完全なものはない。さらに人間の認識は、たしかに一定の側面について現実をとらえているが、それは常に部分的なものであって、まだ明らかにされていない側面が必ず存在する。社会科学は常に新しい歴史的現実を分析し、まだ明らかにされていない現実の諸側面を明らかにしなければならない。これがマルクス経済学の基本的研究姿勢だと私は考えています。

マルクスやエンゲルスが資本主義的生産を分析した時点から百数十年、レーニンの分析からでもおよそ100年の時間が流れています。その間、資本主義的生産は発展していますし、ソビエト連邦をはじめとした、「社会主義」を名乗った諸国の現実もありました。こうした歴史の発展は彼らが見ることのできなかったものです。また、マルクスが『資本論』として遺したのは自らの経済学研究プランの中の最初の資本一般の部分だけで、競争や国家や世界市場などの本格的な分析は課題として残されています。私たちには、分析して明らかにすべき、たくさんの現実が残されている。そう考えて、私は経済学研究の道を志したのです。

（8） 仲間とマルクス経済学を学ぶ

私がマルクス経済学の魅力に気づいたのも、また、その後、その研究を続け

てこられたのも、自分一人の力ではなく、仲間との議論をつうじてでした。最後にこの点に触れておきます。

　私はそれほど有能な研究者ではありませんし、ましてマルクスやエンゲルスやレーニンのような天才ではありません。この社会の生きにくさやおかしさを感じていたとはいえ、それはモヤモヤした感覚であって、自分一人でそれをマルクス経済学と結びつけて考えることはできなかったと思います。私は学生時代にマルクス経済学を研究するサークルの先輩に誘われて、そのサークルの一員になりました。そこでの先輩や同輩、さらには後輩との議論をつうじて、私はマルクス経済学の魅力に気づいたし、『資本論』を読むこともできたのです。

　どんな理論でもそうですが、マルクス経済学の基礎理論も、はじめて学ぶ人にとってはむずかしいものです。それを乗り越えていくのに仲間との議論が役立ちます。また、仲間のさまざまな見方によって、自分だけでは見えなかった現実や理論の諸問題に気づくことができます。なにより自由な議論そのものが楽しいし、私たちを解放してくれます。

　現在、私が研究を続けていくうえでも、仲間の存在は大切です。複雑な現実のすべての側面を一人で分析することはできません。この世界をつかむためには、志を同じくする研究仲間が必要です。この小論をこういう形で書くことができたのも、マルクス経済学を研究している学生の仲間たちとの議論をつうじてです。

　ですから私は期待しています。この小論を読んでくださったみなさんが、身近な仲間と一緒に、マルクス経済学の学びの一歩を踏み出してくださることを。

11　変革の時代におけるマルクスの思想

鰺坂真

（1）　私たちは今どのような時点に立っているか

◎歴史はジグザグに、しかし確実に前進する

　歴史の歩みは、多くの偶然を伴っている。したがって直線的には進まず、ジグザグの道をとるけれども、しかし確実に前進しているということが実感される2015・16年であった。まさに私たちは歴史の転換点に立っている。安倍政権は、2015年9月、国民の大多数が反対するなか、安保関連法案（戦争立法）を無理やり強行可決した。これは通常の法案の強行可決とは異なり、日本国憲法に明らかに違反し、近代国家成立の必須条件である立憲主義を破壊する暴挙であった。これに対して、国民各界・各層から大反対の声が起こり、大規模な国民運動が展開された。この動きは現在もなお拡大中で、我が国の政治情勢の将来を展望するとき、我々は極めて重要な歴史の分岐点に立っていることが明らかである。

　この事態に関連して思い出されるのは、1960年の安保闘争である。あの時も日米安保条約の改定に反対する大運動が起こり、国会議事堂を包囲する大デモが起き、岸内閣は安保法案を強行可決したものの総辞職した。しかし岸内閣は総辞職したものの、新安保条約が可決されたということで、運動は急速にしぼみ、国内世論は敗北感・失望感に覆われた。学生運動の一部は混迷しながら極左暴力主義に傾いた者もうまれた。労働運動に対しては、政府と財界団体が極めて計画的に分裂工作を進め、露骨な弾圧と懐柔とを繰り返した。さらにアメリカ大使館まで乗り出して労働団体のリーダーたちを視察と称してアメリカ旅行に招待するなど、彼らの右傾化に力を注いだ。これらの策動もあって、国民的エネルギーは、一面では、60年代から70年代初頭にかけての革新自治体の実

現と発展という形で実を結んだとはいえ、革新陣営の衰退を食い止めることは出来なかった。労働運動の最大のナショナルセンターであった「総評」はのちに切り崩されて、「連合」に吸収され、総評依存の傾向が強かった日本社会党は衰退の一途をたどることになった。そのような60年代の状況と比べてみると、今回の戦争立法反対運動は明らかに異なる様相を示している。強行採決の後も「運動はこれで終わりではない」「たたかいはこれからだ」という声が高まり、60年安保闘争の時に比べると明らかに運動の質が変わったというのが実感である。

　「日本における市民社会の成熟」とか、「21世紀型市民革命の始まり」ともいわれるこの事態はどのようにして、何によってもたらされたものなのであろうか。この問題を解明し、今後の運動のさらなる発展に備えることが必要であると思う。自民党政府と財界は、60年安保闘争以後、労働組合の右傾化を支援し、民主的労働運動、学生運動の妨害を続けた。その過酷さは諸外国でも例がないほどのものであった。そして総評の解体に成功し、日本社会党の弱体化を達成し、革新自治体の切り崩しも次々に実現していった。特に青少年対策を重視し、教育基本法と学習指導要領の改悪、あるいは教科書検定制度の悪用で教科書内容の右傾化などを計画的に進め、さらに学校教育における過度の競争主義と管理主義を強めてきた。その結果、青少年の保守化と政治的無関心化が表面化した。マスコミの右傾化も進められ、さらに安倍政権になってからテレビ・ラジオ・新聞などへの介入が露骨に行われるようになり、特にNHKへの露骨な介入が行われている。その結果、政治的無関心層の拡大、特に若年層の保守化が言われてきた。

◎日本の民主主義のレベルアップ

　2015年の春ころまでは、安倍政権が戦争立法を提起し、強引な議会運営を行っていて、暗澹たる気持ちであった。しかしその後の展開はどうであろうか。安倍政権は強引な戦争法可決を行ったが、その後の展開は予想外の展開で、「社会の質が変わった」というような事態となっている。明らかに日本の民主主義のレベルアップが感じ取れる。我々の気分も様変わりで、一年前とは雲泥の差である。このような歴史的な経過の中で、今回のような事態がなぜ、どのようにして起きたのか、考えておきたい。

第一は、あまりにもひどい安倍政権の暴挙が国民の怒りを引き起こした、つまり安倍政権はやりすぎて、「虎の尾を踏んでしまった」ということであろうか。安倍政権は小選挙区制という最悪の選挙制度によって、偽りの多数議席を得たにすぎないのに、多数議席の驕りに羽目を外して暴挙を行い、遂に多くの国民の怒りを引き起こしたということであろうか。もちろんそれもあるであろう。しかしそれだけではないであろう。「安倍政権のやりすぎ」というだけでは、安倍がもっとひどいことをやってくれたら、更に国民の運動が覚醒するということになって、いわば「右翼冒険主義待望論」になってしまう。

　第二に、考えられることは、国民の民主主義的意識の問題である。自民党・安倍政権が、権力を利用して、労働運動を抑圧し、教育を支配し、マスコミを手懐けて、国民の意識の保守化に永年力を尽くしてきたとしても、国民の民主主義的で平和主義的な意識はなお根強く生き続けてきた。そして、今回のようなきっかけさえあれば、その生命力を高揚させることができるということであろうか。それもあったであろう。

　第三に、近年の新自由主義的で、グローバル主義などと言う、余りにもアメリカ言いなりで、財界本位の経済政策の下で、国民の中に格差と貧困が広がり、経済状態が国民の意識の左傾化を呼び起こしたということも考えられる。

　そこへ最近のIT技術（SNS）の発展があり、労働組合や政党などの中央団体などが指令を出すのでなくても、一気に情報がいきわたるという条件が生まれた。自発的な小団体の計画が瞬時に仲間の内に伝達されることが可能になった。

　おそらくこれらの諸条件の相互作用、それらの諸条件の「共鳴運動」として「安倍政治を許さない」という、国民意識の高揚が起きているのであろう。

　そして、戦後70年間、民主主義を守り、平和憲法を守り続けてきた労働運動、革新勢力の持続的な力の重要性のことである。政府・財界などの反動勢力による執拗で強力な弾圧と妨害の下で、非常な困難に直面しながら、平和憲法を守り続けてきた歴史を想起しないわけにはいかない。

　さらに、日本共産党の役割が重要であることが、ここにきて改めて明瞭になってきていると思う。戦後初期にはソ連や中国の影響の下で、苦労したこともあったようだが、スターリン主義や毛沢東主義の干渉を乗り越えて、ここにきての今日の役割の重要性を思う。60年安保闘争の時は衆参合わせて２しかなか

った議席を、それからのさまざまな困難を乗り越えて、今回は衆参合わせて32議席まで増やして、戦争法案阻止のため努力してきた姿は貴重なものであったと改めて思うものである。60年安保闘争は社会党と総評が中心の運動であったが、今回は32議席の共産党の役割が決定的であった。まだまだ力不足で法案阻止は出来なかったが、9月19日未明の強行採決の午後には中央委員会を開き、「戦争法廃止の国民連合政府」の提案を発表したことは60年安保闘争当時とは決定的な違いであった。32議席の野党第2党が選挙協力を呼びかければ、政界に大きな反響が呼び起こせる。今回まさにそれが起こっている。「野党は共闘、戦争法廃止」の声が沸き起こっている。政党や労働団体などの「敷布団」の上に、市民団体などの「掛け布団」がかぶさって大きな国民運動が成長してきている。長い歴史的蓄積の上に、大きな国民運動が花開いてきている。

2016年2月19日、5野党党首会談が開かれて、国政選挙にあたって選挙協力について意見の一致を見た。いよいよ政治史に残るような重要な転換が始まろうとしている。まさに「変革の時代」といえよう。この時にあたり、歴史の変革について深く探求し、理論的成果を残したマルクスの理論を振り返ってみたい。

(2) マルクスの歴史観

◎歴史は法則的に発展する

マルクスは、歴史が法則的に発展するということを確信し、これを証明していった思想家である。当時としては、歴史に法則があるなどということがどうして言えるのかということがそもそも問題であった。

マルクス以前にも、歴史は進歩すると考えた思想家はいた。18世紀のヨーロッパの啓蒙思想家、すなわちイギリスやフランスの啓蒙思想家たちや、ドイツ古典哲学者たち、すなわちカントやヘーゲルたちである。しかし歴史の進歩に法則性があるとは、まだ当時は信じられてはいなかった。マルクスやエンゲルスが初めて明確に「歴史発展の法則性」ということを理論化した。それはいかにしてなされたか。まずこの点を振り返っておきたい。

マルクスたちの青年時代（19世紀初頭）までは、社会や歴史は変化・発展す

11　変革の時代におけるマルクスの思想

るとしても、そこに法則性などがあるわけはないと考えられていた。歴史を動かすものは、優れた、指導者・政治家・王侯貴族、要するに「英雄」たちであり、歴史の内的な法則性や必然性などは意識されていなかった。たとえば、マルクスが学生であった頃のベルリン大学の歴史学教授にランケという学者がいた。彼は「実証主義的な近代史学の開祖」と言われる学者であるが、彼の場合でも、文献による実証主義史学を始めたというにすぎず、その実証文献は、宮廷や官庁、あるいは官僚や外交官の文書であり、結局、宮廷史あるいは政治史中心の国家主義的史学に止まり、民衆を含めて社会全体をその深部の社会構造に至るまでを視野に入れた歴史学とは到底言えないものであった。これに対して、ヘーゲルは、観念論の立場からではあるが、歴史は一定の方向性を持って進歩、発展すると考えた。たとえば、彼は「歴史の発展は自由の理念の展開である」といって、専制君主の時代には国王一人が自由であるが、歴史が進むと国王だけでなく貴族などにも自由が広がる、そして現代では自由は市民全体に広がった、更には全人民に自由が広がる方向へ歴史は進むと言い、歴史の発展性・法則性は自由の拡大という方向で現れると考えた。これは観念論的な言い方ではあるが、歴史に法則性があるということの主張であった。

◎マルクスとエンゲルスによる唯物史観の確立へ

　これに対して、ヘーゲルの影響をうけて出発したマルクスやエンゲルスであったが、彼らは、社会や歴史の法則性は理念においてではなく、現実の中に求めるべきであると考えた。1845年から46年に、若い二人が共同で書いた『ドイツ・イデオロギー』の中で次のように書かれている。

　「（社会と歴史の解明を行うにあたって出発点とすべきものは）現実的な諸前提である。それは、現実的な諸個人、彼らの行動、および彼らの物質的な生活諸条件……である。……人間は彼らの生活手段を生産することによって、間接的に彼らの物質的生活そのものを生産する。……したがって、彼らがなんであるかは、彼らの生産と、すなわち、彼らがなにを生産するのか、また、彼らがいかに生産するのかと一致する。したがって諸個人がなんであるかは、彼らの生産の物質的諸条件に依存する」（マルクス／エンゲルス『〔新訳〕ドイツ・イデオロギー』新日本出版社、古典選書、17～18ページ）。

　この文章は社会科学の出発点となるべき現実的前提について述べたものであ

る。人間社会が成立するには、当然そこで人間たちが生きて生活できていなければならない。ところが人間の生活は、他の動物たちとは違って、生活に必要な物資を生産することなしには成立しない。この明らかな事実から出発すべきであり、そうすれば人間社会の発展を科学的・法則的に解明可能だと彼らは考えた。動物は生産労働をしないが、人間は生活に必要な物資を生産労働で生み出してきた。ここに目を付けたわけである。一人一人の人間個人を見ていると、皆ばらばらで、このような個人が集まっただけでは社会の法則性などありそうにない。しかし、この人間たちは生産労働によって生きているということ、これにはどんな例外もないのであって、この生産労働の在り方がその社会の在り方を規定しているということに、マルクスとエンゲルスは気が付いたのであった。

　一人一人の人間が、何を考え、いかなる暮らしをしていようとも、その社会の生産の仕方（生産様式）が原始的で未発達ならば、その社会は原始的で未発達な社会である。その社会の生産様式が高度に発達したものであるならば、その社会は高度で発達した社会となるのだということが言われている。すなわち、その社会がどのような段階の社会であるかを知るには、その社会の生産の在り方を見ればわかるということである。そのことによってその社会の構造と発展の法則性についての科学的解明が、自然科学と同様に可能となる。この視点に立って、彼らは人類史全体の発展過程の分析を深めていった。そしていわゆる唯物史観といわれる彼らの歴史観を確立していったのである。

（3）　歴史発展の法則性

◎自然科学の法則性との共通性と違い

　社会の構造と発展の法則性についての解明が、自然科学と同様に可能となるといま書いたが、しかし自然科学と社会科学では、全く同じではないところもあるので、その点が重要である。自然科学で言うところの法則性は、多くの場合、「因果の法則性」あるいは「繰り返しの法則性」と言われるものであるが、社会科学でいうのは「発展の法則性」である。自然科学の場合、例えば万有引力の法則でも加速度の法則でも、無機物の機械的運動についての法則性であ

11　変革の時代におけるマルクスの思想

る。これらはニュートン力学の時代の法則観であり、自然現象の中に数多くある繰り返す現象についての規則性を言うもので、原因と結果の一致を言うものにすぎない。

　しかし、19世紀の後半ぐらいになると、そのような機械論的な自然現象以外に、化学的現象や電磁気学的現象、さらに生物学的現象などの研究が進み、機械的現象以外の有機体の構造や運動などが明らかになってきた。さらに生物など有機体だけでなく社会なども有機的構造で理解したほうがいいということが解明されてきた。これらの現象は機械論的な無機的現象とは違って非常に複雑な現象に関わっており、原因と結果とは複雑に絡み合い、相互に作用しあい、あるいは原因は小さくとも結果は大きな発展として出てくるというような現象が注目されるようになり、ヘーゲルなどが、これを「発展の法則性」というようになった。

◎「因果の法則性」と「発展の法則性」

　たとえば、原始社会は人口も少なく、生産力も文化水準も低い段階から、時代とともに人口も生産力も高まり、文化水準も高まるというように発展する。原因となる最初の事態よりも、結果として出てくる事象の方が高度で豊かになっている。このような複雑な社会現象などに働く法則性であるから、単純に繰り返す現象のように、その結果を予測したり、計算したり出来ないものではあるが、しかし「遅かれ早かれ」必ずこうなるという法則性は厳然と存在する、このようにヘーゲルたちは考えたのである。

　自然現象でも、生物の進化などはこのような発展の法則といえるものであり、このように「因果の法則性」と「発展の法則性」とを区別してとらえる考え方をマルクスたちも受け継いだ。これが法則性についての弁証法的な考え方であるが、マルクスも「遅かれ早かれ、必然的に」といった表現をたびたび用いているのはそのような意味である。

　しかし法則性をこのように考えないで、マルクス主義は「因果の法則性」だけで理解していて、歴史の法則性というのは間違いである、歴史は予測できないといまだに主張する議論がある。それは何時までもニュートン時代の機械論的法則観に固執しているものである。2015年来の戦争法反対の国民運動の高まりは、われわれの予測を上回って高まり、現在、野党の選挙協力で「戦争法廃

止」から「安倍政権打倒」というまでに発展し、さらにその先にまで発展しようとしている。予測はつかないけれども、確実に歴史は前進しつつあると実感される今日この頃である。

（4） 偶然性の中を必然性が貫いている

◎背後にある階級全体を動かす動機

　社会や歴史の変化は、一定の方向性をもって進んでいくという法則性であった。この法則性はさまざまな偶然性を伴いながらも一定の規則性がある。すなわち、歴史的事象は偶然の現象のように見えても、大筋においては、合理的で必然的な発展の筋道・方向性があるのだということである。そこで発展ということに関連して、もう一つ、必然性と偶然性という概念を検討しておかなければならない。エンゲルスも次のように言っている。

　「社会発展の歴史は、一つの点で自然のそれとは本質的に異なっていることがわかる。自然においては……まったく意識のない盲目的なもろもろの作用力があって、これらが相互に働きかけ合い、これらの相互作用から一般的な法則が生じきたっている。……これとは反対に、社会の歴史においては行動しているものは、すべて意識をそなえ、思慮または熱情をともなって行動し、一定の目的をめざして努力する人間であり、なにごとも意識された企図、意欲された目標なしにはおこらない」（『フォイエルバッハ論』新日本出版社、古典選書、78～79ページ）。

　ここには自然現象と社会現象との違いが言われている。さらにエンゲルスは言う。

　「人間は、それぞれ個々の人びとが彼自身の意識的に意欲された目的を追いながら、歴史の生みだす結果がどうであろうとも、自分自身の歴史をつくるものであり、種々な方向にはたらく多くの意志と外界にたいするこれらの意志のさまざまな働きかけとの合成力が、まさに歴史なのである。そこで多くの個々の人びとが、なにを意欲しているかということが問題である」（同80ページ）。

　個々人の多様な意志・意欲のぶつかりあいのなかで、結局、「多くの人々の

11 変革の時代におけるマルクスの思想

意欲」が歴史を作っていくのであり、その多くの人々の意志や意欲を作り出す社会的な動機が問題だと言っている。

「これらの動機の背後にさらになお、どのような推進力があるのか、行動する人間の頭脳のなかで動機という形をとるようになるのは、どのような歴史的原因であるのか？」（同81ページ）と問い、次のように言っている。

「歴史上で行動する人間の背後に……あり、しかも歴史の本来の最終的な推進力をなしている動力を探求することになると、個々の人びとの動機ではなくて、問題になるのは、人間の大きな集団、民族全体、さらにそれぞれの民族のうちでの諸階級全体をうごかす動機であり、しかもこれも、瞬間的にかがやいて燃えあがるかと思うとたちまち消えてしまう藁火のようなものではなくて、大きな歴史的変動をもたらす持続的な行動にみちびくような動機である」（同83ページ）。

ここで言われているのは、歴史現象は個々の人々の意志・意欲によって動くのであるから、個々人の動機は偶然であり、法則性は無いように見える。しかし社会的・歴史的諸条件がそろえば、多くの人々の意志が同一方向にむかうときが出てくる。そのとき諸個人の意欲の総和（合成力）が、その人間集団を歴史の深部で動かす推進力として働く。諸個人のおかれた諸条件はバラバラであり、個性はさまざまである。通常は自己の習慣や、好みで行動していても、多くの人々の集団全体に影響を与えるような事態が起これば、多くの個人が同じ反応を起こし、同じ行動をとらざるを得ないことが出てくる。この時多くの人々の意志の合成力が働いて、社会の全体が動揺するとき、歴史が転換する。個々人の行動はそれぞれ偶然であるが、社会全体では一定の方向性・法則性をもって動き出す。

偶然性の事に話を戻せば、多くの偶然性のなかを必然性が貫いている。あるいは必然性は偶然性の中を貫いているということが出来る。偶然性の中を必然性が貫いているというと奇妙に聞こえるかもしれない。偶然と必然は対立していて、別物であり、偶然のなかに必然があるというのは何か混乱した表現のように聞こえるかもしれない。しかしこのことを論理学として詳しく論じたのは、ヘーゲルであったし、この論理を継承したのがマルクスであったということを書き加えておきたい。ヘーゲルはアリストテレス以来の古典的形式論理学を批判的に検討し、弁証法的論理学を打ち立てようとした哲学者であるが、必

然と偶然とを形式的に分離し、区別して対立させておくだけではなく、彼は、両者の相関関係を検討し、可能性と偶然性、現実性と偶然性、実在的可能性と絶対的必然性などの諸カテゴリーをさまざまに検討し、弁証法的な論理学の基礎を築きあげた。その中で「偶然性のなかを、必然性が貫いている」ということをのべたのであった。

◎偶然の集積に見える政治状況の中にも

近年の我が国の政治状況を見ると、一見すると偶然の集積のように見えるが、その偶然のように見える社会現象の中を、歴史の発展の法則性が貫いていることが見えてきている。現在の世界的な経済・政治の状況が影響を与えており、アメリカ軍の軍事的戦略があり、日本の自衛隊の海外派兵への要請があり、そのためには日本国憲法を邪魔であるとし、改憲せよとの圧力がある。しかし国民の広範な世論がこれを容易に許さないので、遂に、安倍内閣が集団的自衛権が可能であるとする詭弁的な憲法解釈を行い、これを根拠に安保関連法（戦争立法）案を強行可決した。この安倍内閣の暴挙に対して、国民の各界・各層から大反対の声が上がり、2015年以来の大運動が巻き起こっている。しかもこれはそもそも日米安保条約に反対している人々だけでなく、安保条約は認めるが集団的自衛権は容認できないという人や、憲法９条の改正には賛成だが解釈改憲というのは反対だという人まで反対の声を上げている。

さまざまな意見がある中で、安倍内閣のやり方があまりにひどいということで大多数の国民の声が、さまざまなニュアンスの違いを持ったままで「安倍政治を許さない」という一点で一致した。この声が今や歴史を動かす推進力となっていると実感する。遂にこの声が野党各党を動かして、国政選挙での選挙協力で安倍内閣打倒を目指すという５野党合意さえできた。今後の歴史の展開に胸躍る思いである。

（5） 歴史を動かす原動力──階級闘争の役割

◎階級社会の誕生の必然性を明らかに

マルクス・エンゲルス以前には、社会の変動を深部で動かす原動力を探求す

ることは大層困難であった。社会の構造は極めて複雑であって、当時は社会の変動に法則性があるなどとはとても解らないという状況であった。自然科学は、古代から比較的確実に発達してきたが、社会科学は18世紀までほとんど成立の可能性が存在しなかった。社会科学が萌芽的に成長し始めるのは、フランス革命など、各国の市民革命が起きるようになってからであった。ヨーロッパの市民革命があちこちで起きるようになり、フランスなどの一部の歴史家が市民革命の起きる諸条件などを研究し、そこに法則性がありそうだということに気が付きはじめ、革命の原因は階級闘争ではないかと考えるようになった。彼らの研究によってマルクスたちも歴史の動因としての階級闘争に注目するようになった。しかし彼ら（当時の歴史家たち）は、まだその階級なるものがどのような歴史の必然性によって生まれてくるのかということについては解明できていなかった。

この階級社会誕生の必然性を解明したのがマルクス・エンゲルスたちであった。諸階級の存在は生産の歴史的発展段階に結び付いていること、階級闘争が歴史の原動力であること、現代では階級闘争においてプロレタリアート（無産者）の役割が決定的に重要であることなどがマルクスたちによって解明された。この発展法則をつかみ、それにのっとって社会に働きかけることにより、社会変革を進めることが出来ることをマルクスたちは明らかにしたのであった。

しかし階級とは何であり、階級社会はいかに、またいかにして誕生したかが問題である。世間で一般に流布されているのは、勤勉で気の利いた人が金持ちになったのであり、なまけもので愚鈍な人が貧乏人になったのであって、いわば自己責任だという考えがある。果たしてそうか。マルクスたちは、階級社会が誕生した歴史的経過を解明して、貧乏人の自己責任などではないことを解明した。

◎社会の土台は経済構造＝経済関係

人間は原始時代に猿の先祖から分かれて、人間への道を歩み始めたのだが、その時われわれの祖先は階級のない小集団で暮らしていた。法律もなければ、国家もない原始的な狩猟採集経済の小集団の生活である。そこでは私有財産制もなければ、階級もなかった。しかし人間は他の猿とは違って生産労働を始め

た。原始的な狩猟採集労働から始めて、やがて農業を始めるようになると、階級が生まれた。原始的な狩猟採集労働の場合は労働集団の中では、皆が対等平等で階級の差別なく一致結束して共同の労働に参加した。ところが農業社会になると人口の増加が起こり、一定の土地をかなり大きな人口の集団が耕作することが前提になるので、やがて集団同士の土地争いや、水稲耕作では水争いが発生する。つまり農耕社会は土地の私有制をもたらし、同時に集団同士の争いの可能性を孕んでいた。当初は争いが起これば、皆殺し戦争であったと考えられるが、やがて勝った集団が主人となり、負けた集団は降伏して奴隷とならざるを得ないということであった。

こうして、農耕社会は人口の増加とともに階級社会（最初は奴隷制社会）を生み出す必然性を孕んでいた。やがてこの奴隷制社会において生産力が高まると、内部矛盾（主として階級矛盾）が増大し、この社会は封建社会へと社会構造を変えざるを得ないことになった。封建農民は奴隷と違って、いくらかの自由を得ていたから、労働意欲が高く、封建社会は生産力をさらに高めた。農業生産力が高まると農村で作り出された剰余生産物を商品として買い集めて、商業を営む商人が繁栄し商業都市が誕生する。この都市の市民がやがて富を蓄え、一部が資本家になっていき、資本主義社会が生まれた。

この過程は、一人一人の個人の意志とは別に客観的に進行する過程であり、「互いに対立する社会の諸階級はいつでもその時代の生産関係と交易関係、一口で言えば、経済的諸関係の産物であること」、この階級の地位とその相互関係を直接規定する経済関係が、社会生活の「現実の土台」を形作っており、「それぞれの歴史的時期の法的かつ政治的諸制度ならびに宗教的、哲学的、その他の見解からなる全体の上部構造は、結局、この土台から説明されるべきであること」、以上のことをマルクスは解明した。

階級社会の誕生は、このような歴史の発展の必然的な過程として生まれたのであり、決して偶然ではない。そして階級社会における階級矛盾が歴史発展の原動力となっているのである。

いま私たちは、資本主義社会に生きているが、資本主義の政治制度や法律あるいは資本主義的な哲学や文化は嫌いだとか、拒否したいと思ったとしても、私たちが考え方を変えれば、それだけで世の中は変わるのかというと、そうではない。「社会の土台」が肝心であり、社会の変革を考えるならば、哲学や文

化といった人間の意識の力を使って階級闘争をすすめて、社会の土台である経済構造まで変えていくことが必要である。

（6） 資本主義社会の成立過程と現状

◎成立過程から資本主義を見ると

　資本主義の成立過程をもう少し具体的に見てみよう。誰か個人が資本主義という社会を造ろうと考えたのではなく、封建時代末期の産業構造の変化が、資本主義という社会の仕組みを生み出した。具体的状況は各国で異なるが、例えば、イギリスでは中世末期に羊毛業が発展し、これに目を付けた領主や富農らが、農村から農民らを追い出し、羊を増やすことをやりだした。追い出された農民たちは都会に流れて浮浪者になるしかなかった。こうして生まれた大量のプロレタリアートたちを低賃金で雇って、資本家たちが大工業を興していった。このような産業構造の変化が資本主義社会を生み出した。日本では明治時代のはじめ、徳川幕府を倒した明治新政府が近代的中央集権国家を作りあげようとして、その財政政策として地租改正を強行した。江戸時代には米で納めさせていた貢租を、所有する土地に対して割りあて（地租）、貨幣で納める税金（金納）に変えた。豊かな農民以外の貧農たちはこの地租を納めるのに困窮した。はじめは借金をして納めていたが、娘たちが出稼ぎに行くしかない。この労働力で全国的に紡績業が起こった。『女工哀史』や『あゝ野麦峠』の時代である。続いて娘たちだけでなく、長男は家を継ぐとして、次男・三男が都会に出て労働者になっていった。イギリスでは貧しい農民たちが暴力的に農地を奪われ、日本では貧しい農村の娘たち・若者たちが出稼ぎに行かなければならず、その汗と涙を吸い取って、資本主義は成長していったのである。

　同時に資本主義は農民など勤労人民を古い封建的な絆から解き放ち、自由にした面も無視できない。封建制が解体されたことにより、古い地域共同体も封建的家族共同体も解体され、彼らは職業選択の自由・転居の自由などを獲得した。そのため各人は自分の職業をはじめ、自分の生き方を自分で決定しなければならないことになった。これは人生における重大事を自分で決めねばならないという厳しい時代となったということでもあるが、同時に、この事が個人の

自覚を促すことになり、各個人が自己の人生の主体（主人公）となること（少なくともその可能性）が実現した。こうして近代の自由主義（リベラリズム）が生み出された。これが近代民主主義の基礎になっていて、市民的自由・社会的自由などが重視されることになり、更には「個人の尊厳」ということも強調されることにもなった。

◎格差と貧困問題の根底にあるものは

　私たちは、この「個人の尊厳」（自由主義・民主主義）を重視するとともに、他方で貧富の格差と貧困があまりにも拡大し、さらにはそれが現代社会の矛盾を広げ、繰り返す過剰生産恐慌を引き起こしている現在の状況を変革するために「社会の土台」を転換させることが必要になっている。私たちは近代市民社会の獲得物である自由主義・民主主義その基礎である「個人の尊厳」をなによりも大事にするとともに、今やこれの妨げとなっている格差と貧困とを解消し、それの根本原因である階級支配を廃止していくことが必要である。

　いま私たちは、安倍政権の憲法破壊の戦争立法廃止のたたかいを野党と市民の共闘で勝ち抜こうとしているが、このたたかいは同時に、格差と貧困をなくするたたかいとも固く結びついたものである。

　折からアメリカの大統領予備選挙で、民主党のサンダース候補が民主社会主義を掲げ、格差と貧困をなくすことを訴えて奮闘した。世界中でこの問題が焦眉の課題となっていることが感じられる。

〈付〉マルクス・エンゲルスらの古典の紹介　（『経済』編集部）

※新日本出版社「科学的社会主義の古典選書」として刊行されている古典

○エンゲルス『イギリスにおける労働者階級の状態』（上・下）　1845年に刊行
○マルクス・エンゲルス『〔新訳〕ドイツ・イデオロギー』　1845～46年執筆
○マルクス・エンゲルス『共産党宣言／共産主義の諸原理』　1848年に刊行
○マルクス『「経済学批判」への序言・序説』　1859年に刊行
○マルクス『賃労働と資本／賃金、価格および利潤』　1849年新聞掲載、1865年報告
○マルクス『資本論』第1巻　1867年に刊行　（新書版第1分冊～第13分冊）
○エンゲルス『「資本論」綱要／「資本論」書評』　1867～68年執筆
○マルクス『ルイ・ボナパルトのブリュメール一八日』　1852年に刊行
○マルクス・エンゲルス『ゴータ綱領批判／エルフルト綱領批判』1875年、1891年執筆
○エンゲルス『〔新メガ版〕自然の弁証法』1873～82年執筆、86年手稿を整理
○エンゲルス『反デューリング論』（上・下）　1877～78年に新聞連載
○エンゲルス『空想から科学へ』　1880年に刊行
○エンゲルス『家族・私有財産・国家の起源』　1884年に刊行
○エンゲルス『フォイエルバッハ論』　1886年に雑誌連載
○『マルクス、エンゲルス書簡選集』（上・中・下）〔不破哲三編集・文献解説〕1846～95年執筆
○マルクス『インタナショナル』〔不破哲三編集・文献解説〕1864～78年執筆
○エンゲルス『多数者革命』〔不破哲三編集・文献解説〕1865～95年執筆
○レーニン『「人民の友」とはなにか／弁証法の問題によせて』1894年に刊行
○レーニン『唯物論と経験批判論』（上・下）1909年に刊行
○レーニン『マルクス主義の三つの源泉と三つの構成部分／カール・マルクス』　1913年、14年執筆
○レーニン『帝国主義論』　1917年に刊行

あとがき

　本書は、月刊誌『経済』の毎年5月号の特集「マルクス経済学のすすめ」の中から、反響の大きかった論文を中心に、時代を超えて広く市民に読んでほしいものを厳選し、まとめています。

　『経済』誌は、時代の課題に挑む科学的社会主義の経済誌として、1962年いらい刊行をつづけてきました。現代資本主義は、多国籍企業の展開とグローバル経済といわれるなかで、貧困と格差の広がり、非正規雇用の拡大、地球環境問題の深刻化など、矛盾はますます深まっています。まさに、現代社会を科学の眼でとらえ、未来社会を展望した変革の時代を迎えています。こうしたなかで、現代資本主義のかかえる問題の解明と民主的な打開の展望を探究する理論への期待と注目が集まっています。

　その期待に応えようと、『経済』誌は2008年から、大学では新入生を迎え、また新社会人が新たな一歩を踏みだす時期に、5月号の特集を組んできました。

　資本主義の姿は時代とともに変化してきていますが、この社会の根底に貫く経済法則（資本主義的経済法則）は一貫したものがあります。その経済法則を解明したものはマルクスの『資本論』にほかなりません。本書が青年・学生のみなさんをはじめ、現代資本主義を科学の眼でとらえ、展望を見いだしたいという人に役立つことを願うものです。

　日々発展し、矛盾を深める現代資本主義の解明すべき問題・課題は多々あります。本書を手に取られた方が、ひきつづき『経済』誌を購読していただき、現代資本主義の解明に向かってさらに一歩踏み出されることを期待するものです。

　なお、本書に収録するにあたり、今日的な視点から初出時の論稿に加筆していただいています。

　『資本論』からの引用は、新日本出版社新書版によりますが、論文によっては筆者による邦訳の箇所もあり、その場合は注でしめしています。

（『経済』編集部）

執筆者紹介　（収録順）──担当章、初出【『経済』掲載号】

金子　ハルオ（かねこ　はるお）──はしがき、1【2008年5月号】・2【10年5月号】・6【13年5月号】
1929年北海道生まれ　東京都立大学名誉教授、大妻女子大学名誉教授。主な著書『サービス論研究』（1998年、創風社）、共編著『マルクス経済学を学ぶ（新版）』（1987年、有斐閣）など

平野　喜一郎（ひらの　きいちろう）──3【10年5月号】・8【11年5月号】
1938年兵庫県生まれ　三重大学名誉教授。主な著書『入門講座「資本論」を学ぶ人のために』（2011年、新日本出版社）、編著『はじめて学ぶ経済学』（2005年、大月書店）など

今宮　謙二（いまみや　けんじ）──4【16年5月号】
1929年東京都生まれ　中央大学名誉教授。主な著書『動乱時代の経済と金融』（2005年、新日本出版社）、『投機マネー』（2000年、同社）など

山口　富男（やまぐち　とみお）──5【16年7月号】
1954年静岡県生まれ　日本共産党社会科学研究所副所長。主な著書・共著『「古典教室」全3巻を語る』（2014年、新日本出版社）、『21世紀と日本国憲法』（2004年、光陽出版社）など

関野　秀明（せきの　ひであき）──7【14年5月号】
1969年京都府生まれ　下関市立大学教授。主な著書『現代の政治課題と「資本論」』（2013年、学習の友社）、「貧困、恐慌、世界市場開拓と『資本論』」〔『経済』第244号〕（2016年、新日本出版社）など

石川　康宏（いしかわ　やすひろ）──9【12年5月号】
1957年北海道生まれ　神戸女学院大学教授。主な著書『マルクスのかじり方』（2011年、新日本出版社）、共著『マルクスの心を聴く旅』（2016年、かもがわ出版）など

上瀧　真生（こうたき　まさお）──10【08年5月号】
1958年福岡県生まれ　流通科学大学教授。主な著書・共著『学びの一歩』（2003年、新日本出版社）、「資本のもとで働く」〔『経済』第236号〕（2015年、新日本出版社）など

鰺坂　真（あじさか　まこと）──11【16年5月号】
1933年京都府生まれ　関西大学名誉教授。主な著書『ドイツ古典哲学の本質と展開』（2012年、関西大学出版部）、『科学的社会主義の世界観』（2002年、新日本出版社）など

変革(へんかく)の時代(じだい)と『資本論(しほんろん)』──マルクスのすすめ

2017年1月20日 初版

編 者 『経済』編集部
発行者 田 所 稔

郵便番号 151-0051 東京都渋谷区千駄ヶ谷4-25-6
発行所 株式会社 新日本出版社
電話 03（3423）8402（営業）
　　 03（3423）9323（編集）
info@shinnihon-net.co.jp
www.shinnihon-net.co.jp
振替番号 00130-0-13681
印刷・製本 光陽メディア

落丁・乱丁がありましたらおとりかえいたします。
© Haruo Kaneko, Kiichiro Hirano, Kenji Imamiya
Tomio Yamaguchi, Hideaki Sekino, Yasuhiro Ishikawa
Masao Kotaki, Makoto Ajisaka 2017
ISBN978-4-406-06115-5 C0031　Printed in Japan

Ⓡ〈日本複製権センター委託出版物〉
本書を無断で複写複製（コピー）することは、著作権法上の例外を除き、禁じられています。本書をコピーされる場合は、事前に日本複製権センター（03-3401-2382）の許諾を受けてください。